# 入門 例題で学ぶ
# 経済数学
# [上]

E.ドウリング 著
大住栄治/川島康男 訳



彩流社

Schaum's Outline Series

Theory and Problems of

MATHEMATICS FOR ECONOMISTS

by

Edward T. Dowling


Japanese translation rights arranged with McGraw-Hill, Inc.,
through Japan Uni Agency Inc., Tokyo.

# 訳者序文

本書は，Edward T. Dow1ing, *Mathematics for Economists*, McGraw-Hill Book Company, 1980 年の日本語版である．

本書は，経済学部や経営学部の学生諸君のために編まれた経済数学の入門書である．しかもそれは，どちらかというと数学をニガ手とする学生諸君を対象として編まれたものである．したがって，要求される数学の知識は高校 1，2 年生程度で十分である．

経済数学の入門書は，多くの場合コトバによってクドクドと解説することによって何とか理解させようとするのが常である．このような教授法も 1 つのやり方ではある．しかし，説明の冗長さに辟易し，かえって混乱を招くことが多い．もう少し簡潔かつメカニカルに教授したほうが効率的ではないかと思われることをしばしば経験してきた．本書はこのような視点を突破する 1 つの方向を示すために著わされたのである．説明はできるかぎり簡潔にかつ例を用いて，後は演習問題を 1 つ 1 つ解くことによって，経済数学のクセを知らず知らず習得させようとするのが本書のねらいである．そのために，本書は数多くの演習問題が用意されている．

今日，現代経済学を学ぼうとする学生諸君にとっては，経済数学は必需品であるといっても過言ではない．数学がニガ手であるために経済学部に入学した学生諸君でも，否応なしに経済数学とつき合わされる．であれば，学生諸君は 1 日も早く経済数学の思考の仕方とか操作の仕方をマスターすることである．

本書はこのような学生諸君にとっては最良のガイドブックである．山登りにたとえるならば，本書をガイドブックとすると，経済数学という山の七合目ぐらいは登れるであろう．山頂をきわめたいなら，本書をガイドブックとして，たとえば A. C. チャン著，大住他訳『現代経済学の数学基礎』（上，下 2 巻，シーエーピー出版）を杖とすることである．しかし，山頂をきわめるためには，まずもって登山道の入り口に立つことである．これが本書を広く推めるゆえんである．

本書との出合いは数年前にさかのぼる．訳者の 1 人がニューヨーク大学を訪ねたときである．そこのブック・ストアに本書がうず高く積まれてあった．聞けば，新入生のテキストとのことであった．先にも述べたような本書の特徴が説得的な口調で述べられるのを聞いたとき，翻訳の決意をした．帰国後，編集部長の杉谷繁氏に相談することとなった．本書が，どちらかというと数学をニガ手とする学生諸君に効用を与えて現代経済学への関心をひき起すならば，それは一重に氏のコントリビューションによるものである．記して感謝の意を表したい．

幸い本書は好評をもって迎えられ，版を重ねることとなったが，この度，シーエーピー出版においてリバースすることと相成った．これを機に読者諸氏の効用がさらに高まることを期待したい．

このリバースに際して訳業に若干の手を加えた．読者諸氏の一層のご教示をお願いしたい．

1995 年秋

訳　者

# 序　文

今日，経済学を学ぶうえで数学のもつ重要性を考えると，学生諸君は幅広く数学をマスターしていなければならない．本書はこのような事情をかんがみて，微分や積分，行列，線形計画法，微分方程式，および差分方程式の初級の段階を，経済学への応用という仕方でやさしく，かつ十分に理解可能なように編まれたものである．本書における微分と行列を扱った章の順序は，他のテキストとは異なるので，必要ならば第 2 章まで進んだ後，第 7 章と第 8 章に飛んで行列を勉強してもよい．

各章とも解説–演習という形をとっている．つまり，本書はまず例題によって簡単な説明をした後，数多くの演習問題（解答付き）を解くという仕方で展開されている．取り上げられる例題とかそれに付随する演習問題は，簡単な数学で解ける問題から徐々に難しくなって複雑な問題へと進めるよう配列してある．といって，高等学校で学ぶ程度の数学上の知識しか要求されていない．このように「問題を解くことによって学ぶ」という方法をとると，読者諸氏は各自の能力に応じて勉強を進めていくことができるし，また各自の必要に応じて本書を利用することができるであろう．

本書は，主として経済学や経営学を学ぶ学部学生や大学院生の補助教材と用いられることを意図している．それと同時に，本書の幅広い例題の取り上げ方をみると，数学や社会科学を学ぶ学生にとっても，本書は有益であろうし，数学の実力テストの勉強にも役立つであろう．

本書は私一人だけの力によって完成されたのではない．まず同僚であるドミニク・サルバトーレ博士の長年に亘る助言，助力に対して深い感謝の意を表したい．辛抱強くかつ勤勉に原稿をタイプしてくださったマリー・イマキュレイト・オクチピンティ女史にも感謝の意を表したい．また，フォーダム大学の卒業生，とりわけメアリー・アッカー，エドワード・バルボア，エベリン・グロスマン，ローズマリー・トーマス，およびアン・ウオルドロンの諸君には，草稿を準備していく過程で有益な貢献をしてくれた．ここに記して感謝の意を表したい．最後に，マグロウヒル杜のスタッフ全員のあたたかい助力に対しても感謝の意を表したい．

エドワード　T．ドウリング

# 目　次

［下巻目次］

# 第 1 章　用語，概念，分析道具

## 1.1　定数，変数，パラメータ，係数

一般に，供給関数は具体的にはつぎの形をとる．

$$Q_S = -a + bP \tag{1.1}$$

ここで $Q_S$ は供給量であり，$P$ は価格である．**定数**とは，ある与えられた問題の中では変化しない量のことであり，**数字定数**はどのような問題においても 2 なら 2，5 なら 5 というように同じ値をとる．たとえば，(1.1) における $a$ や $b$ のような**記号定数**，すなわち**パラメータ**は，いま扱われている問題では同じ値をとるが，別の問題になれば別の値をとるであろう．他方，**変数**は，当面の問題で，それがとりうる値のすべてにわたって変化する．たとえば，(1.1) の $Q_S$ と $P$ は変数であるが，$Q_S$ の値は $P$ の値に依存するので $Q_S$ は**従属変数**，$P$ は**独立変数**とよばれる．ある方程式体系を考えたとき，その体系内で決定される変数は**内生変数**とよばれ，体系外で決定される変数は**外生変数**とよばれる．また，(1.1) における $b$ のように，乗数として変数の前におかれる数字定数，すなわち記号定数は**係数**とよばれる．

**例題 1**　$C = 50 + 0.85Y$ を考えよう．ここで $C$ は消費，$Y$ は所得である．$Y$ は正の値ならばどのような値でもとることができ，また $C$ はこの方程式で示されるように，$Y$ の値に対応して値をとるので，$C$ と $Y$ はともに変数である．また 50 と 0.85 は数字定数である．$C$ の値は $Y$ の値に依存するので，$C$ は従属変数であり，$Y$ は独立変数である．そして，0.85 は $Y$ の係数である．

## 1.2　関　数

たとえば $y = f(x)$ のような**関数**は，$x$ のさまざまな値に対して $y$ の値がただ 1 つだけ存在するような 2 変数（$x, y$）間の関係を表わすものである．記

号 $f(x)$ は「$x$ に対する $f$」と読む．$y$ は関数の**値**とよばれ，$x$ はその関数の**独立変数**とよばれる．関数は言葉で，また代数的に，あるいはグラフを用いて表現することができる（例題 3 を見よ）．

**例題 2**　図 1-1(a) において，$y$ は $x$ の関数，つまり $y = f(x)$ である．なぜならば，この場合，$x$ のそれぞれの値に対して $y$ の値がただ 1 つだけ存在する（たとえば $x = 4$ に対しては $y = 2$）からである．ところが図 1-1(b) では，ある与えられた $x$ の値に対して，$y$ の値が複数個存在する（たとえば $x = 4$ に対して $y = 2$，6）．したがって $y$ は $x$ の関数ではない，つまり $y \neq f(x)$ である．

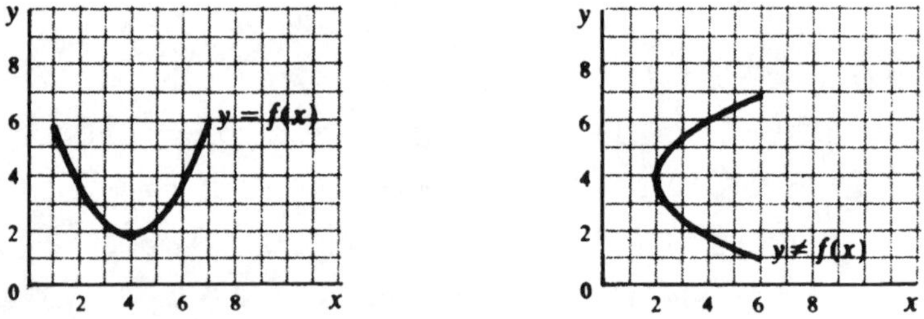


(a)　　　(b)

図 1-1

**例題 3**　経済学者はしばしば，所得と消費の関係について述べることがある．消費と所得の間には，所得が増加すれば消費も増加するという規則的な関係があるので，消費は所得の関数であるということができる．この関係は代数的には $C = f(Y)$ と表現される．ここで，$f(Y)$ という記号は，$C$ が $Y$ の関数であることを意味するものであって，$f$ に $Y$ を掛けるという意味ではないことに留意して欲しい．この消費関数をグラフを用いて示したものが図 1-2 である．

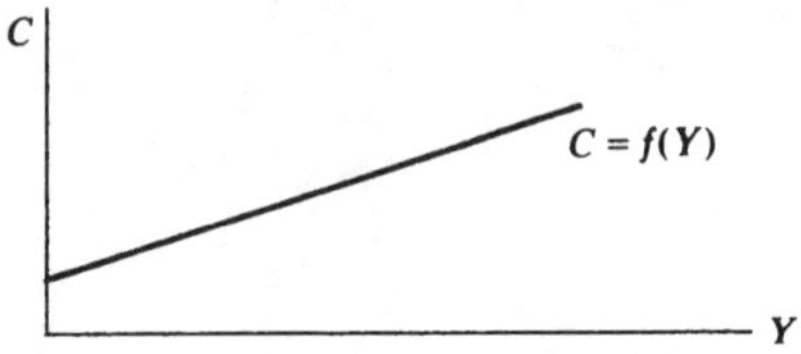


図 1-2

**例題 4**　関数を表わすときに，別の表記，たとえば $y = f(x)$ の代わりに $y = g(x)$ とか $y = F(x)$ とか，または $y = G(x)$ を用いてもよい．もし $y$ と $z$ がともに $x$ の関数ならば，たとえば $y = f(x)$，$z = g(x)$ というように別の表記を用いるほうがよい．また関数表記として，たとえば $y = \phi(x)$ とか $z = \phi(x)$ というようにギリシャ文字が用いられることがある．経済学のテキストでは，$f$ や $g$ の代わりに関数記号を，たとえば $y = y(x)$，$z = z(x)$，$C = C(x)$ とすることが多い．

## 1.3　関数の一般形と特定形

**一般形の関数**は従属変数に影響を及ぼす独立変数を単に列挙した形で示しているが，このときそれら独立変数が従属変数にどのように影響を及ぼすかということについては，何も示していない．他方，**特定化された関数**は，独立変数を具体的にとり出し，さらに，その独立変数が従属変数にどのように影響を及ぼすのかについて具体的に示したものである．

**例題 5**　経済学者は，消費者が購入しようとする財の数量が，価格，消費者の所得，連関財の価格，および嗜好に依存すると考えている．この関数は，一般形の関数ではつぎのように書き表わされる．

$$Q_d = f(P, Y, P_r, T) \tag{1.2}$$

ここで，$Q_d$ は需要量，$P$ は価格，$Y$ は所得，$P_r$ は連関財の価格，および $T$ は嗜好である．(1.2) は $P, Y, P_r, T$ の独立変数を列挙しているが，需要量がどのように価格に依存するのか，あるいは所得の変化に対応してどのように変化するのかなどに関しては何ら特定化されていない．この関係を特定化された関数によって示すと，たとえばつぎのように表現できる．

$$Q_d = 250 - 5P + 0.03Y + 0.2P_r + 0.02T \tag{1.3}$$

この式は，独立変数が従属変数に与える影響の大きさとその方向を明確に示している．たとえば，$P$ の 1 単位の上昇は $Q_d$ の 5 単位の減少をもたらすということが明確に読みとれる．ところで，パラメータを用いて特定化された関数をつぎのように表わすこともできる．つまり，

$$Q_d = a - bP + cY + dP_r + eT \tag{1.4}$$

(1.2) と比較すると，(1.4) は，どの独立変数も従属変数に対して線形であるという特定化を行っている．

## 1.4　グラフ，勾配，切片

$y = f(x)$ のような独立変数が 1 つの関数は，容易に 2 次元空間にグラフ化することができる．この場合，従属変数 $y$ は縦軸に，そして独立変数 $x$ は横軸に示される．曲線の**勾配**は，縦軸上の変数の変化量 ($\Delta$) を，横軸上の変数の変化量で割った値で測られる．かくして，その勾配は $\Delta y/\Delta x$ に等しい．**縦軸切片**は，グラフが縦軸を切る点である．この点は独立変数 $x$ をゼロとおいて求められる．グラフについての簡単な概観は，演習問題 1.11 と 1.12 に述べられている．

**例題 6**　関数 $y = 16 - 4x$ のグラフは図 1-3 で与えられる．このグラフの勾配は $\Delta y/\Delta x = -4/1 = -4$ であり，縦軸切片は 16 である．なぜならば，$x = 0$ のとき $y = 16 - 4(0) = 16$ であるからである．勾配が正のとき，グラフは右上がりの直線である．反対に勾配が負であると，グラフは右下がりの直線である．しかしときどき，経済学では変化の方向は暗黙の了解とされ，変化の大きさだけが関心事となることがある．つまりこのケースでは勾配の**絶対値**（すなわち符号をとった勾配の大きさ）が，その勾配として示されることになる．

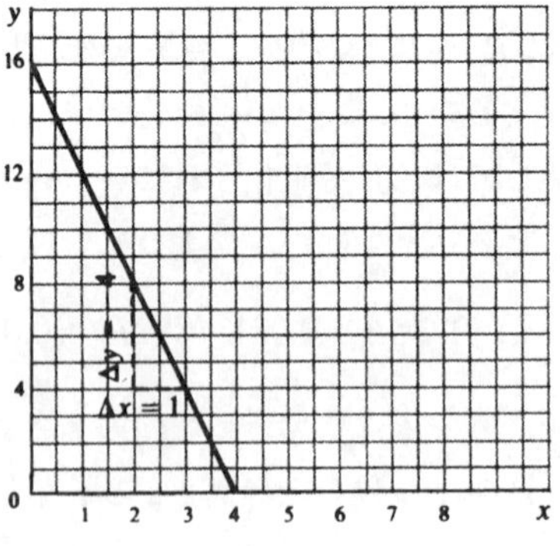


図 1-3

**例題 7**　グラフは関数によって違った形をとる．経済学でよく見られる独立変数が 1 つの関数はつぎの 3 つである．また，これらの関数に対応するグラフを示したのが図 1-4 である．

(1) 線形関数　$y = a + bx$　　変数はすべて 1 次以下である．

(2) 2 次関数　$Y = a + bx + cx^2$　　変数の最高次数は 2 次である．

(3) 3 次関数　$y = a + bx + cx^2 + dx^3$　　変数の最高次数は 3 次である．

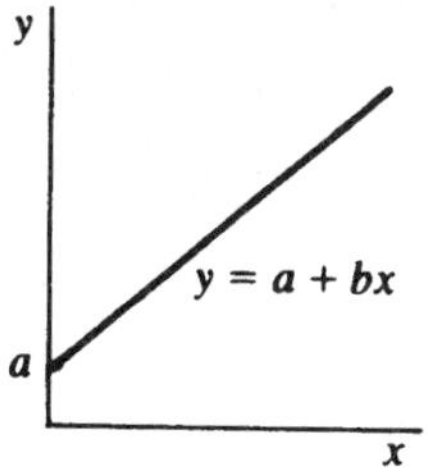


(1) 線形関数

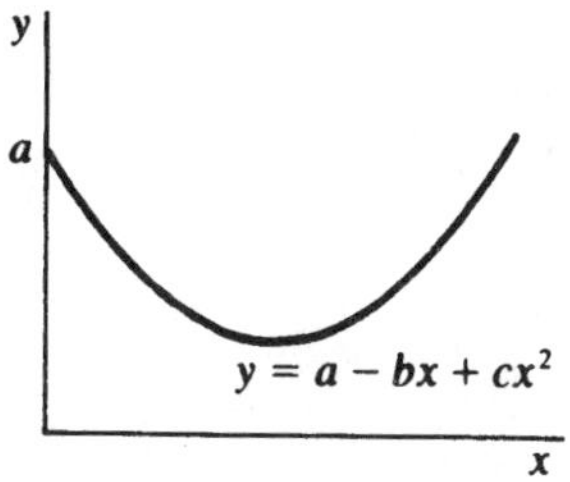


(2a) 2 次関数

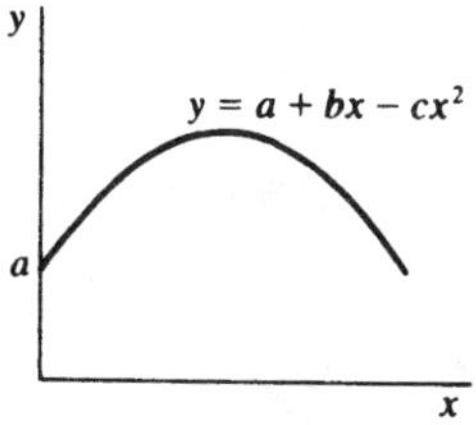


(2b) 2 次関数

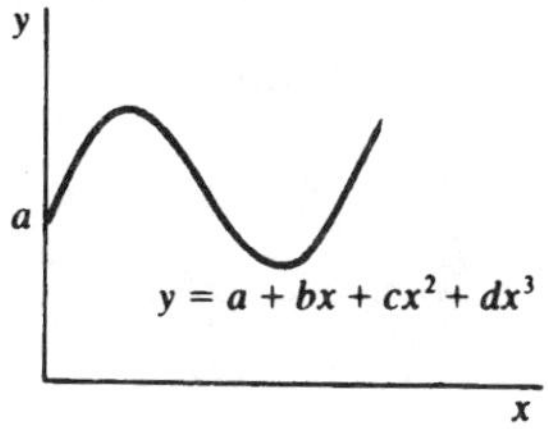


(3) 3 次関数

図 1-4

留意点

- 線形関数のグラフはつねに直線である．
- $c > 0$ である 2 次関数のグラフは，上方に開いた放物線であり，もし $c < 0$ ならば，そのグラフは下方に開いた放物線となる．
- すべての関数において，$a$ が縦軸切片の大きさである．
- 線形関数では $b$ が直線の勾配である．例題 6 を参照せよ．
- パラメータのうちのいくつかは，場合によってはゼロになることもある．線形関数では，$b$ はゼロであってはならないが，$a$ はゼロでもよい．また 2 次関数では $c$ 以外の $a$，$b$ はゼロでもよい．同様に，3 次関数では $d$ 以外の $a$，$b$，$c$ はゼロであってもよい．たとえば，(3) においてもし $b$ と $c$ がゼロならば，この 3 次関数は $y = a + dx^3$ となる．

## 1.5　逆関数

関数 $y = f(x)$ が与えられているとき，$x$ のそれぞれの値が $x$ のただ 1 つの値に対応しているならば，**逆関数** $x = f^{-1}(y)$ が存在する．

**例題 8**　伝統的な需要・供給分析においては，$P = f(Q)$ という関数が用いられ，$P$ は縦軸に，また $Q$ は横軸に表わされる．経済学のテキストでは，$Q = F(P)$ という関数が用いられ，$Q$ は縦軸に，また $P$ は横軸に表わされる．このとき，1 つの表現形態を他の形に変換するために，逆関数が必要となる．もし

$$Q_d = a - bP$$

ならば，

$$bP = a - Q_d \quad \text{ゆえに} \quad P = \frac{a - Q_d}{b} = \frac{a}{b} - \frac{Q_d}{b}$$

演習問題 1.10，2.3 を見よ．

**例題 9**　経済学的な表記法は，また違った意味で混乱を招くことがある．数学では，$y$ は従属変数を示す代表的なものとして用いられ，他方，$x$ が独立変数として用いられる．したがって $y$ は縦軸に，そして $x$ は横軸にとられるから，直線の勾配は $\Delta y / \Delta x$ となる．しかし，経済学では，$Y$ は一般に所得を示すのに用いられる．$C = 25 + 0.75Y$ というような，典型的な消費関数においては，$Y$ は独立変数であり，それゆえ図 1-5 に示されるように，$Y$ は横軸にとられる．ここで直線の勾配は $\Delta C/\Delta Y$（すなわち，従属変数の変化分を独立変数の変化分で割ったもの）である．このように，記号だけでなく，独立変数と従属変数の関係にも注意を払わなくてはならないだろう．

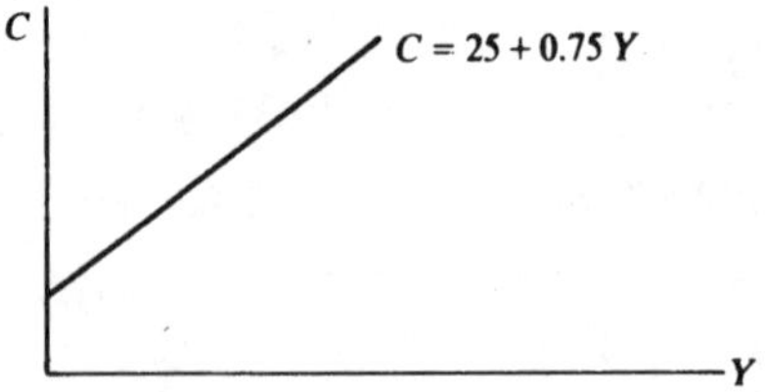


図 1-5

また，この消費関数が $C = a + bY$ というように，線形であることにも留

意したい．ここで，$a$ は 25（縦軸切片），また $b$ は 0.75（勾配）である．数学に経済学的な意味づけをした場合，$a$ は $Y = 0$ のときの消費水準を示しているので，**基礎消費**を表す．また，$b$ は所得 1 単位の変化によってもたらされる消費の変化 $\Delta C/\Delta Y$ であるので，**限界消費性向**（MPC）とよばれる．

## 1.6　解　法

未知数が 1 つの 1 元 1 次方程式は，未知数を方程式の左辺へ移項し，定数を右辺へ移項すると解くことができる．$ax^2 + bx + c = 0$ というような 1 元 2 次方程式は因数分解するか，または 2 次方程式の解の公式を使うことによって解くことができる．その公式とはつぎの通りである．

$$x_1,\ x_2 = \frac{-b \pm \sqrt{b^2 - 4ac}}{2a} \tag{1.5}$$

**例題 10**　利潤関数は一般に，$\pi = -Q^2 + 11Q - 24$ の形で与えられるが，この関数は，図 1-4(2b) から理解できるように，$x$ はある生産量までは増加し，それ以降は減少することを示している．$\pi = 0$ となる損益分岐点は，2 次方程式の解の公式を使って求められる．ここで $a = -1$，$b = 11$，$c = -24$，$x = Q$ であるので，

$$Q_1,\ Q_2 = \frac{-11 \pm \sqrt{(11)^2 - 4(-1)(-24)}}{2(-1)} = \frac{-11 \pm \sqrt{121 - 96}}{-2}$$

$$Q_1 = 3 \qquad Q_2 = 8$$

連立方程式体系を解くためには，その方程式は

(1) 矛盾しないものでなければならない．
(2) 一方が他方を何倍かしたものではないというように，独立したものでなければならない．
(3) 矛盾のない独立した方程式が，変数の数と同じ数だけ存在しなければならない．

そのような線形の連立方程式体系は，代入法か，消去法によって解くことができる（例題 12 を見よ）．第 8 章で論じられるであろう行列式を使った方法によっても，このような体系を解くことができる．

**例題 11**　つぎの 2 つの方程式は矛盾をもった例である．なぜならば，$x+y$ が同時に 6 と 10 に等しくなることはありえないからである．

$$x+y=6 \qquad x+y=10$$

つぎの 2 つの方程式は独立ではない．なぜなら，2 番目の方程式は，1 番目の方程式を単に 2 倍したものであって，新しい，あるいは独立した情報を何も与えないからである．しかし，このような倍数の関係は，つねにはっきりとしているとは限らない．演習問題 1.16 を見よ．

$$2x+3y=13 \qquad 4x+6y=26$$

**例題 12**　バターとマーガリンの 2 つの市場の均衡条件が，つぎの (1.6) と (1.7) で与えられている．ここで，$P_b$ はバターの価格，$P_m$ はマーガリンの価格である．

$$8P_b - 3P_m = 7 \tag{1.6}$$

$$-P_b + 7P_m = 19 \tag{1.7}$$

このモデルを均衡させるような価格は，代入法か消去法のいずれかを用いて，連立方程式を解くことによって得られる．

**代入法**

(1)　方程式のうちの 1 つをある変数について解いて，もう一方の変数で表す．(1.7) を解くと，

$$-P_b + 7P_m = 19$$

$$P_b = 7P_m - 19$$

(2)　これを (1.6) に代入すると，

$$8P_b - 3P_m = 7$$

$$8(7P_m - 19) - 3P_m = 7$$

$$56P_m - 152 - 3P_m = 7$$

$$53P_m = 159 \qquad P_m = 3$$

(3)　$P_m = 3$ を (1.6) か (1.7) に代入して $P_b$ を求めると，

$$8P_b - 3P_m = 7$$

$$8P_b - 3(3) = 7$$
$$8P_b = 16 \qquad P_b = 2$$

消去法

(1)　(1.6) の中の $P_b$（あるいは $P_m$）の係数の絶対値を (1.7) に掛けるか，または，(1.7) の中の $P_b$（あるいは $P_m$）の係数の絶対値を (1.6) に掛ける．ここでもし $P_m$ を選ぶとすると，

$$7(8P_b - 3P_m = 7) \qquad 56P_b - 21P_m = 49 \tag{1.8}$$
$$3(-P_b + 7P_m = 19) \qquad -3P_b + 21P_m = 57 \tag{1.9}$$

(2)　選択した変数を消去するためには（1.8）と（1.9）とを加えるか，減じるかのいずれかを行なう必要がある．ここでは，足し算を行なうと，

$$53P_b = 106 \qquad P_b = 2$$

(3)　先の代入法の第 3 段階と同様に，$P_b = 2$ を（1.6）か（1.7）に代入して $P_m$ を求める．

# 演習問題

## 関数関係

1.1　2 組の方程式がつぎのように与えられている．

(1)　$Q_d = a + bP$　　　(2)　$S = -50 + 0.3Y$

　　$Q_s = c + dp$　　　　　$I = 250 - 0.2i$

ここで新しく加わる変数 $S$ は貯蓄，$I$ は投資，$i$ は利子率である．そこでつぎのものを識別せよ．(a) 数字定数とパラメータ定数，(b) 独立変数と従属変数，(c) 係数．

(a) (1) において，定数は $a$，$b$，$c$，$d$ であり，それらはすべてパラメータ定数ないしはパラメータである．(2) では $-50$，$0.3$，$250$，$-0.2$ はすべて数字定数である．

(b) (1) において，変数は $Q_d$，$Q_s$，$P$ であるが，ここで $Q_d$ と $Q_s$ は $P$ によってその値が決まるので従属変数であり，$P$ は独立変数である．(2) では，$S$，$Y$，$I$，$i$ が変数であるが，$S$ と $I$ が従属変数，$Y$ と $i$ が独立変数である．

(c) (1) では $b$ と $d$ が係数であり，それらはともに変数 $P$ の乗数である．(2) では 0.3 と −0.2 が係数である．

1.2　(a) 関数という用語を定義せよ．(b) 図 1-6 において，$y$ を $x$ の関数として表わしていないものはどちらか．またそれはなぜか．

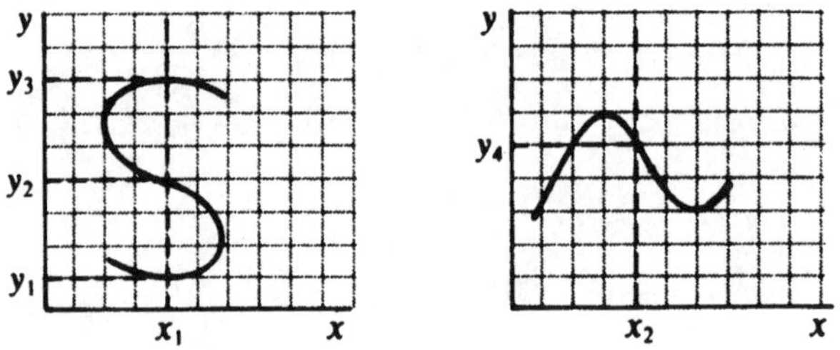


(a)　　　　(b)

図 1-6

(a) 関数 $y = f(x)$ は，$y$ が $x$ に依存し，$x$ のそれぞれの値に対して $y$ の値がただ 1 つだけ存在するという関係を示したものである．

(b) 図 1-6(a) は，$y$ を $x$ の関数として表わしていない．なぜならば，$x$ の値に対して $y$ の値が 2 つ以上存在するからである．たとえば，$x_1$ に対して $y_1$，$y_2$，$y_3$ と 3 つの値が存在する．これに対して図 1-6(b) は，$y$ が $x$ の関数であることを示している．$x$ のどのような値に対しても，$y$ の値がただ 1 つだけ存在する．たとえば $x_2$ において $y = y_4$ である．

1.3　つぎの (a)〜(e) を，最初に一般形の関数，ついで特定形の関数を用いて関数形で表現せよ．また $f(\ \ )$ 以外の記号の使い方を練習せよ．

(a) 半径（$r$）の関数としての円周（$A$）.

(b) 縦（$l$）, 横（$w$）の関数としての長方形の周辺の長さ（$P$）.

(c) 労働の価格が 3 ドル，資本の価格が 5 ドルのとき，雇用される労働量（$L$）および資本量（$K$）の関数としての総要素費用（TFC）.

(d) $P_Q = 5$ のとき，生産量（$Q$）の関数としての総収入（TR）.
(e) 1 日の賃金が $P_L = 42.50$ であるとき，労働（$L$）に対して支払われる，$L$ の関数としての賃金合計（$W$）.

(a) $A = f(r)$, $A = \pi r^2$
(b) $P = g(l, w)$,　$P = 2l + 2w$
(c) $\text{TFC} = \phi(K, L)$,　$\text{TFC} = 3L + 5K$
(d) $\text{TR} = \text{TR}(Q)$,　$\text{TR} = 5Q$
(e) $W = W(L)$,　$W = 42.50L$

1.4　あるクラブが，100 人のメンバーに対しては 1 人 15 ドルで料理を出し，それを超える招待客に対しては 1 人 20 ドルとすることにした．そこで，(a) 宴会の費用 $c$ を招待客（$G$）の関数として表わせ．(b) 従属変数と独立変数を識別せよ．(c) この関数をグラフに描け．

(a) 100 人のメンバーは 1 人 15 ドルの費用となっているから，1500 ドルは固定費用であり，これは招待客の数によって変化することはない．費用は，1500 ドルから，招待される客が 1 人増えるごとに 20 ドルずつ増えてゆく．かくして $c = 1500 + 20G$ である．
(b) $c$ は招待客の数に依存するので従属変数である．他方 $G$ は方程式とは独立に決定されるので独立変数である．
(c) 費用は従属変数であるので縦軸に測られる. これに対して，招待客の数は横軸に測られる. この関数は $y = a + bx$ という線形の形をとり，縦軸切片が 1500 ドルで，傾きが 20 となる. 図 1-7 を見よ.

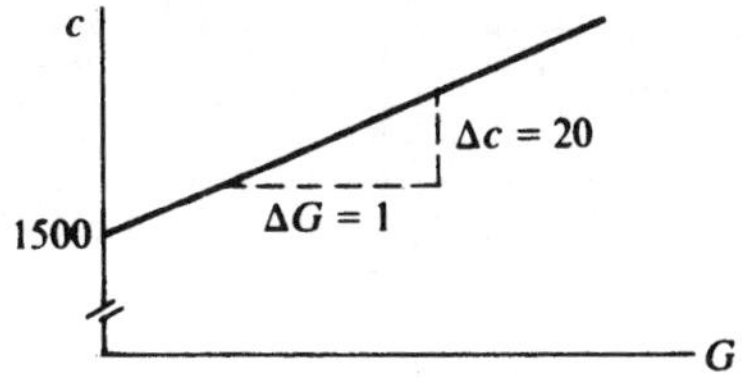


図 1-7

1.5　ある企業の固定費用（FC）は，生産量に関係なく 600 ドルで，可変費用（VC）は, 生産量（$Q$）1 単位当たり 5 ドルである．よって総費用（TC）

= FC + VC．ここで財の販売価格は 1 単位当たり 10 ドルである．つぎの (a)〜(d) について答えよ．(a) 固定費用関数，(b) 可変費用関数，(c) 総費用関数，(d) 総収入関数 TR，および (e) 損益分岐点を代数的に求めよ．さらに (f) 損益分岐点をグラフを使って求めよ．

(a) 固定費用は生産量（$Q$）から独立であるから，固定費用関数は単に FC = 600.

(b) 可変費用は 1 単位当たり 5 ドルであるから，VC = 5$Q$.

(c) TC = FC + VC だから，TC = 600 + 5$Q$.

(d) TR = $PQ$ であるから，これに $P$ = 10 を代入して，TR = 10$Q$.

(e) 損益分岐点では TR = TC である．したがって上の (c)，(d) を代入すると，

$$\begin{aligned} TR &= TC \\ 10Q &= 600 + 5Q \\ 5Q &= 600 \quad Q = 120 \end{aligned}$$

が損益分岐点である．

(f) 図 1-8 を見よ．

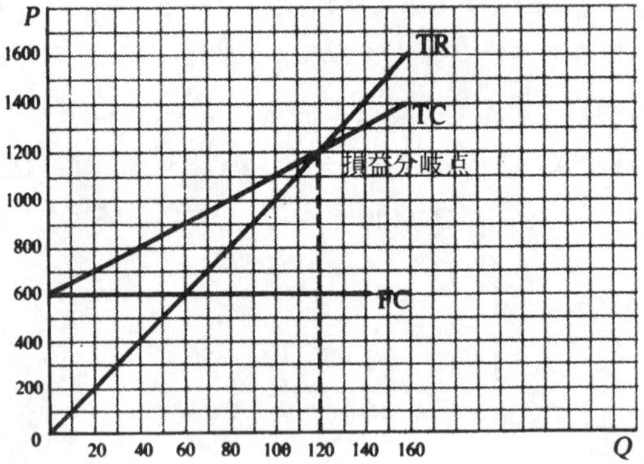


図 1-8

1.6　表から，(a) 貯蓄（$S$）を所得の線形関数として表わせ．(b) その関数をグラフに表わせ．

| | | | | | |
|---|---|---|---|---|---|
| $Y$ | 0 | 1000 | 2000 | 3000 | 4000 |
| $S$ | −400 | −200 | 0 | 200 | 400 |

(a) この関数は線形関数であるので，方程式は $S = a + bY$ という形をとる．ここで，$a$ は縦軸切片，$b$ は勾配である．縦軸切片は，従属変数（ここでは $Y$）がゼロのときの点で示される．したがって $a = -400$ である．貯蓄関数はこの場合，所得から独立した貯蓄の水準，あるいは所得がゼロのときの貯蓄の水準を表わすので**基礎貯蓄**ともよばれる．(b) に示されている直線の勾配は，独立変数の変化によってもたらされる従属変数（$S$）の変化を示している．所得が 1000 ずつ増加するにつれて，貯蓄は 200 ずつ増加するので，勾配 $\Delta S/\Delta Y = \dfrac{200}{1000} = 0.2$ である．経済学の用語では，勾配 $\Delta S/\Delta Y$ は**限界貯蓄性向**（MPS）とよばれ，所得の追加的な 1 単位の変化に対する貯蓄の変化を表わす．よって，この方程式はつぎのようになる．

$$S = -400 + 0.2Y$$

(b) この関数は縦軸に貯蓄（従属変数）を，横軸に所得（独立変数）を測って描かれる．このグラフは表 1 のデータから直接描くこともできるし，あるいはより単純に，(a) で導き出された方程式を使って描くこともできる．このグラフは縦軸切片（−400）より発し，比率（勾配）0.2 の割合で増加していく．図 1-9 を見よ．

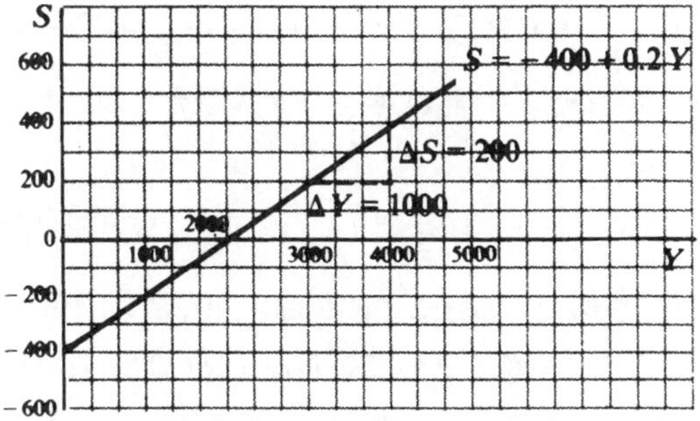


図 1-9

1.7　3 つの個別経済がつぎの消費関数で表わされている．(a) $C_1 = 1600 +$

$0.75Y$, (b) $C_2 = 750 + 0.9Y$, (c) $C_3 = 1200 + 0.8Y$. このとき，それぞれの貯蓄関数を導出せよ.

(a) $C = a + bY$ という形の線形関数においては，$a$ は基礎消費，$b$ = MPC（例題 9 を見よ）である．ここでは，1600 が所得と独立に消費されることになる．このことが可能になるためには，人びとは 1600 だけ借りるか，過去の貯蓄を使ってその分だけの貯蓄の引き出しを行なわなければならない．したがって，基礎貯蓄水準は −1600 となる．MPC + MPS = 1 であるから，$b = 0.75$ = MPC であれば，MPS = 0.25 である．したがって，貯蓄関数は $S = -1600 + 0.25Y$ である．この解は $S = Y - C$ を使っても求められる.

(b) $S_2 = -750 + 0.1Y$

(c) $S_3 = -1200 + 0.2Y$

1.8　$C = 25 + 0.65Y_d$, $Y_d = Y - T$, $T = 5$ が与えられている．ここで $Y_d$ は可処分所得，$T$ は租税である．このとき $C$ を $Y_d$ の関数としてではなく，$Y$ の関数として表わせ.

$Y_d = Y - T$ を代入して

$$C = 25 + 0.6Y_d$$
$$C = 25 + 0.6(Y - T)$$

$T = 5$ を代入して

$$C = 25 + 0.6(Y - 5) = 25 + 0.6Y - 3 = 22 + 0.6Y$$

1.9　つぎの関数が一般形の関数か特定形の関数かを識別し，それについて説明せよ.

(a) $Y = f(C, I)$　(b) $Y = C_0 + bY + I_0$　(c) $\pi = -Q^2 + 13Q - 42$

関数 (a) は一般形である．この関数は $Y$, $C$, $I$ の関係を示しているが，それらがどのように関係しあっているかを具体的に表わしていない.

関数 (b) は特定形である．なぜなら，この関数は 1 つの線形関係を規定しているからである.

関数 (c) もまた特定形である．この関数は，$Q$ が $\pi$ にどのように影響を及ぼすかを示した 2 次の関数である.

1.10　(a) $I = 130 + 0.25Y$，(b) $Q_d = 75 - 15P$ の逆関数を求めよ．

(a) $I$ は $Y$ の関数であるから，その逆関数は $Y$ を $I$ によって解いて，$Y$ を $I$ の関数にすることによって簡単に求めることができる．かくして，

$$\begin{aligned} I &= 130 + 0.25Y \\ 0.25Y &= I - 130 \\ Y &= 4I - 520 \end{aligned}$$

(b) 同様に，

$$\begin{aligned} Q_d &= 75 - 15P \\ 15P &= 75 - Q_d \\ P &= 5 - \frac{1}{15}Q_d \end{aligned}$$

## グラフ

1.11　つぎの方程式をグラフに表わし，その勾配と切片を求めよ．

(a) $3y - 6x = 3$　　(b) $x + 2y - 4 = 0$

方程式をグラフに表わすためには，まず最初に，1 つの変数を他の変数を用いて解かなければならない．このとき通常は従属変数を独立変数によって，つまり $y$ を $x$ によって解く．すなわち，

(a) $3y - 6x = 3$

$3y = 3 + 6x$

$y = 1 + 2x$

(b) $x + 2y - 4 = 0$

$y = 2 - \frac{1}{2}x$

つぎに，方程式を満たすさまざまな点の組み合わせを示す表を作り，その点をグラフに描く．図 1-10 を見よ．1 次関数の場合は任意の 2 点を単に直線で結ぶだけでよいが，これまでの 1 次方程式 $y = a + bx$ に関する知識を用いて，縦軸切片 $a$ から勾配 $b$ まで直線を延ばし，そのまま直線を描いてもよい．

方程式 (a)

$$勾配 = \frac{\Delta y}{\Delta x} = \frac{+2}{+1} = +2$$

$x$ が 1 単位増加するごとに $y$ は 2 単位増加する．縦軸切片 = 1，$x = 0$ のとき，$y = 1 + 2(0) = 1$.

| x | y |
|---|---|
| 0 | 1 |
| 1 | 3 |
| 2 | 5 |
| 3 | 7 |
| 4 | 9 |
| 5 | 11 |

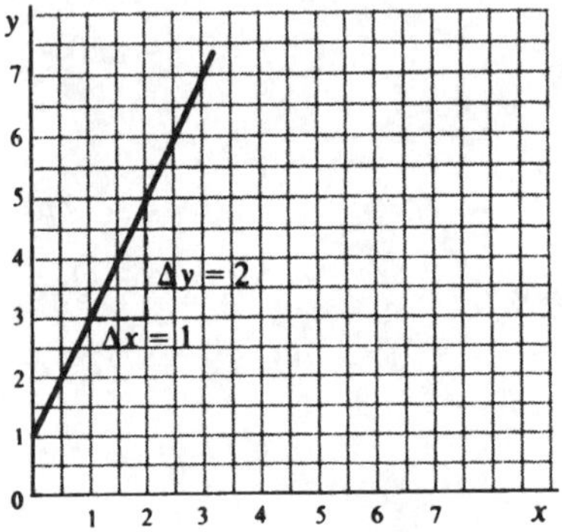


図 1-10 (a)

方程式 (b)

$$勾配 = \frac{\Delta y}{\Delta x} = \frac{-1}{+2} = -\frac{1}{2}$$

$x$ が 1 単位増加するごとに $y$ は $\frac{1}{2}$ 単位減少する．縦軸切片 = 2，$x = 0$ のとき，$y = 2 - \frac{1}{2}(0) = 2$.

| x | y |
|---|---|
| 0 | 2 |
| 1 | $1\frac{1}{2}$ |
| 2 | 1 |
| 3 | $\frac{1}{2}$ |
| 4 | 0 |

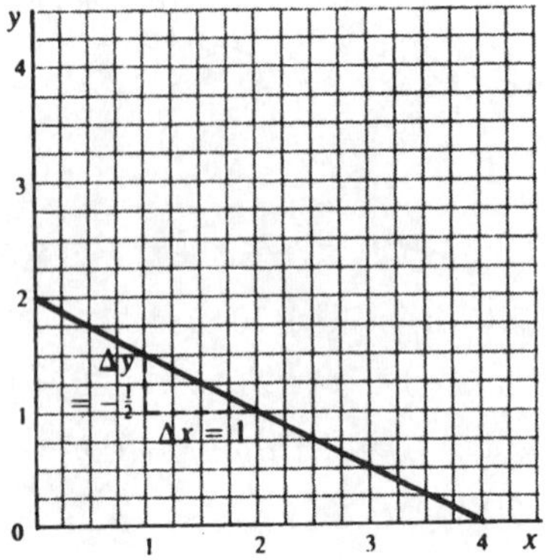


図 1-10 (b)

**1.12**　図 1-11 に示すグラフの勾配と縦軸切片を求めよ．

(a) 勾配 $= \Delta C/\Delta Y = +75/100 = +3/4 = 0.75$，縦軸切片 $= 50$

(b) 勾配 $= \Delta S/\Delta Y = +20/100 = +1/5 = 0.2$，縦軸切片 $= -60$

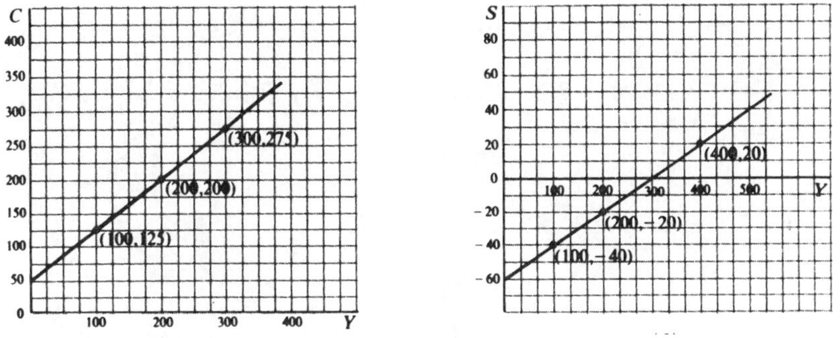


(a)　　　　　(b)

図 1-11

**1.13**　図 1-11 における各グラフの方程式を求めよ．

(a)　$C = 50 + \frac{3}{4}Y$　　　　(b)　$S = -60 + \frac{1}{5}Y$

（注）これらのグラフは線形（直線形）関数であるから，これらはすべて一般公式 $y = a + bx$，$a =$ 縦軸切片，$b =$ 勾配 を満足する．

**1.14**　図 1-11 の (a)，(b) のもつ重要な経済的意味は何か．

図 1-11(a) の縦軸切片は，その社会における基礎消費水準を示しており，直線の勾配（$\Delta C/\Delta y$）は，その社会の MPC を示している．同様に，図 1-11(b) の縦軸切片は基礎消費水準を示しており，直線の勾配は MPS，つまり $\Delta S/\Delta Y$ を示している．このことは，演習問題 1.13 の方程式からも直接みることができる．この方程式では，$a$ が基礎消費または基礎貯蓄の水準であり，$b$ が MPC または MPS である．

**1.15**　つぎの連立方程式を解け．(a) 消去法を使って代数的に，(b) グラフを用いて，(c) この体系は矛盾していないか否か，また独立的か従属的かを類別せよ．

$$2x - 4y = -24$$

$$9x - 3y = -3$$

(a) 例題 12 で議論した消去法を用いると，1 番目の方程式に 3 を掛け，2 番目の方程式に 4 を掛けて，

$$3(2x - 4y = -24) \quad 4(9x - 3y = -3) \quad 6x - 12y = -72 \quad 36x - 12y = -12$$

1 番目の方程式から 2 番目の方程式を引き，$y$ を消去すると，

$$-30x = -60 \qquad x = 2$$

$x = 2$ をもとの式のいずれかに代入して，

$$2(2) - 4y = -24$$
$$-4y = -28 \qquad y = 7$$

(b) グラフ的解法では，各方程式を $y$ について解いて表わす．

$$2x - 4y = -24 \qquad\qquad 9x - 3y = -3$$
$$-4y = -24 - 2x \qquad\qquad -3y = -3 - 9x$$
$$y = 6 + \frac{1}{2}x \qquad\qquad y = 1 + 3x$$

このグラフを示したのが図 1-12 である．

(c) この方程式は，矛盾することなく独立的である．なぜならば，この方程式はただ 1 つの解（$x = 2$，$y = 7$）をもつからである．図 1-12 の 1 つの交点がこのことを裏づけている．

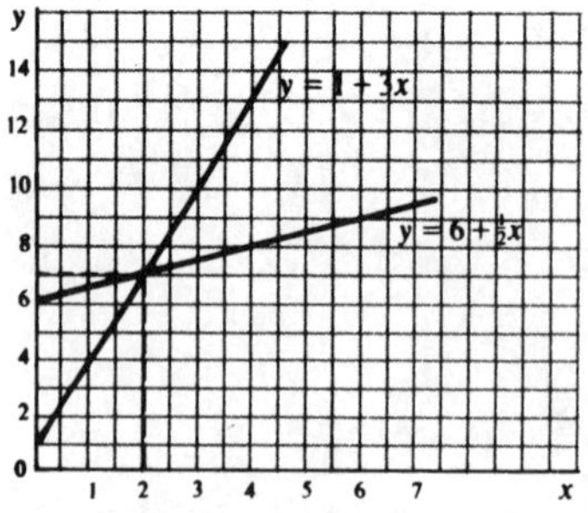


図 1-12

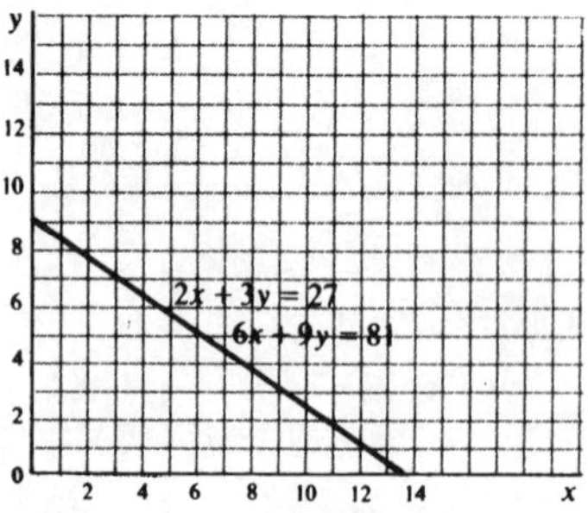


図 1-13

1.16　演習問題 1.15 を，つぎの方程式体系について解け．

$$2x + 34 = 27$$
$$6x + 94 = 81$$

(a) $x$ を消去するためには 1 番目の方程式に 6 を掛け，2 番目の方程式に 2 を掛けるか，またはもっと簡単に 1 番目の方程式を 3 倍すればよい．すなわち，

$$3(2x + 3y = 27) \qquad 6x + 9y = 81$$

その結果 2 つの方程式は一致するので，一方の方程式は他方をただ単に数倍したものにすぎないことは一目瞭然である．方程式が 1 つしかないにもかかわらず未知数が 2 個であるから，一意的な解を求めるには情報不足である．

(b) グラフを用いる場合，2 つの方程式を $y$ を $x$ について解くと，

$$\begin{aligned} 2x + 3y &= 27 & \qquad 6x + 9y &= 81 \\ 3y &= 27 - 2x & 9y &= 81 - 6x \\ y &= 9 - \frac{2}{3}x & y &= 9 - \frac{2}{3}x \end{aligned}$$

このグラフを示したのが図 1-13 である．

(c) $x$ と $y$ のどのような組み合わせも両方程式を満たすので，一意的な解は存在しない．2 本の直線が重なる， あるいは同じであるということは，さらに進んでいえば，これらの方程式は矛盾していないが従属的であるということである．

1.17　つぎの方程式体系について演習問題 1.15 と同じように解け．ただし，(a) の問題は代入法を用いよ．

$$2x - 4y = 8$$
$$6y - 3x = 24$$

(a) 代入法を用いるとき，つぎに示すように，1 番目の方程式を $x$ を $y$ について解くと，

$$\begin{aligned} 2x - 4y &= -8 \\ 2x &= -8 + 4y \end{aligned}$$

$$x = 2y - 4$$

$x = 2y - 4$ を 2 番目の方程式に代入すると，

$$\begin{aligned} 6y - 3x &= 24 \\ 6y - 3(2y - 4) &= 24 \\ 6y - 6y + 12 &= 24 \\ 12 &\neq 24 \end{aligned}$$

(b) グラフを用いる場合，以下の計算の結果，図 1-14 のように示される．

$$\begin{aligned} 2x - 4y &= -8 \\ -4y &= -8 - 2x \\ y &= 2 + \frac{1}{2}x \end{aligned} \qquad \begin{aligned} 6y - 3x &= 24 \\ 6y &= 24 + 3x \\ y &= 4 + \frac{1}{2}x \end{aligned}$$

(c) (a) の解が存在しないということは，これらの方程式が矛盾したものであることを意味している．また（2 本の平行した直線のように）交わることのない 2 本の直線は一意的な解を生まないであろうし，また，それは矛盾したものを意味する．

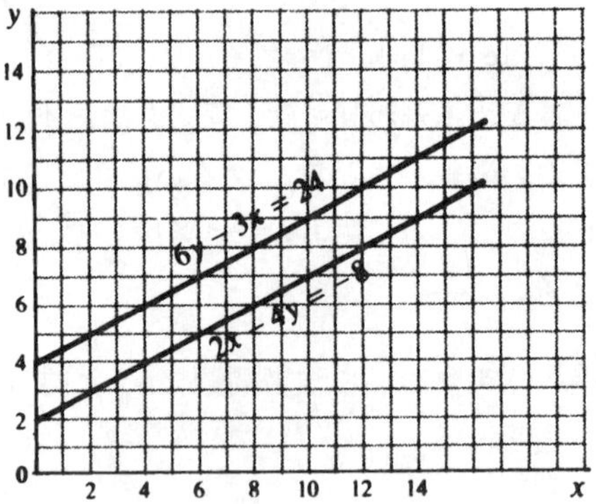


図 1-14

## 代数的解法

1.18 $Q_d = 15 - \frac{1}{5}P$，$Q_s = -1 + \frac{3}{5}P$ が与えられているとき，$P = 5$，19，15，20，25 のときの $Q_d$ と $Q_s$ を表わす表を作れ．また $Q_d = Q_s$ となる均衡価格のところを □ で囲め．

| $P$ | 5 | 10 | 15 | 20 | 25 |
|---|---|---|---|---|---|
| $Q_d$ | 14 | 13 | 12 | 11 | 10 |
| $Q_s$ | 2 | 5 | 8 | 11 | 14 |

1.19　$I = I_0 - bi$ が与えられている．ここで $I_0$ は基礎投資であり，$i$ は利子率であるが，このとき，(a) $I_0 = 100$，$b = 250$ とすると，$i = 0.06$，0.07，0.08 のときの投資水準はいくらになるか．(b) $I = 115$，$I_0 = 175$，$i = 0.12$ ならば $b$ はいくらか．

(a)
$$I_1 = 100 - 250(0.06) = 100 - 15 = 85$$
$$I_2 = 100 - 250(0.07) = 100 - 17.50 = 82.50$$
$$I_3 = 100 - 250(0.08) = 100 - 20 = 80$$

(b)
$$I = I_0 - bi$$
$$115 = 175 - b(0.12)$$
$$-60 = -0.12b$$
$$b = 500$$

1.20　2 つの異なった企業の利潤関数が，それぞれ $\pi_1$，$\pi_2$ によって与えられている．

$$\pi_1 = -Q^2 + 17Q - 42 \qquad \pi_2 = -Q^2 + 16Q - 38$$

(a) 1 番目の企業の利潤がゼロになるのは，どのような産出水準においてか，求めよ．(b) 2 番目の企業の利潤が 25 ドルとなるのは，どのような産出水準においてか，求めよ．

(a) $\pi_1$ がゼロならば，$-Q^2 + 17Q - 42 = 0$ である．そうすると，この関数は 2 次の解の公式をそのまま適用できる形になる．ここで，$a = -1$，$b = 17$，$c = -42$．したがって，

$$Q_1,\ Q_2 = \frac{-17 \pm \sqrt{(17)^2 - 4(-1)(-42)}}{2(-1)} = \frac{-17 \pm \sqrt{121}}{-2} = 14,\ 3$$

(b) $\pi_2$ が 25 ならば，$-Q^2 + 16Q - 38 = 25$．したがって $-Q^2 + 16Q - 63 = 0$．2 次の解の公式を適用すると，

$$Q_1,\ Q_2 = \frac{-16 \pm \sqrt{(16)^2 - 4(-1)(-63)}}{2(-1)} = \frac{-16 \pm \sqrt{4}}{-2} = 9,\ 7$$

**1.21** ある電気会社が，テレビ（$T$）とステレオ（$S$）の生産を行なっている．**生産物変換曲線**（または**生産可能曲線**ともよばれる）とは，すべての資源を効率的に使うときに，その企業が生産することのできる異なる財の組み合わせを示したものであり，いまこれが $S^2 + 3S + 5T = 130$ という方程式で与えられているとする．このときつぎのものを求めよ．

(a) 企業が生産できるステレオの最大数．

(b) 企業が生産できるテレビの最大数．

(c) テレビが 18 台生産されるときの，ステレオの最大生産量．

(d) ステレオが 7 台生産されるときの，テレビの最大生産量．

(e) この企業の生産物変換曲線をグラフに描け．

(a) 企業は，$T = 0$ つまりテレビがまったく生産されない点において，ステレオの生産量を最大化するであろう．したがって，

$$S^2 + 3S + 5(0) = 130$$
$$S^2 + 3S - 130 = 0$$

2 次の解の公式を適用して，

$$S_1,\ S_2 = \frac{-3 \pm \sqrt{(3)^2 - 4(1)(-130)}}{2(1)} = \frac{-3 \pm \sqrt{529}}{2} = \frac{-3 \pm 23}{2} = 10,\ -13$$

負の値は生産可能曲線において意味をなさないので，$S = 10$ である．

(b) テレビの生産量が最大化されるとき，ステレオの生産量はゼロであろうから，

$$S^2 + 3S + 5T = 130$$
$$0 + 0 + 5T = 130 \qquad T = 26$$

(c) テレビが 18 台生産されるとき，

$$S^2 + 3S + 5(18) = 130$$
$$S^2 + 3S - 40 = 0$$

$$S_1,\ S_2 = \frac{-3 \pm \sqrt{(3)^2 - 4(1)(-40)}}{2(1)} = \frac{-3 \pm \sqrt{169}}{2} = 5,\ -8$$
$$S = 5$$

(d) ステレオの生産量が 7 台のとき，

$$S^2 + 3S + 5T = 130$$
$$(7)^2 + 3(7) + 5T = 130$$
$$5T = 60 \qquad T = 12$$

(e) この関数は $T$ を $S$ の関数として表わすことによってグラフに描ける．

$$5T = 130 - S^2 - 3S \qquad T = -\frac{1}{5}S^2 - \frac{3}{5}S + 26$$

(a) において $T = 0$ のとき，$S = 10$ となることわかっているので，横軸切片は 10 である．また縦軸切片は (b) において求めれた点であり，$S = 0$ のとき $T = 26$ である．さらに，(c)，(b) で $T = 18$，$S = 5$ および，$S = 7$，$T = 12$ が求まる．このグラフはこれらの 4 つの点を使って簡単に描ける．$S$ と $T$ が正の値に限られるので，このグラフは下方に開いた放物線の片側だけとなる．

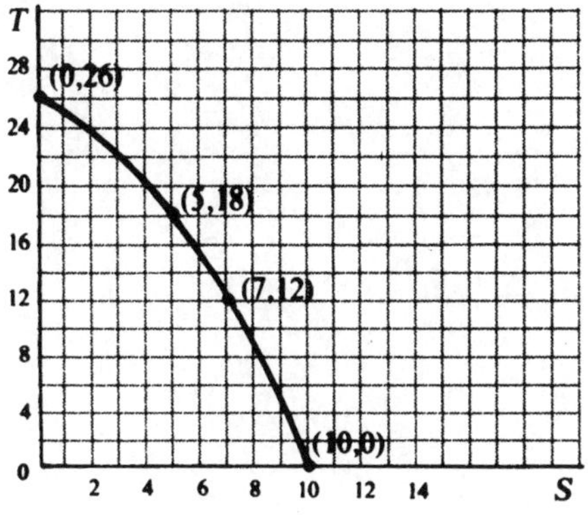


図 1-15

# 第２章　グラフ，方程式の経済学における応用

## 2.1　グラフと方程式

経済学においてグラフがよく用いられるのは，単に 2 変数間の関係だけを扱った問題の場合か，あるいはまた最終的に 2 変数の問題に変換することができるような問題の場合にかぎられている．たとえばそのような問題には，需要・供給分析，所得決定モデル，投資の限界効率，予算線，等費用線などがある．他方，方程式はグラフよりもより広範囲に用いることができる．つまり，方程式はグラフの代わりとして用いることもできるし，またより複雑な問題を解く場合にも用いることができる．

**例題 1**　**等費用線**とは，予算の許す範囲内で購入できる 2 種類の投入物または生産要素のさまざまな組み合わせを示したものである，それは一般的には $P_K K + P_L L = E$ で示され，ここで $K$，$L$ は資本，労働であり，また $P_K$，$P_L$ はそれぞれの価格，さらに $E$ は総費用を表わしている．等費用分析においては，それぞれの価格および予算は不変とされ，その上でさまざまな投入量の組み合わせが示される．したがって，この関数をグラフに表わすためには，一方の変数を他方の変数について解けばよい．たとえば，

$$P_K K + P_L L = E$$

$$P_K K = E - P_L L$$

$$K = \frac{E - PLL}{P_K}$$

$$= \frac{E}{P_K} - \left(\frac{P_L}{P_K}\right)$$

これはいうなれば最も簡単な線形関数 $y = a + bx$ という形であり，ここで

$a = E/P_K$ = 縦軸切片，また $b = (-P_L/P_K)$ = 勾配 である．このグラフは図 2-1 の実線で示されている．

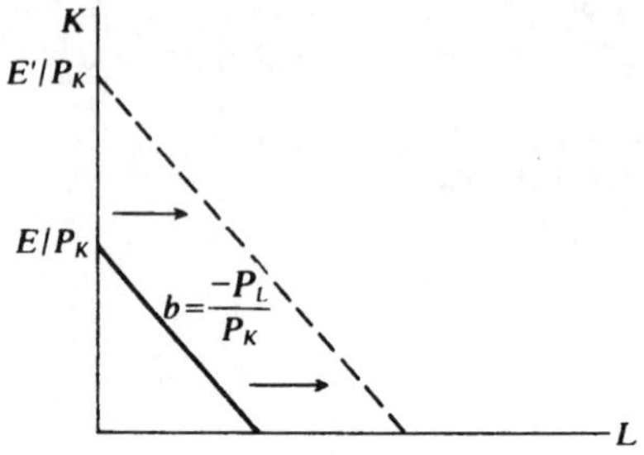


図 2-1

この方程式とグラフの両方から，パラメータのうちどれか 1 つの変化が及ぼす効果を簡単に求めることができる．たとえば，予算が $E$ から $E'$ へ増加すれば縦軸切片は大きくなるので（ただし勾配は変化しないから），等費用線はもとの実線から右方へ平行に破線へシフトする．なお，勾配が変化しないのは，予算が変化しても勾配を表わす相対価格（$-P_L/P_K$）は何の影響も受けないからである．ところで $P_L$ が変化すると直線の勾配は変わるが，縦軸切片は変化しない．ところが $P_K$ の変化は勾配とともに縦軸切片をも変化させる．このことは上の式をみればわかるし，さらには演習問題 2.5，2.6 を見よ．

## 2.2　需要・供給分析

需給分析において均衡は $Q_s = Q_d$ のときに成立する．したがって供給関数と需要関数を等しいとおくと，均衡価格と均衡取引量が決定される．

**例題 2**　　$Q_s = -5 + 3P \qquad Q_d = 10 - 2P$

のとき，均衡においては $Q_s = Q_d$ であるので，これを $P$ について解けば，

$$-5 + 3P = 10 - 2P$$

$$5P = 15 \qquad P = 3$$

$P = 3$ をいずれか．の方程式に代入すれば，

$$Q_s = -5 + 3P = -5 + 3(3) = 4 = Q_d$$

## 2.3　所得決定モデル

一般に所得決定モデルでは，4 部門経済における均衡所得水準がつぎのように表わされる．

$$Y = C + I + G + (X - Z)$$

ここで $Y$ = 所得，$C$ = 消費，$I$ = 投資，$G$ = 政府支出，$X$ = 輸出，$Z$ = 輸入である．この問題に与えられた情報を代入すれば，均衡所得水準を簡単に求めることができる．また右辺の変数を**集計**（合計）すれば，この方程式は 2 次元のグラフで表わすことができる．演習問題 2.7～2.13 を見よ．

**例題 3**　$Y = C + I$，$C = C_0 + bY$，$I = I_0$ という 2 部門経済を考えてみよう．ここで $C_0 = 85$，$b = 0.9$，$I_0 = 55$ とすると，(1) パラメータを用いて，(2) これらのパラメータに与えられた数値を代入すると，均衡所得水準はつぎのように計算できる．

1. 均衡方程式は，

$$Y = C + I$$

　これに $C$，$I$ に代入すると，

$$Y = C_0 + bY + I_0$$

　これを $Y$ について解くと，

$$Y - bY = C_0 + I_0$$
$$(1 - b)Y = C_0 + I_0$$
$$Y = \frac{C_0 + I_0}{1 - b}$$

　この形で示された解を誘導形とよぶ．この**誘導形**（あるいは**解方程式**）とは，内生変数（ここでは $Y$）を明示的に外生変数（$C_0$，$I_0$）とパラメータ（$b$）の関数として表わしたものである．

2. 具体的な均衡所得水準は（$a$）もとの方程式，または（$b$）その誘導形のいずれかに，パラメータの数値を代入することによって求められる．

(a)
$$\begin{aligned} Y &= C_0 + bY + I_0 \\ &= 85 + 0.9Y + 55 \\ Y - 0.9Y &= 140 \\ 0.1Y &= 140 \\ Y &= 1400 \end{aligned}$$

(b)
$$\begin{aligned} Y &= \frac{C_0 + I_0}{1 - b} = \frac{85 + 55}{1 - 0.9} \\ &= \frac{140}{0.1} = 1400 \end{aligned}$$

経済学においては，$1/(1-b)$ を**乗数**とよぶ．これは独立支出の各 1 ドルが均衡所得水準に及ぼす乗数効果を測るものである．所得決定モデルにおいては $b = \mathrm{MPC}$ であるから，乗数 $= 1/(1 - \mathrm{MPC})$ である．

（注）所得決定モデルを解くときは便宜上小数を分数に変えてもよい．たとえば，$0.1 = \frac{1}{10}$，$0.9 = \frac{9}{10}$，$0.5 = \frac{1}{2}$，$0.2 = \frac{1}{5}$，等々である．

## 2.4 *IS-LM* 分析

***IS* 表**は財（生産物）市場における均衡条件を満足する利子率と所得水準のさまざまな組み合わせを表わすすべての点の軌跡である．また ***LM* 表**は，同じように貨幣市場を均衡させるような利子率と所得水準のさまざまな組み合わせを表わすすべての点の軌跡である．***IS-LM* 分析**は，財市場と貨幣市場が同時に均衡する所得水準と利子卒を求めようとするものであり，これは連立方程式を解くときに用いられる方法によって求めることができる．また 2.3 節で見たような所得決定モデルとは異なり，*IS-LM* 分析は利子率を明示的に取り扱うことにより，その効果がモデルに組み入れられている．

**例題 4**　2 部門経済において財市場は $Y = C + I$ のときに均衡状態となる．また貨幣市場は，貨幣供給量（$M_s$）が貨幣需要（$M_d$）── これは貨幣の取引・予備的需要（$M_t$）と投機的需要（$M_z$）からなる ── と等しくなるときに均衡する．さてここで，2 部門経済を $C = 48 + 0.8Y$，$I = 98 - 75i$，$M_s = 250$，$M_t = 0.3Y$．$M_z = 52 - 150i$ と仮定しよう．

財市場の均衡（$IS$）は $Y = C + 1$ のときに成立するのであるから，この方程式へそれぞれ代入すると，

$$\begin{aligned} Y &= 48 + 0.8Y + 98 - 75i \\ Y - 0.8Y &= 146 - 75i \end{aligned}$$

$$0.2Y - 75i - 146 = 0 \tag{2.1}$$

他方，貨幣市場（$LM$）は $M_s = K_t + M_z$ のときに均衡が成立するので，この方程式へそれぞれ代入すると，

$$250 = 0.3Y + 52 - 150i$$

$$0.3Y - 150i - 198 = 0 \tag{2.2}$$

したがって (2.1) と (2.2) を連立して解くと，両市場の均衡条件が同時的に求まる．

$$0.2Y + 75i - 146 = 0 \tag{2.1}$$

$$0.3Y - 150i - 198 = 0 \tag{2.2}$$

いま (2.1) を 2 倍した (2.3) と (2.2) を加えて $i$ を消去し，それを $Y$ について解くと，

$$0.4Y + 150i - 292 = 0 \tag{2.3}$$

$$\begin{array}{r} 0.3Y - 150i - 198 = 0 \\ \hline 0.7Y \qquad\quad - 490 = 0 \end{array}$$

$$Y = 700$$

$Y = 700$ を (2.1) または (2.2) に代入して $i$ を求めると，

$$\begin{aligned} 0.2Y + 75i - 146 &= 0 \\ 0.2(700) + 75i - 146 &= 0 \\ 140 + 75i - 146 &= 0 \\ 75i &= 6 \\ i &= \frac{6}{75} = 0.08 \end{aligned}$$

つまり $Y = 700$，$i = 0.08$ のときに財市場と貨幣市場の同時均衡が成立する．このとき $C = 48 + 0.8(700) = 608$，$I = 98 - 75(0.08) = 92$，$M_t = 0.3(700) = 210$，$M_z = 52 - 150(0.08) = 40$，$C + I = 608 + 92 = 700$，$M_t + M_z = 210 + 40 = 250 = M_s$ である．

# 演習問題

## グラフ

2.1　需要は一般にその財の価格だけでなく，所得であるとか，その他の連関財（ここでは代替財）であるとか嗜好などに依存して決まり，たとえばそれを次式のように特定化することができる．

$$Q_d = -30P + 0.05Y + 2P_r + 4T$$

ここで，$P$ は当該財の価格，$r$ は所得，$P_r$ は連関財（ここでは代替財）の価格，$T$ は嗜好である．このときこの関数はどのようにグラフ化されるであろうか．

この需要関数の変数は 5 個であるから，このままではグラフ化することはできない．しかし通常の需要分析においては，その財の価格以外の独立変数はすべて一定と仮定することにより（**他の事情を一定として**），これらの変数の影響から独立的に，価格の変化が需要量に及ぼす効果を求めることができる．したがって他の変数（$Y$，$P_r$，$T$）を一定とおくと，この関数はグラフ化される．なお，$P_r$ の係数が負の値をとる場合には，その連関財は補完財である．

2.2　(a) 演習問題 2.1 の需要関数において，$Y = 5000$，$P_r = 25$，$T = 30$ としてグラフ化せよ．(b) (a) で示された需要関数は何を物語っているのか．(c) もし当該財の価格が 5 から 6 へ上昇したならばグラフはどのように変化するか．(d) 他の独立変数が変化すればグラフはどのように変化するか．たとえば所得が 7400 に増加した場合にはどうであろうか．

(a) 演習問題 2.1 の式にこの新しいデータを付け加えることによって，この関数は容易にグラフ化することができる．図 2-2 を見よ．

$$\begin{aligned} Q_d &= -30P + 0.05Y + 2P_r + 4T = -30P + 0.05(5000) + 2(25) + 4(30) \\ &= -30P + 420 \end{aligned}$$

(b) (a) でグラフ化された需要関数は，所得水準，嗜好，代替財の価格（ここでは 5000，30，25）が一定であると仮定されていて，その上でそれ自身のさまざまな価格と需要される財のさまざまな数量の組み合わせを示したものである．

(c) もし当該財の価格以外のものが変化しなければ，このグラフはさまざまな価格に対応して需要量がいかほどであるかを示すものであるから，グラフはそのまま前と同じである．その財の価格だけが変化すれば，需要量はその曲線に沿って変化する．これは**需要量の変化**とよばれる．たとえば，価格が 5 から 6 へ上昇すると，需要量は 270 [420 − 30(5)] から 240 [420 − 30(6)] に減少する．これは曲線上の点 $A$ から点 $B$ への移動によって示される．

(d) もし価格以外の変数が変化すれば曲線の左右へのシフトが起こる．これは価格以外の変数の変化が，その変化の状況に応じてまったく新しい需要関数を生み出すということから，**需要の変化**とよばれる．もし所得が 7400 に増加すれば新しい需要関数は，

$$Q_d = -30P + 0.05(7400) + 2(25) + 4(30) = -30P + 540$$

これは図 2-2 の破線で示される．

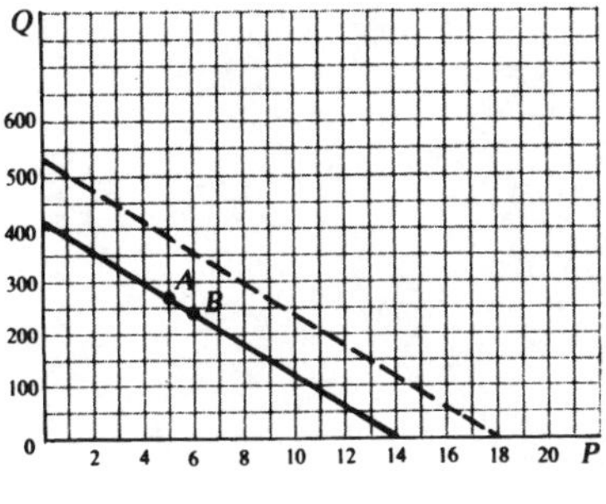


図 2-2

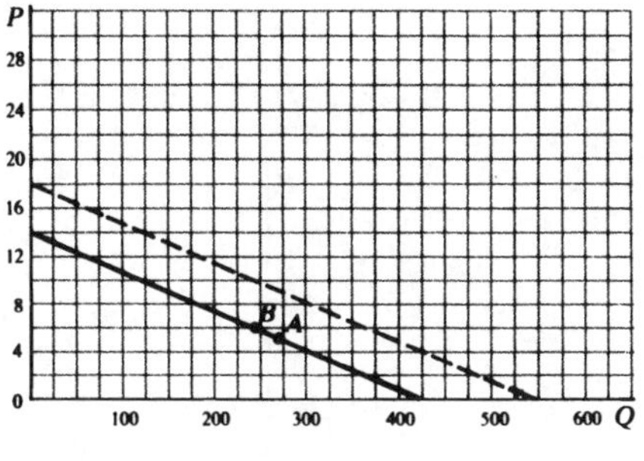


図 2-3

2.3　経済学では需給分析を行なう場合，独立変数（価格）は通常縦軸上に測られ，従属変数（数量）は横軸上に測られる．(a) 演習問題 2.2 の需要関数を通常の方法に従ってグラフ化せよ．(b) 当該財の価格が 5 から 6 へ上昇したとき，また所得が 7400 に増加したとき，どのような変化が起こるかを示せ．

(a) $Q_d = 420 - 30P$ という関数は，逆関数（1.5 節を見よ）を用いれば，通

常の経済学のやり方に従ってグラフ化することができる．つまり，$P$ を $Q_d$ について解くと $P = 14 - \frac{1}{30}Q_d$ となるから，グラフは図 2-3 の実線になる．

(b) もし $P$ が 5 から 6 へ上昇すれば，$Q_d$ は 270 から 240 へ減少する．

$$\begin{aligned} P &= 14 - \frac{1}{30}Q_d \\ 5 &= 14 - \frac{1}{30}Q_d \\ \frac{1}{30}Q_d &= 9 \\ Q_d &= 270 \end{aligned} \qquad \begin{aligned} P &= 14 - \frac{1}{30}Q_d \\ 6 &= 14 - \frac{1}{30}Q_d \\ \frac{1}{30}Q_d &= 8 \\ Q_d &= 240 \end{aligned}$$

この変化は図 2-3 の点 $A$ から点 $B$ への動きによって示されている．

もし演習問題 2.2(d) のように $Y = 7400$ であれば，$Q_d = 540 - 30P$ である．したがってその逆関数は $P = 18 - \frac{1}{30}Q_d$ であり，そのグラフは図 2-3 の破線になる．

2.4　供給関数が $P = -a + bQ$ であるとしよう．ここでもし政府が生産物 1 単位につき $T$ の租税を課すならば，供給関数はどのようになるか．租税を考慮した供給関数については破線を用いて示せ．

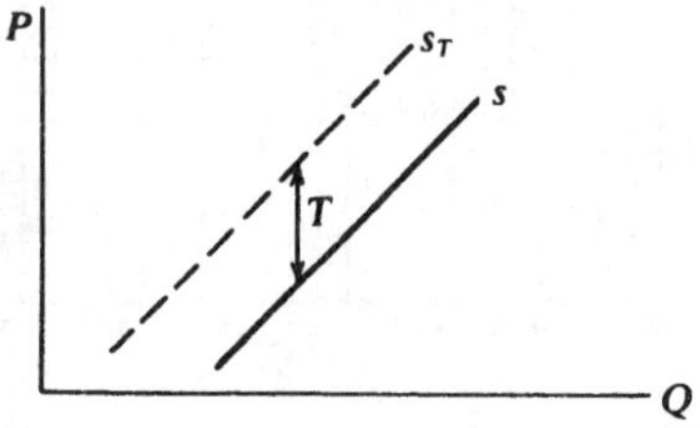


図 2-4

もし政府が生産者に対して生産物 1 単位につき $T$ という租税を課すならば，生産者にとっての手取り価格は $P - T$ となる．かくして供給関数は，つぎのように書き換えられなければならない．

$$\begin{aligned} P - T &= -a + bQ \\ P &= -a + bQ + T \end{aligned}$$

定数 $T$ を加えることによって，縦軸切片は租税分だけ上方にシフトする．このとき供給量はどのような価格のもとでも，減少する．図 2-4 を見よ．

2.5　ある個人が 120 ドルもっていて，2 財（$X$, $Y$）を消費したいと思っている．このときそれぞれの価格は 3 ドルと 5 ドルであるとする．(a) 一定の予算（$B$）で購入できる 2 財のさまざまな組み合わせを示す**予算線**を描け. また，以下の (b)〜(d) の場合にはもとの予算線はどのように変化するか. (b) 予算が 25% 減少する．(c) $X$ 財の価格が 2 倍になる．(d) $Y$ 財の価格が 4 に下落する．

(a) 予算線を表わす関数は一般に $P_X X + P_Y Y = B$ である. もし $P_X = 3$, $P_Y = 5$，$B = 120$ ならば，$3X + 5Y = 120$ である．この関数をグラフ化するために $Y$ を $X$ について解くと，$Y = 24 - \frac{3}{5}X$ となる．したがって，このグラフは図 2-5(a) の実線で示される．

(b) もし予算が 25% 減少すれば，新しい予算は 90 $\left[120 - \frac{1}{4}(120) = 90\right]$ となる．したがって新しい予算線を示す方程式は，

$$3X + 5Y = 90$$

$$Y = 18 - \frac{3}{5}X$$

(c) $P_X$ が 2 倍になれば，予算線を示す方程式は,

$$6X + 5Y = 120$$

$$Y = 24 - \frac{6}{5}X$$

したがって縦軸切片はそのままであるが，直線の勾配が変化してもとの直線の勾配よりも急になる．これは図 2-5(b) の破線で示されている．つまり $X$ 財の価格が上昇すれば，一定の予算のもとで購入される $X$ 財の量は減少する．

(d) $P_Y$ が 4 になると，

$$3X + 4Y = 120$$

$$Y = 30 - \frac{3}{4}X$$

つまり $P_Y$ が変化すれば，縦軸切片と直線の勾配はともに変化する．これは図 2-5(c) の破線によって示される．

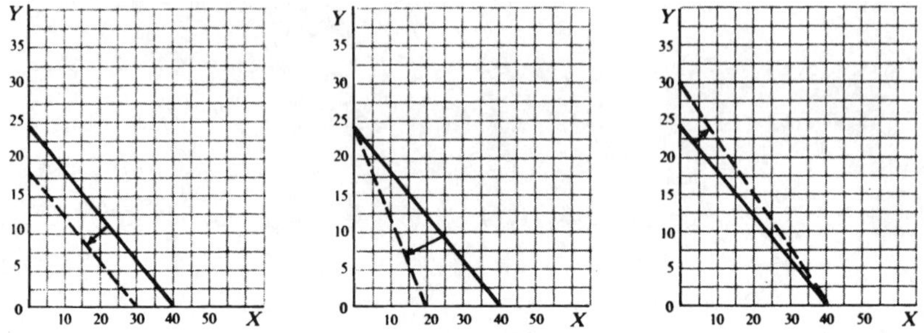


(a) 所得の減少　(b) $P_X$ の増加　(c) $P_Y$ の減少

図 2-5

2.6　鋼鉄の生産には，石炭（$C$）でもガス（$G$）でも用いることができる．いま石炭のコストを 100，ガスのコストを 500 とする．このとき，購入されるガスと石炭のさまざまな組み合わせを示す等費用線を，つぎの各場合について示せ．(a) 初期の予算（$E$）が 10,000 のとき．(b) 予算が 50% 増加したとき．(c) ガスの価格が 20% 下落したとき．(d) 石炭の価格が 25% 上昇したとき．ただし，方程式はつねにもとの形から出発せよ．

(a)

$$P_C C + P_G G = E$$
$$100C + 500G = 10,000$$
$$C = 100 - 5G$$

このグラフは図 2-6(a) の実線で示されている．

(b)　予算が 50% 増加すれば，新しい支出額は $15,000$ $[10,000 + 0.5(10,000)]$ となる．したがって新しい方程式は，

$$100C + 500G = 15,000$$
$$C = 150 - 5G$$

このグラフは図 2-6(a) の破線で示されている．

(c)　ガスの価格が 20% 下落すれば，新しい価格は 400 $[500 - 0.2(500)]$ となる．したがって新しい方程式は，

$$100C + 400G = 10,000$$

$$C = 100 - 4G$$

このグラフは図 2-6(b) の破線で示されている．

(d) 石炭の価格が 25% 上昇すれば，新しい価格は 125［$100 + 0.25(100)$］となる．よって，

$$125C + 500G = 10,000$$
$$C = 80 - 4G$$

このグラフは図 2-6(c) の破線で示される．

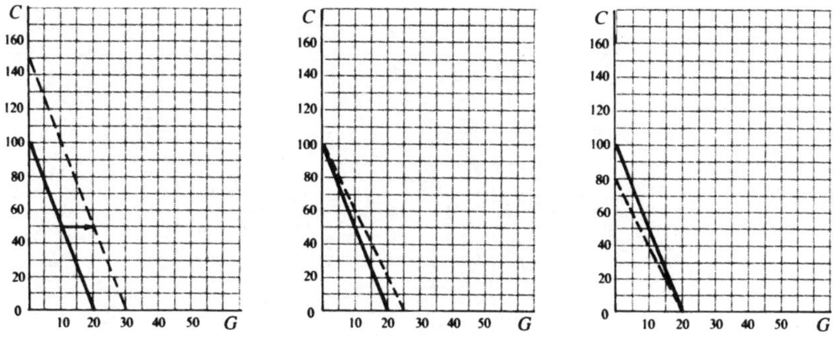


(a) 所得の増加　(b) $P_G$ の増加　(c) $P_C$ の減少

図 2-6

## 所得決定モデルにおけるグラフ

2.7　$Y = C + I$，$C = 50 + 0.8Y$，$I_0 = 50$ のとき，(a) 消費関数をグラフ化せよ．(b) 総需要関数 $C + I_0$ をグラフ化せよ．(c) グラフから均衡所得水準を求めよ．

(a) 消費は所得の関数であるので，消費は縦軸に，所得は横軸に測られる．これは図 2-7 に示されている．また，$I$，$G$ や $(X - Z)$ といった総需要を構成する他の要素がモデルに加えられる場合も，これらの変数は同じように縦軸上に測られる．この線形の消費関数から，縦軸切片が 50 で，直線の勾配（MPC つまり $\Delta C/\Delta Y$）が 0.8 であることが容易にわかる．

(b) このモデルにおける投資は**独立投資**である．これは投資が所得から独立であり，したがって所得の変化に対して不変であることを意味する．定数のグラフはそれだけを考慮すれば水平線で示される．したがって先の

線形関数にこの定数のグラフを加えれば，もとの関数はその定数の分だけ平行に上方にシフトする．図 2-7 にみられるように，総需要関数は最初の消費関数から平行に 50 だけ上方にシフトしたものとなる．

(c) グラフから均衡所得水準を求めるために，原点から 45° の破線を引く．このときもし両軸の目盛が同じ尺度で測られているならば，この 45° 線の勾配はまさに 1 である．したがって，この 45° 線上にある点はどこでも，その横軸座標と縦軸座標は等しくなっている．したがって総需要関数が 45° 線と交差するときに，（縦軸上に測られている）総需要は（横軸上に測られている）国民所得と等しくなる．図 2-7 より，総需要関数（$C+I$）は 500 のときに線と交わるので，均衡所得水準が 500 であることがわかる．

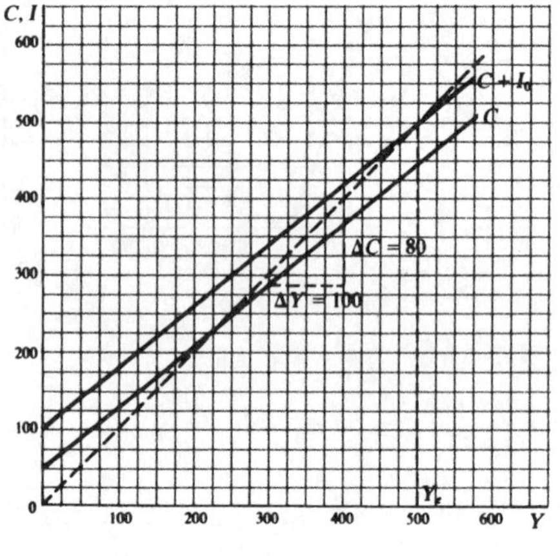


図 2-7

2.8　$Y=C+I+G$，$C=25+0.75Y$，$I=I_0=50$，$G=G_0=25$ であるとき，(a) 総需要関数をグラフ化し，さらに総需要関数の個々の構成要素を示せ．(b) 均衡所得水準を求めよ．(c) 各構成要素をグラフ化せずに，直接総需要関数をグラフ化するにはどのようにすればよいか．

(a) 図 2-8 を見よ．

(b) 均衡所得水準 = 400

(c) 総需要関数を直接グラフ化するためには，個々の構成要素を合計すればよい．

$$\text{集計 } D = C + I + G = 25 + 0.75Y + 50 + 25 = 100 + 0.75Y$$

このようにして求めた総需要関数のグラフは，前のように $C$，$I$，$G$ といった個々のグラフを足し合わせて作ったグラフとまったく同じものになっている．

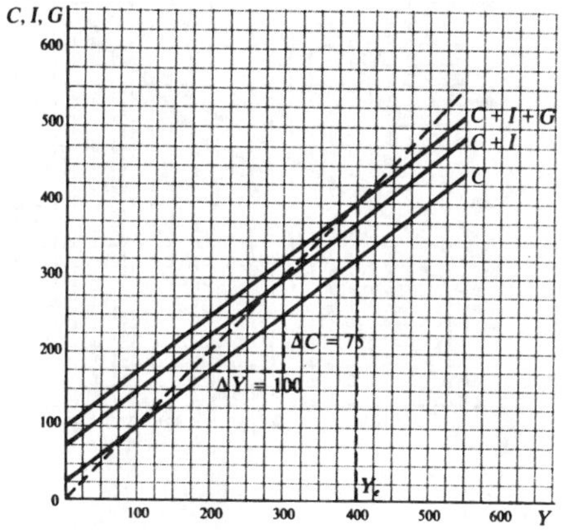


図 2-8

2.9　定額税（所得とは独立の租税）の導入が，所得決定モデルの各パラメータにどのような影響を与えるかを，グラフを用いて示せ．このとき，つぎの 2 つの体系を，(1) は実線を用いて，(2) は破線を用いてそれぞれ表わせ．

(1)　$Y = C + I$
　　$C = 100 + 0.6Y$
　　$I_0 = 40$

(2)　$Y = C + I$　　$Y_d = Y - T$
　　$C = 100 + 0.6Y_d$　　$T = 50$
　　$I_0 = 40$

1 番目の方程式体系は何ら問題はないが，2 番目の体系はまず $C$ を $Y_d$ の関数から $Y$ の関数に変形する必要がある．

(1)　$\text{集計 } D = C + I$
$= 100 + 0.6Y + 40$
$= 140 + 0.6Y$

(2)　$\text{集計 } D = C + I$
$= 100 + 0.6Y_d + 40$
$= 140 + 0.6(Y - T)$
$= 140 + 0.6(Y - 50)$
$= 110 + 0.6Y$

定額税は総需要関数の縦軸切片に対して，$-\text{MPC}(T)$ に相当する負の効果を与える．ここでは，それが $-0.6(50) = -30$ である．他方，直線の勾配は影響を受けない（図 2-9 の 2 つのグラフが平行線であることに注意せよ）．したがって，この税制を導入することによって，均衡所得水準は，350 から 275 へ減少する．図 2-9 を見よ．

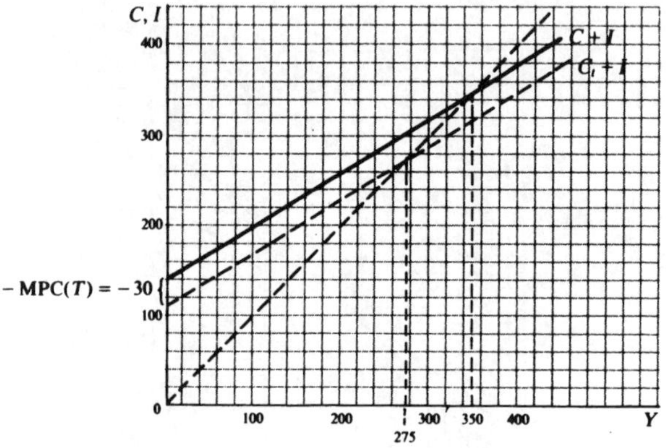


図 2-9

2.10　比例税（所得に依存する租税）の導入が，所得決定モデルにおける各パラメータにどのように影響するかをグラフを用いて説明せよ．ただし，租税のないモデルは実線を用いて，また，租税を伴うモデルは破線を用いて描け．

(1)　$Y = C + I$　　$C = 85 + 0.75Y$　　$I_0 = 30$

(2)　$Y = C + I$　　$C = 85 + 0.75Y_d$　　$I_0 = 30$　　$Y_d = Y - T$　　$T = 20 + 0.2Y$

(1)　集計 $D = C + I$

$$= 85 + 0.75Y + 30$$
$$= 115 + 0.75Y$$

(2)　集計 $D = C + I$

$$= 85 + 0.75Y_d + 30$$
$$= 115 + 0.75(Y - T)$$
$$= 115 + 0.75(Y - 20 - 0.2Y)$$
$$= 115 + 0.75Y - 15 - 0.15Y$$
$$= 100 + 0.6Y$$

モデルの中に比例税を導入すると，直線の勾配，つまり MPC が影響を受けることになる．ここでは比例税導入の結果，直線の勾配が 0.75 から

0.6 へ低下する．またこの税制は 20 の定額税分を含んでいるので，縦軸切片も低下する．したがってこの税制によって，均衡所得水準は 460 から 250 へ減少する．図 2-10 を見よ．

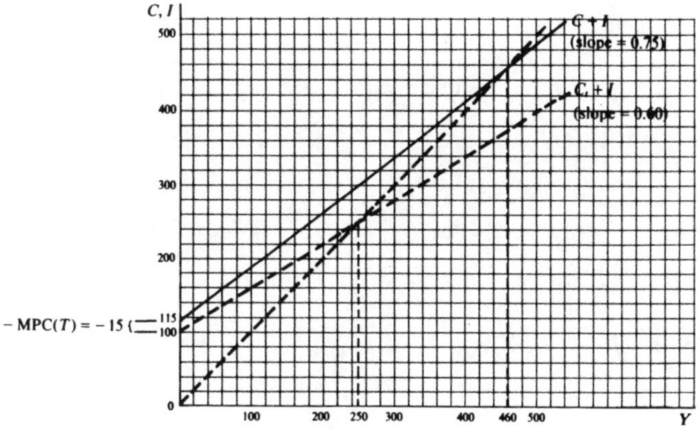


図 2-10

2.11　(a) 貯蓄関数 $S = -100 + 0.25Y$ をグラフ化せよ．(b) 均衡所得水準を求めよ．

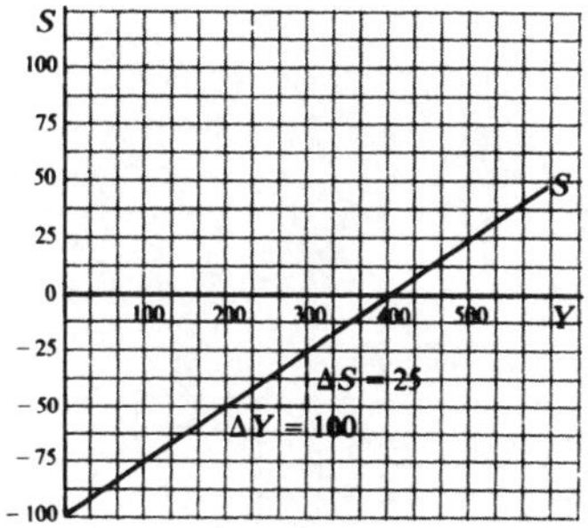


図 2-11

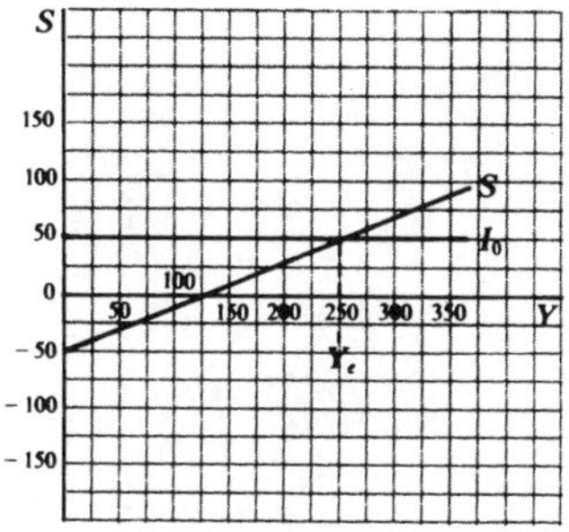


図 2-12

(a) 貯蓄は所得の関数であるので，図 2-11 において $S$ は縦軸に，また $Y$ は横軸に測られている．上の方程式は縦軸切片が負であるので，このグラフは第 4 象限，つまり縦軸座標が負になるところまで拡張しなければならない．

(b) 需要が消費需要だけであるような，単純な所得決定モデルでは，生産物がすべて消費されるとき，つまり $S=0$ のときに，この体系は均衡状態である．具体的には $S=0$ において，均衡所得水準（$Y_e$）は 400 である．

2.12　$C=50+0.6Y$，$I_0=50$ であるとき，貯蓄・投資の図表を用いて均衡所得水準を求めよ．

$C=50+0.6Y$ ならば，$S=-50+0.4Y$ である．モデルに投資が導入されるときには，$S=I$ のときに均衡が成立する．したがってこのモデルでは $Y_e=250$ となる．図 2-12 を見よ．（投資は貯蓄関数の上に加えられるものではないことに留意せよ．投資はここでは定数と考えられているので，$I_0$ は単に水平線として描かれる．）

2.13　$S=-70+0.25Y_d$，$T=20$，$I_0=40$，$G_0=30$，$Y_d=Y-T$ のとき，均衡所得水準をグラフを用いて求めよ．

均衡状態においては $S+T=I+G$ である．$G$，$I$，$T$ はすべて定数であるからグラフ化する上で何ら問題はないが，貯蓄関数はグラフ化する前につぎのように $Y$ の関数に書き換える必要がある．

$$S=-70+0.25Y_d=-70+0.25(Y-20)=-75+0.25Y$$

図 2-13 において，$I+G=40+30=70$ は水平線である．他方 $S+T$ のグラフは

$$S+T=-75+0.25Y+20=-55+0.25Y$$

よって均衡所得水準は 500 となる．

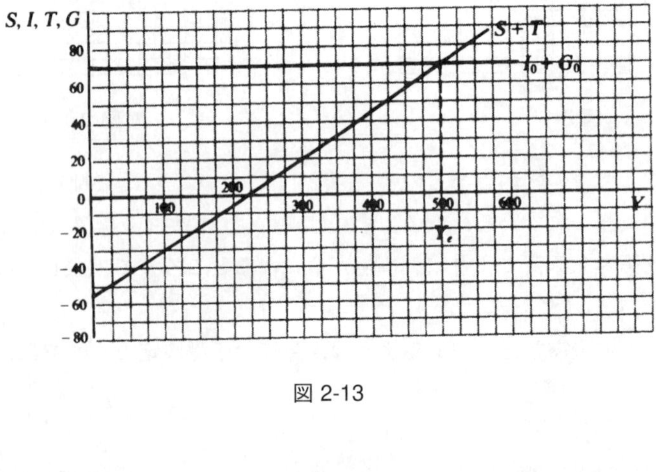


図 2-13

## 需要・供給分析における方程式

**2.14**　つぎの各市場における均衡価格および均衡数量をそれぞれ求めよ．

(a) $Q_s = -20 + 3P$　　(b) $13P - Q_s = 27$

$Q_d = 220 - 5P$　　$Q_d + 4P - 24 = 0$

各市場は $Q_s = Q_d$ のときに均衡状態となる．

(a)

$$\begin{aligned} Q_s &= Q_d \\ -20 + 3P &= 220 - 5P \\ 8P &= 240 \\ P &= 30 \\ Q_s &= -20 + 3P \\ &= -20 + 3(30) \\ Q_s &= 70 = Q_d \end{aligned}$$

(b)

$$\begin{aligned} Q_s &= -27 + 13P \\ Q_d &= 24 - 4P \\ -27 + 13P &= 24 - 4P \\ 17P &= 51 \\ P &= 3 \\ Q_d &= 24 - 4P \\ &= 24 - 4(3) \\ Q_d &= 12 = Q_s \end{aligned}$$

**2.15**　牛肉と豚肉という 2 つの連関財（代替財）市場を表わす連立方程式体系がつぎのように与えられているとき，それぞれの市場の均衡条件を代入法を用いて求めよ．

(1) $Q_{dB} = 82 - 3P_B + P_P$　　(2) $Q_{dP} = 92 + 2P_B + 4P_P$

$Q_{sB} = -5 + 15P_B$　　$Q_{sP} = -6 + 32P_P$

各市場の均衡条件は $Q_s = Q_d$ である．

(1)

$$\begin{aligned} Q_{sB} &= Q_{dB} \\ -5 + 15P_B &= 82 - 3P_B + P_P \\ 18P_B - P_P &= P_P = 87 \end{aligned}$$

(2)

$$\begin{aligned} Q_{sP} &= Q_{dP} \\ -6 + 32P_P &= 92 + 2P_B - 4P_P \\ 36P_P - 2P_B &= 98 \end{aligned}$$

よって本問は，2 個の未知数と 2 本の方程式からなる問題に縮約される．

$$18P_B - P_P = 87 \tag{2.4}$$

$$-2P_B + 36P_P = 98 \tag{2.5}$$

(2.4) を $P_P$ について解くと，

$$P_P = 18P_B - 87$$

これを (2.5) に代入すると，

$$-2P_B + 36(18P_B - 87) = 98 \qquad -2P_B + 648P_B - 3132 = 98$$
$$646P_B = 3230 \qquad P_B = 5$$

さらに $P_B = 5$ を (2.5) または (2.4) に代入すれば，

$$-2(5) + 36P_P = 98$$
$$36P_P = 108 \qquad P_P = 3$$

最後に，$P_B$ と $P_P$ の値を各市場の供給方程式または需要方程式のどちらかに代入すると，均衡取引量が求まる．

$$(1) \quad Q_{dB} = 82 - 3P_B + P_P \qquad (2) \quad Q_{dB} = 92 + 2P_B - 4P_P$$
$$= 82 - 3(5) + (3) \qquad = 92 + 2(5) - 4(3)$$
$$Q_{dB} = 70 = Q_{sB} \qquad Q_{dP} = 90 = Q_{sP}$$

2.16　需要条件および供給条件は 2 次式の形で表わされることもある．需要関数が，

$$P + Q^2 + 3Q - 20 = 0 \tag{2.6}$$

であり，供給関数が，

$$P - 3Q^2 + 10Q = 5 \tag{2.7}$$

のとき，均衡価格および均衡取引量を求めよ．

本問は 2 本の方程式と 2 個の未知数からなっているので，代入法または消去法のいずれを用いても解くことができる．そこで，代入法を用いると，(2.7) は

$$P - 3Q^2 + 10Q = 5$$
$$P = 3Q^2 - 10Q + 5$$

と変形される．$P = 3Q^2 - 10Q + 5$ を (2.6) に代入すると，

$$(3Q^2 - 10Q + 5) + Q^2 + 3Q - 20 = 0$$
$$4Q^2 - 7Q - 15 = 0$$

2 次方程式の解の公式 $Q_1$，$Q_2 = \left(-b \pm \sqrt{b^2 - 4ac}\right)\Big/2a$ において $a = 4$，$b = -7$，$c = -15$ とすると，$Q_1 = 3$，$Q_2 = -1.25$ となる．価格や取引量

は負になることはないので，$Q = 3$ である．$Q = 3$ を (2.6) または (2.7) に代入すると，均衡価格 $P$ が求められる．

$$P + (3)^2 + 3(3) - 20 = 0 \qquad P = 2$$

2.17　需要関数が，

$$3P + Q^2 + 5Q - 102 = 0 \tag{2.8}$$

であり，供給関数が，

$$P - 2Q^2 + 3Q + 71 = 0 \tag{2.9}$$

のとき，均衡価格および均衡取引量を消去法を用いて求めよ．

(2.9) を 3 倍して得た (2.10) を (2.8) から引き，$P$ を消去すると，

$$\begin{array}{r} 3P + \phantom{6}Q^2 + 5Q - 102 = 0 \\ -(3P - 6Q^2 + 9Q + 213 = 0) \\ \hline 7Q^2 - 4Q - 315 = 0 \end{array} \tag{2.10}$$

2 次方程式の解の公式（演習問題 2.16 を見よ）を用いて $Q$ を求めると $Q = 7$ となる．これを (2.9) または (2.8) に代入して $P$ を求める．

$$P - 2(7)^2 + 3(7) + 71 = 0 \qquad P = 6$$

2.18　複数の市場からなる需給分析もある．たとえば，つぎの 3 つの代替財市場における均衡価格および均衡取引量を求めよ．

$$\begin{aligned} Q_{d1} &= 23 - 5P_1 + P_2 + P_3 & Q_{s1} &= -8 + 6P_1 \\ Q_{d2} &= 15 + P_1 - 3P_2 + 2P_3 & Q_{s2} &= -11 + 3P_2 \\ Q_{d3} &= 19 + P_1 + 2P_2 - 4P_3 & Q_{s3} &= -5 + 3P_3 \end{aligned}$$

各市場が均衡するためには，

$$\begin{aligned} Q_{d1} &= Q_{s1} & Q_{d2} &= Q_{s2} \\ 23 - 5P_1 + P_2 + P_3 &= -8 + 6P_1 & 15 + P_1 - 3P_2 + 2P_3 &= -11 + 3P_2 \\ 31 - 11P_1 + P_2 + P_3 &= 0 & 26 + P_1 - 6P_2 + 2P_3 &= 0 \end{aligned}$$

$$\begin{aligned} Q_{d3} &= Q_{s3} \\ 19 + P_1 + 2P_2 - 4P_3 &= -5 + 3P_3 \\ 24 + P_1 + 2P_2 - 7P_3 &= 0 \end{aligned}$$

かくして，つぎのように 3 個の未知数からなる 3 本の方程式が得られる．

$$31 - 11P_1 + P_2 + P_3 = 0 \tag{2.11}$$

$$26 + P_1 - 6P_2 + 2P_3 = 0 \tag{2.12}$$

$$24 + P_I + 2P_2 - 7P_3 = 0 \tag{2.13}$$

まず，変数のうちの 1 つ（ここでは $P_2$）を消去する．(2.11) を 2 倍すると，

$$62 - 22P_1 + 2P_2 + 2P_3 = 0$$

を得る．これを (2.13) から引くと，

$$\begin{array}{rl} 62 - 22P_1 + 2P_2 + 2P_3 & = 0 \\ -(24 + \quad P_1 + 2P_2 - 7P_3) & = 0 \\ \hline 38 - 23P_1 \qquad\quad + 9P_3 & = 0 \end{array} \tag{2.14}$$

また (2.13) を 3 倍すると，

$$72 + 3P_1 + 6P_2 - 21P_3 = 0$$

これを (2.12) に加えると，

$$\begin{array}{rl} 26 + \quad P_1 - 6P_2 + \quad 2P_3 & = 0 \\ 72 + 3P_1 + 6P_2 - 21P_3 & = 0 \\ \hline 98 + 4P_1 \qquad\quad - 19P_3 & = 0 \end{array} \tag{2.15}$$

かくして 2 本の方程式 (2.14) と (2.15)，そして 2 個の未知数が残る．(2.14) を 19 倍し，(2.15) を 9 倍して両式を加え，$P_3$ を消去すると，

$$\begin{array}{rl} 722 - 437P_1 + 171P_3 & = 0 \\ 882 + \quad 36P_1 - 171P_3 & = 0 \\ \hline 1604 - 401P_1 \qquad\qquad & = 0 \\ P_1 & = 4 \end{array}$$

$P_1 = 4$ を (2.15) に代入して $P_3$ を求めると，

$$98 + 4(4) - 19P_3 = 0$$

$$19P_3 = 114 \qquad P_3 = 6$$

$P_1 = 4$，$P_3 = 6$ を，(2.11)，(2.12)，(2.13) のいずれかに代入して $P_2$ を求めると，

$$31 - 11(4) + P_2 + (6) = 0 \qquad P_2 = 7$$

## 所得決定モデルにおける方程式

**2.19**　$Y = C + I + G$，$C = C_0 + bY$，$I = I_0$，$G =_0$ とし，さらに $C_0 = 135$，$b = 0.8$，$I_0 = 75$，$G_0 = 30$ とする．(a) 均衡所得水準を表わす方程式を誘導形で示せ．(b) 均衡所得水準を (1) 直接，また (2) 誘導形を用いて求めよ．

(a)　2.3 節より，

$$\begin{aligned} Y &= C + I + G \\ &= C_0 + bY + I_0 + G_0 \\ Y - bY &= C_0 + I_0 + G_0 \\ (1 - b)Y &= C_0 + I_0 + G_0 \\ Y &= \frac{C_0 + I_0 + G_0}{1 - b} \end{aligned}$$

(b)　(1)

$$\begin{aligned} Y &= C + I + G = 135 + 0.8Y + 75 + 30 \\ Y - 0.8Y &= 240 \\ 0.2Y &= 240 \\ Y &= 1200 \end{aligned}$$

(2)

$$\begin{aligned} Y &= \frac{C_0 + I_0 + G_0}{1 - b} \\ &= \frac{135 + 75 + 30}{1 - 0.8} \\ &= 5(240) = 1200 \end{aligned}$$

**2.20**　$C = 89 + 0.8Y$，$I_0 = 24$ のとき，均衡所得水準 $Y = C + I$ を求めよ．

$$Y = \frac{C_0 + I_0}{1 - b} = 5(89 + 24) = 565$$

演習問題 2.19 から，$b = 0.8$ の場合の乗数値［$1/(1 - b)$］はすでにわかっている．したがって本問では、他の方法を用いてもよいが，誘導形を用いたほうがこの方程式をより早く解くことができる．

**2.21** (a) つぎの所得決定モデルの誘導形を求めよ．ただし，ここで投資は独立投資ではなく，所得の関数とする．(b) 均衡所得水準（$Y_e$）の値を求めよ．(c) 乗数はどのように変化するか．

$$Y = C + I \qquad C = C_0 + bY \qquad I = I_0 + aY$$

ここで $C_0 = 65$，$I_0 = 70$，$b = 0.6$，$a = 0.2$.

(a)

$$\begin{aligned} Y &= C + I \\ &= C_0 + bY + I_0 + aY \\ Y - bY - aY &= C_{+}I_0 \\ (1 - b - a)Y &= C_0 + I_0 \\ Y &= \frac{C_0 + I_0}{1 - b - a} \end{aligned}$$

(b)

$$\begin{aligned} Y &= C + I \\ &= 65 + 0.6Y + 70 + 0.2Y \\ y - 0.6y - 0.2Y &= 65 + 70 \\ 0.2Y &= 135 \\ Y &= 675 \end{aligned}$$

(c) 投資が所得の関数であり，もはや独立投資ではないとき，乗数は $1/(1-b)$ から $1/(1 - b - a)$ に変化する．すなわち，分数式の分母が小さくなるため分数全体が大きくなるので，乗数の値は増加する．具体的には，この問題のパラメータに数値を代入すれば確かめられる．

$$\frac{1}{1-b} = \frac{1}{1-0.6} = \frac{1}{0.4} = 2.5 \qquad \frac{1}{1-b-a} = \frac{1}{1-0.6-0.2} = \frac{1}{0.2} = 5$$

**2.22** 以下のモデルにおいて，つぎの (a)～(c) を求めよ．(a) 誘導形．(b) $Y_e$ の値．(c) このモデルに定額税が導入され，よって消費が可処分所得（$Y_d$）の関数となるときの乗数に与える効果はどうなるか．

$$Y = C + I \qquad C = C_0 + bY_d \qquad I = I_0 \qquad Y_d = Y - T$$

ここで $C_0 = 100$，$b = 0.6$，$I_0 = 40$，$T = 50$.

(a)
$$Y = C + I = C_0 + bY_d + I_0 = C_0 + b(Y - T) + I_0 = C_0 + bY - bT + I_0$$
$$Y - bY = C_0 + I_0 - bT$$
$$Y = \frac{C_0 + I_0 - bT}{1 - b}$$

(b)
$$\begin{aligned} Y &= 100 + 0.6Y_d + 40 = 140 + 0.6(Y - T) \\ &= 140 + 0.6(Y - 50) = 140 + 0.6Y - 30 \\ Y - 0.6Y &= 110 \\ 0.4Y &= 110 \\ Y &= 275 \end{aligned}$$

または
$$\begin{aligned} Y &= \frac{100 + 40 - 0.6(50)}{1 - 0.6} = \frac{110}{0.4} \\ &= 275 \end{aligned}$$

この関数のグラフは演習問題 2.9 に示されている．

(c) (a) に見られるように，このモデルに定額税を導入しても，乗数は変化せず $1/(1 - b)$ のままである．ただ外生変数の集計値が $-bT$ だけ減少するだけである．また，$G_0$，$X_0$，$Z_0$ といった他の独立変数をこのモデルに導入しても，乗数の値には何ら影響を与えない．

2.23　以下で示すモデルにおいて，つぎの (a)〜(c) を求めよ．(a) 誘導形．(b) $Y_e$ の数値．(c) 比例税（$t$）がモデルに導入されたときの乗数に与える効果．

$$Y = C + I \qquad C = C_0 + 5Y_d \qquad T = T_0 + tY \qquad Y_d = Y - T$$

ここで $I_0 = 30$，$C_0 = 85$，$b = 0.75$，$t = 0.2$，$T_0 = 20$．

(a)
$$\begin{aligned} Y &= C + 1 = C_0 + bY_d + I_0 \\ &= C_0 + b(Y - T) + I_0 = C_0 + b(Y - T_0 - tY) + I_0 \\ &= C_0 + bY - bT_0 - btY + I_0 \\ Y - bY + btY &= C_0 + I_0 - bT_0 \\ (1 - b + bt)Y &= C_0 + I_0 - bT_0 \\ Y &= \frac{C_0 + I_0 - bT_0}{1 - b + bt} \end{aligned}$$

(b) いったん誘導形が求まったならば，それを用いるとより簡単に解が求まる．しかし場合によっては誘導形が使えない場合もあるので，他の方法にも慣れておくことも肝要である．

$$
\begin{aligned}
Y = C + I = 85 + 0.75Y_d + 30 &= 115 + 0.75(Y - T) \\
&= 115 + 0.75(Y - 20 - 0.2Y) = 115 + 0.75Y - 15 - 0,15Y \\
Y - 0.75Y + 0.15Y &= 100 \\
0.4Y &= 100 \\
Y &= 250
\end{aligned}
$$

このグラフは演習問題 2.10 に示されている．

(c) 乗数は $1/(1-b)$ から $1/(1-b+bt)$ へと変化する．これによって分数式の分母は大きくなるから，分数全体が小さくなり，乗数は小さくなる．

$$\frac{1}{1-b} = \frac{1}{1-0.75} = \frac{1}{0.25} = 4$$

$$\frac{1}{1-b-bt} = \frac{1}{1-0.77+0.75(0.2)} = \frac{1}{1-0.75+0.15} = \frac{1}{0.4} = 2.5$$

**2.24**　モデルに海外部門が追加され，また限界輸入性向（$z$）が正であるとき，以下を求めよ．(a) 誘導形．(b) 均衡所得水準．(c) 乗数に与える効果．

$$Y = C + I + G + (X - z) \qquad C = C_0 + bY \qquad z = z_0 + zY$$

ここで $1 = I_0 = 90$，$G = G_0 = 65$，$X = X_0 = 80$，$C_0 = 70$，$z_0 = 40$，$b = 0.9$，$z = 0.15$．

(a)

$$
\begin{aligned}
Y = C + I \text{十} G + (X - z) &= C_0 + bY + I_0 + G_0 + X_0 - z_0 - zY \\
Y - bY + zY &= C_0 + I_0 + G_0 + X_0 - z_0 \\
(1 - b + z)Y &= C_0 + I_0 + G_0 + X_0 - z_0 \\
Y &= \frac{C_0 + I_0 + G_0 + X_0 - z_0}{1 - b + z}
\end{aligned}
$$

(b) 上の誘導形を用いれば均衡所得水準は，

$$Y = \frac{70 + 90 + 65 + 80 - 40}{1 - 0.9 + 0.15} = \frac{265}{0.25} = 1060$$

(c) モデルに限界輸入性向（$z$）が導入されると，乗数は小さくなる．つまり，分数式の分母が大きくなり，分数全体が小さくなる．

$$\frac{1}{1-b} = \frac{1}{1-0.9} = \frac{1}{0.1} = 10$$

$$\frac{1}{1-b+z} = \frac{1}{1-0.9+0.15} = \frac{1}{0.25} = 4$$

2.25　$S = -70+0.25Y_d$, $Y_d = Y-T$, $I = I_0 = 40$, $G = G_0 = 30$, $T = T_0 = 20$ のとき，均衡所得水準を求めよ.

均衡においては，この体系からの漏れ（$S + T$）とこの体系への流入（$I + G$）が-致している．すなわち，

$$S + T = I + G$$
$$-70 + 0.25Y_d + 20 = 40 + 30$$

ところで $Y_d = Y - T$ であるから，均衡所得水準は，

$$-70 + 0.25(Y - 20) + 20 = 40 + 30$$
$$-70 + 0.25Y - 5 + 20 = 70$$
$$0.25Y = 125$$
$$Y = 500$$

## *IS-LM* 方程式

2.26　$C = 102 + 0.7Y$，$I = 150 - 100i$，$M_s = 300$，$M_t = 0.25Y$，$M_z = 124 - 200i$ のとき、以下を求めよ．(a) 均衡所得水準と均衡利子率．(b) 経済が均衡状態にあるときの $C$，$I$，$M_t$，$M_z$ の水準.

(a) 財市場の均衡（$IS$）が成立するのは，

$$Y = C + I$$
$$= 102 + 0.7Y + 150 - 100i$$
$$Y - 0.7Y = 252 - 100i$$
$$0.3Y + 100i - 252 = 0$$

のときであり，他方，貨幣市場の均衡（$LS$）が成立するのは，

$$M_s = M_t + M_z$$
$$300 = 0.25Y + 124 - 200i$$
$$0.25Y - 200i - 176 = 0$$

のときである．かくして両市場の同時均衡が成立するためには以下が満たされていなければならない．

$$0.3Y + 100i - 252 = 0 \tag{2.16}$$
$$0.25Y - 200i - 176 = 0 \tag{2.17}$$

(2.16) を 2 倍したものを (2.17) に加えて $i$ を消去すると，

$$\begin{aligned}
0.6\ \ Y + 200i - 504 &= 0 \\
0.25Y - 200i - 176 &= 0 \\
\hline
0.85Y \qquad\qquad\qquad &= 680 \\
Y &= 800
\end{aligned}$$

$Y = 800$ を (2.16) または (2.17) に代入すると，

$$\begin{aligned}
0.25Y - 200i - 176 &= 0 \\
0.25(800) - 200i - 176 &= 0 \\
-200i &= -24 \\
i &= 0.12
\end{aligned}$$

(b) $Y = 800$，$i = 0.12$ のとき，それぞれ，

$$\begin{aligned}
C &= 102 + 0.7(800) = 662 \qquad & M_t &= 0.25(800) = 200 \\
I &= 150 - 100(0.12) = 138 \qquad & M_z &= 124 - 200(0.12) = 100
\end{aligned}$$

であり，さらに

$$\begin{aligned}
C + I &= Y \qquad & M_t + M_z &= M_s \\
662 + 138 &= 800 \qquad & 200 + 100 &= 300
\end{aligned}$$

が確かに成立している．

2.27　演習問題 2.26 における貨幣供給量が 17 増加すれば，(a) 均衡所得水準および．均衡利子率はどうなるか．(b) 新しい均衡点における $C$，$I$，$M_t$，$M_z$ の値を求めよ．

(a) 貨幣供給量が 17 増加すれば，$LM$ 方程式は、

$$M_s = M_t + M_z$$

$$317 = 0.25Y + 124 - 200i \tag{2.18}$$
$$0.25Y - 200i - 193 = 0$$

他方，*IS* 方程式はそのままで，

$$0.3Y + 100i - 252 = 0 \tag{2.16}$$

(2.16) を 2 倍したものを (2.18) に加え，$i$ を消去すると，

$$\begin{array}{l} 0.25Y - 200i - 193 = 0 \\ 0.6\ \ Y + 200i - 504 = 0 \\ \hline 0.85Y \qquad\qquad\quad = 697 \\ \qquad\qquad\qquad\quad Y = 820 \end{array}$$

$Y = 820$ を (2.16) または (2.18) に代入して $i$ について解くと，

$$\begin{aligned} 0.3(820) + 100i - 252 &= 0 \\ 246 + 100i - 252 &= 0 \\ 100i &= 6 \\ i &= 0.06 \end{aligned}$$

かくして，他の事情が等しいならば，貨幣供給量の増加は均衡所得水準を増加させ，利子率を低下させる．

(b) $Y = 820$，$i = 0.06$ のとき，

$$C = 102 + 0.7(820) = 676 \qquad M_t = 0.25(820) = 205$$
$$I = 150 - 100(0.06) = 144 \qquad M_z = 124 - 200(0.06) = 112$$

であり，さらに

$$C + I = Y \qquad M_t + M_z = M_s$$
$$676 + 144 = 820 \qquad 205 + 112 = 317$$

が成立している．

# 第 3 章　導関数と微分の法則

## 3.1　曲線関数の勾配

線形関数の平均変化率（$\Delta y/\Delta x$）は一定であり，それは勾配に等しい．これに対して，曲線関数の平均変化率は曲線に沿って連続的に変化する（図 3-1 を見よ）．したがって曲線関数の勾配は一定ではなく，曲線上の各点において異なっている．ある点における曲線関数の勾配は，その点における曲線の接線の勾配に等しい（図 3-2 を見よ）．

**例題 1**　図 3-1(a) において，平均変化率（$\Delta y/\Delta x$）は一定である．つまりどの $x$ の 1 単位の変化に対しても，$\Delta y/\Delta x$ は $1\frac{1}{3}$ である．他方，図 3-1(b) では，平均変化率は曲線に沿って連続的に変化する．つまり $x$ の最初の 1 単位の変化に対しては $y$ の変化は 2 であり，2 番目の $x$ の 1 単位の変化に対しては $y$ の変化は 1 である．さらに 3 番目の $x$ の 1 単位の変化に対しては $y$ の変化は $\frac{2}{3}$ である．

平均変化率はまた $\alpha$ の正接によって測ることもできる．三角法では，ある角の**正接**はその角の反対側にある辺をその角に隣接した辺で割った値，つまりここでは $\Delta y/\Delta x$ に等しい．したがって図 3-1(a) で，$\alpha$ の正接はその関数の変化率そのもの，つまり勾配を表わしている．これに対して図 3-1(b) では，$\alpha$ の正接は曲線上の 2 点を結ぶ**弦**（点線）によって示されるが，これはこの関数の実際の変化率を近似したものにすぎない．この大まかな近似は，後に説明する導関数によって厳密化されよう．この点については例題 4 を参照．

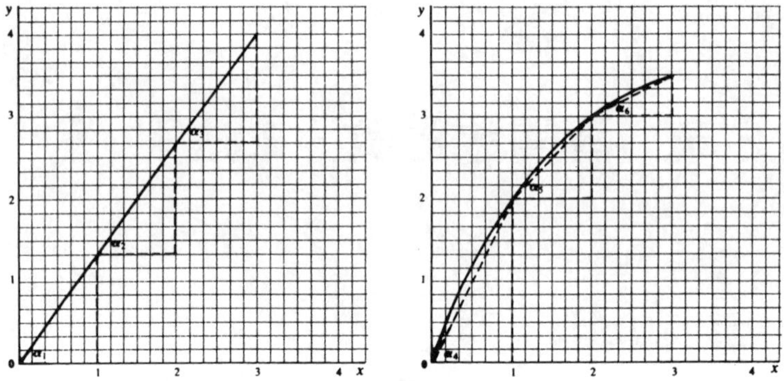


(a) (b)

図 3-1

**例題 2**　接線は直線として，ある一定の勾配をもち，それは直線に沿った $x$ の変化に対する $y$ の変化（それがたとえ小さいものであっても）によって測られる．つまり，これは接線が直線に接する点をも含んでいる．したがって，ある点における接線の勾配は，その点における曲線の勾配に等しい．図 3-2 には，3 本の異なる接線が曲線上の各点 $A$，$B$，$C$ において描かれている．これらの接線の勾配は，それぞれの点におけるこの関数の勾配を示している．図では見やすくするために $\Delta y$ と $\Delta x$ は比較的大きく描いているが，直線の勾配はどこにおいても一定であるので，その勾配はまた**各点における**曲線関数の $x$ の変化に対する $y$ の変化の大きさも表わしている．

**例題 3**　図 3-2 はまた，曲線関数の勾配がその曲線上の各点で変化していることを示している．点 $A$ における接線の勾配（したがって曲線関数の勾配）は点 $B$ における勾配よりも大きく，また点 $B$ における勾配は点 $C$ における勾配より大きい．接線の勾配が急になるほど，その点における曲線の勾配の絶対値は大きくなる．逆に接線の勾配が緩やかになるほど，その点における曲線の勾配の絶対値は小さくなる．

## 3.2　導関数

導関数はある関数の瞬間的変化率を示すものである．つまり独立変数の微小な変化に対して従属変数がどれだけ変化するのかを示している．導関数を

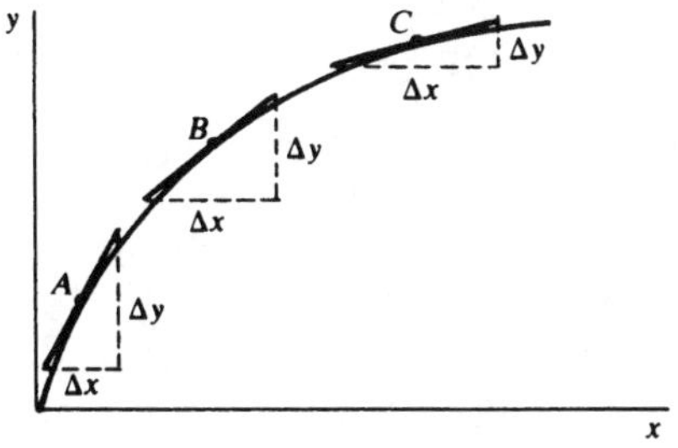


図 3-2

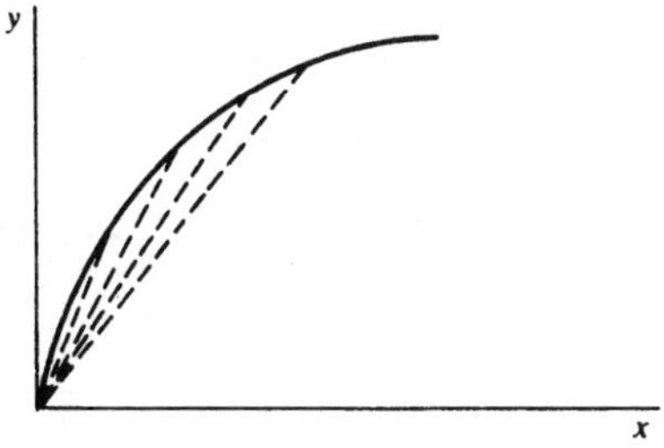


図 3-3

厳密に示すと,

$$\frac{dy}{dx} = \lim_{\Delta x \to 0} \frac{\Delta y}{\Delta x}$$

である．ここで $dy/dx$ は $x$ に関する $y$ の導関数という読み方がされるが，これは $\Delta x$ がゼロに近づくときの比率 $\Delta y/\Delta x$ の極限値に等しい．またこれは関数の勾配を示すものであるから，とくに曲線関数の勾配を示す場合に便利である．

**例題 4**　図 3-3 に示されているように，$x$ の変化が小さくなればなるほど，弦は次第に関数そのものに近づいていく．かくして $x$ の変化が小さくなればなるほど，$\alpha$ の正接は次第に関数の実際の変化率を表わすようになる．そして導関数の場合のようにもし $\Delta x$ がゼロに近づけば弦は曲線に接するようになるから，その点における曲線の実際の勾配（$dy/dx$）を示すことになる．

## 3.3　導関数の表わし方

導関数は $dy/dx$ 以外の形で表わすこともできる．たとえば，関数 $y = f(x)$ について，その $x$ に関する $y$ の導関数を $f'(x)$ や $f_x$ のように表わすこともできる．また関数 $y = y(x)$ の場合にはその $x$ に関する $y$ の導関数を $y'$ や $y_x$ のようにも表わせる．また $\dfrac{d}{dx}y$ または $\dfrac{d}{dx}f(x)$ として導関数を表わすこともできる．

**例題 5**　$y = \phi(x)$ の導関数は $dy/dx$，$\phi'$，$\phi_x$，$\dfrac{d}{dx}y$，$\dfrac{d}{dx}\phi(x)$ と表わすことが

できる．同様に，$y = F(x)$ の導関数は $dy/dx$，$F'$，$F_x$，$\dfrac{d}{dx}y$，$\dfrac{d}{dx}F(x)$ と表わすことができる．また $C = C(Y)$ の導関数は $dC/dY$ であり，これは「$Y$ に関する $C$ の導関数」と読む．この導関数もまた $C'$，$C_Y$，$\dfrac{d}{dY}C$，$\dfrac{d}{dY}C(Y)$ のように表現することができる．また，$y = u(x) + v(x)$，$y = u \cdot v$，$y = u/v$ とするとき，その導関数 $dy/dx$ はそれぞれ，$\dfrac{d}{dx}(u + v)$，$\dfrac{d}{dx}(u \cdot v)$，$\dfrac{d}{dx}(u/v)$ と表わすことができる．かくしてもし $u = 3x^2$，$v = 2x$ とすれば，それぞれの例における $dy/dx$ は $\dfrac{d}{dx}(3x^2 + 2x)$，$\dfrac{d}{dx}[3x^2(2x)]$，$\dfrac{d}{dx}(3x^2/2x)$ で示される．また時として関数 $y = f(x)$ に対する導関数 $du/dx$ を単に $Dy$ と表現することもある．

## 3.4　微分の法則

微分とはある関数の導関数を求めることである．すなわち $x$ の変化分（$\Delta x$）がゼロに近づくときに，それに対する $y$ の変化の大きさを求めることである．微分をするときには基本的公式ないしは法則を関数に対して用いればよい．これらの法則を説明する際には，$u$，$v$ といったような補助関数を用いることが多いが，このとき $u$ や $v$ は一般的に $x$ の関数 $u(x)$ および $v(x)$ である．

### (a) 定値関数の法則

定値関数 $y = k$（ここで，$k$ は定数）の導関数はゼロである．

$$y = k \text{ のとき} \qquad \frac{dy}{dx} = 0$$

例題 6

$$y = 5 \text{ のとき} \qquad \frac{dy}{dx} = 0$$

$$y = -10 \text{ のとき} \qquad \frac{dy}{dx} = 0$$

$y$ は定数であるから，$x$ が変化しても $y$ は変化しない．かくして $dy = 0$ であるので，$x$ がどれだけ変化しても $dy/dx = 0$ である．演習問題 3.1 を見よ．

### (b) 線形関数の法則

線形関数 $y = a + bx$ の導関数は $x$ の係数 $b$ に等しい．

$$y = a + bx \text{ のとき} \qquad \frac{dy}{dx} = b$$

例題 7

$$y = 2 + 3x \text{ のとき} \qquad \frac{dy}{dx} = 3$$

$$y = 5 - \frac{1}{4}x \text{ のとき} \qquad \frac{dy}{dx} = -\frac{1}{4}$$

$$y = 12x \text{ のとき} \qquad \frac{dy}{dx} = 12$$

導関数 $dy/dx$ は関数の瞬間的変化率，つまり関数の勾配を示すものである．第 1 章から線形関数の勾配は $b$，つまり独立変数の係数であり，それは一定である．

### (c) ベキ関数の法則

ベキ関数 $y = ax^p$ の導関数は，指数 $p$ と係数 $a$ の積に変数 $x$ の $(p - 1)$ 乗を掛けたものに等しい．

$$y = ax^p \text{ のとき} \qquad \frac{dy}{dx} = pax^{p-1}$$

例題 8

$$y = 4x^3 \text{ のとき} \qquad \frac{dy}{dx} = 3(4)x^{3-1} = 12x^2$$

$$y = 5x^2 \text{ のとき} \qquad \frac{dy}{dx} = 2(5)x^{2-1} = 10x$$

$$y = x^4 \text{ のとき} \qquad \frac{dy}{dx} = 4(1)x^{4-1} = 4x^3 \qquad \text{（注意：} a = 1\text{）}$$

### (d) 和と差の法則

$y = u(x) + v(x)$ という和の形の導関数は，それぞれの関数をそれぞれ微分したものの和に等しい．また差の導関数は，それぞれの関数をそれぞれ微分したものの差に等しい．

$$y = u(x) \pm v(x) \text{ のとき} \qquad \frac{dy}{dx} = \frac{du}{dx} \pm \frac{dv}{dx}$$

例題 9　　$y = 12x^5 - 4x^4$のとき　$\dfrac{dy}{dx} = 60x^4 - 16x^3$

$y = 9x^2 + 2x - 3$ のとき　$\dfrac{dy}{dx} = 18x + 2$

（注）個々の関数の微分については，それぞれあてはまる法則を用いよ．

(e) 積の法則

$y = u(x) \cdot v(x)$ という積の形の導関数は，1 番目の関数に 2 番目の関数の導関数を掛けたものと 2 番目の関数に 1 番目関数の導関数を掛けたものの和に等しい．

$$y = u(x) \cdot v(x) \text{ のとき} \qquad \frac{dy}{dx} = u\frac{dv}{dx} + v\frac{du}{dx}$$

（乗法の場合は指数を足すこと．たとえば，$3x^3 \cdot 4x^2 = 12x^5$ であって，決して $12x^6$ のようにしてはいけない．）

例題 10　$y = 3x^4(2x - 5)$ のとき，$u = 3x^4$，$v = (2x - 5)$ とする．このとき，$du/dx = 12x^3$，$dv/dx = 2$ である．かくして，これらの値を積の法則の公式に代入すれば，

$$\frac{dy}{dx} = 3x^4(2) + (2x - 5)(12x^3)$$

となる．さらにこの方程式を整理すると，

$$\frac{dy}{dx} = 6x^4 + 24x^4 - 60x^3 = 30z^4 - 60x^3$$

となる．

(f) 商の法則

$y = u/v$ という商の形の導関数は，分母に分子の導関数を掛けたものから分子に分母の導関数を掛けたものを引いて，さらにそれ全体を分母の 2 乗で割ったものに等しい．

$$y = \frac{u(x)}{v(x)} \text{のとき} \qquad \frac{dy}{dx} = \frac{v(du/dx) - u(dv/dx)}{v^2}$$

商の微分を行なうときには，分子の順序をまちがえないこと．（割り算の場合は，指数を引き算せよ．たとえば $6x^6/3x^2 = 2x^4$ であって，決して $2x^3$ としてはいけない．）

**例題 11**　$y = \dfrac{5x^3}{4x+3}$ であり，さらに $u = 5x^3$，$v = 4x + 3$ とすると，$du/dx = 15x^2$，$dv/dx = 4$ である．これらの値を商の浅則の公式に代入すると，

$$\frac{dy}{dx} = \frac{(4x+3)(15x^2) - 5x^3(4)}{(4x+3)^2}$$

となる．さらにこれを整理すれば，

$$\frac{dy}{dx} = \frac{60x^3 + 45x^2 - 20x^3}{(4x+3)^2} = \frac{40x^3 + 45x^2}{(4x+3)^2}$$

となる．

### (g) 合成関数の法則

$y$ は $u$ に依存し，またその $u$ は $x$ に依存するというように，$y = f(u)$，$u = g(x)$ というような，合成関数の導関数（$dy/dx$）は，最初の関数の $u$ についての導関数と 2 番目の関数の $x$ についての導関数との積に等しい．これは，**チェーン・ルール**とよばれる．

$y = f(u)$，$u = g(x)$ のとき

$$\frac{dy}{dx} = \frac{dy}{du}\frac{du}{dx}$$

**例題 12**　$y = u^4$，$u = 2x^2 + 3$ ならば，$dy/du = 4u^3$，$du/dx = 4x$ である．これをチェーン・ルールの公式に代入すれば，

$$\frac{dy}{dx} = 4u^3(4x) = 16xu^3$$

となる．ところで，$u = 2x^2 + 3$ であり，これを上式に代入すれば次式を得る．

$$\frac{dy}{dx} = 16x(2x^2 + 3)^3$$

同様に，$y = (4x + 2)^3$ のとき $u = 4x + 2$ とすれば，$y = u^3$，$dy/du = 3u^2$，$du/dx = 4$ である．かくしてチェーン・ルールを用いると，

$$\frac{dy}{dx} = 3u^2(4) = 12u^2$$

となり，さらに $u = 4x + 2$ を代入すれば，

$$\frac{dy}{dx} = 12(4x + 2)^2$$

となる．また，より複雑な関数については，上の 7 つの基本法則をそれぞれ組み合わせることによって解くことができる．演習問題 3.15〜3.20 を見よ．

## 3.5 高階の導関数

1 階の導関数（$dy/dx$）がもとの関数つまり**原関数**の変化率を示すものであるのと同様に，2 階の導関数（$d^2y/dx^2$）は 1 階の導関数の変化率を示すものである．さらにいえば 3 階の導関数（$d^3y/dx^3$）は 2 階の導関数の変化率を示すものである．したがって，高階の導関数はその 1 つ前の階数の導関数に，上に見た微分の法則を適用することによって求めることができる．

**例題 13**　高階の導関数の表記法もまたさまざまである．たとえば 2 階の導関数は $f''(x)$，$y''$，$D^2y$，$f_{xx}$ などがある．これらの表記法は 3 階以上の導関数の場合にも同様である．

高階の導関数は，1 階前の導関数に微分の法則を適用することによって求めることができる．たとえば，$y = 2x^4 + 5x^3 + 3x^2$ とすれば，

$$\frac{dy}{dx} = 8x^3 + 15x^2 + 6x \qquad \frac{d^3y}{dx^3} = 48x + 30 \qquad \frac{d^5y}{dx^5} = 0$$

$$\frac{d^2y}{dx^2} = 24x^2 + 30x + 6 \qquad \frac{d^4y}{dx^4} = 48$$

である．

# 演習問題

### 勾配と導関数

**3.1**　定値関数の導関数がゼロとなることをグラフを用いて説明せよ．ここでは $y = 6$ とし，そのとき $\dfrac{dy}{dx} = 0$ となることを説明せよ．

図 3-4 に描かれているように，関数 $y = 6$ は水平線で示されるが，これは $x$ がどのような値をとっても $y$ は 6 に等しいことを意味している．か

くして，$x$ の微小な変化または $x$ のどのような変化も $y$ を変化させることはない．$x$ のどのような変化に対しても $dy = 0$ であるならば，$dy/dx$（導関数）もまたゼロとなるはずである．

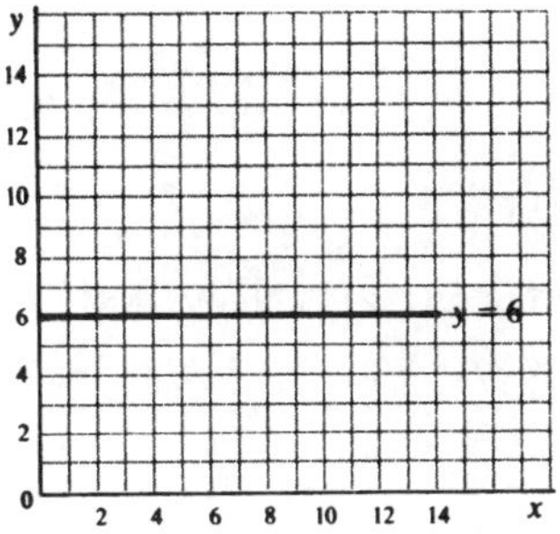


図 3-4

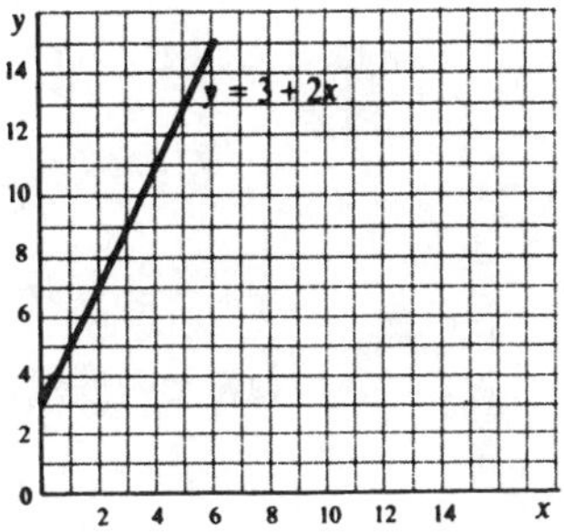


図 3-5

3.2　線形関数の導関数が一定であり，またそれが $x$ の係数に等しくなることをグラフを用いて説明せよ．ここでは $y = 3 + 2x$ とせよ．

図 3-5 は，$x$ が 1 単位変化するごとに $y$ が 2 単位増加すること，つまり $\Delta y/\Delta x = 2$ であることをグラフで表わしたものである．このグラフは直線であるので，$x$ がどれだけ変化しても，またその変化がいかに小さくても，その 2 倍だけ $y$ を変化させることになる．かくしてこの場合，導関数 $dy/dx$ は直線上のどのような点においても 2 に等しく一定である．

導関数は曲線の勾配を表わし，また線形関数の勾配は独立変数である係数によって表わされるので，線形関数の導関数はつねに独立変数の係数に等しくならなければならない．3.4 節の (b) を見よ．

3.3　図 3-6 の各曲線関数において，曲線の勾配の絶対値が最も大きいのはどの点か．

ある点における曲線関数の勾配は，その点における接線の勾配によって表わされる．したがって各点において接線を引けば（図 3-7 を見よ），勾配の絶対値 $|\Delta y/\Delta x|$ は，明らかに点 $B$ よりも点 $A$ のほうが大きく，また点 $C$ よりも点 $B$ のほうが大きい．記号 $>$（～より大きいを意味する）を

用いれば，

$$\left|\frac{\Delta y}{\Delta x}\right|_A > \left|\frac{\Delta y}{\Delta x}\right|_B > \left|\frac{\Delta y}{\Delta x}\right|_C$$

である．同様に，点 $D$ における勾配の絶対値は点 $E$ よりも大きく，また点 $F$ よりも点 $E$ のほうが大きい．つまり，

$$\left|\frac{\Delta y}{\Delta x}\right|_D > \left|\frac{\Delta y}{\Delta x}\right|_E > \left|\frac{\Delta y}{\Delta x}\right|_F$$

である．いずれにせよグラフでは，絶対値で表わされる勾配の相対的大きさは，つねにその接線の相対的な傾斜の度合によって示される．

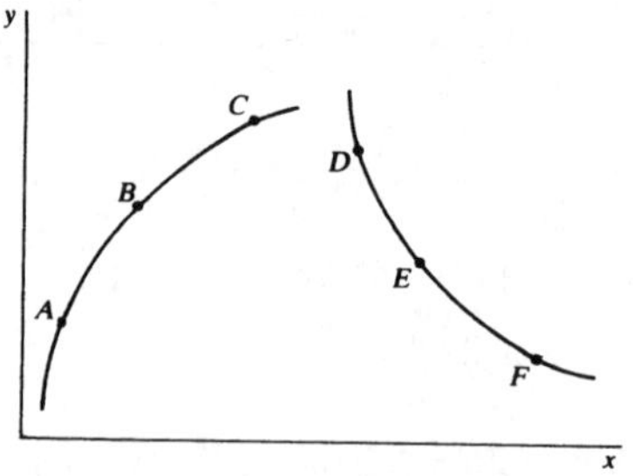


図 3-6

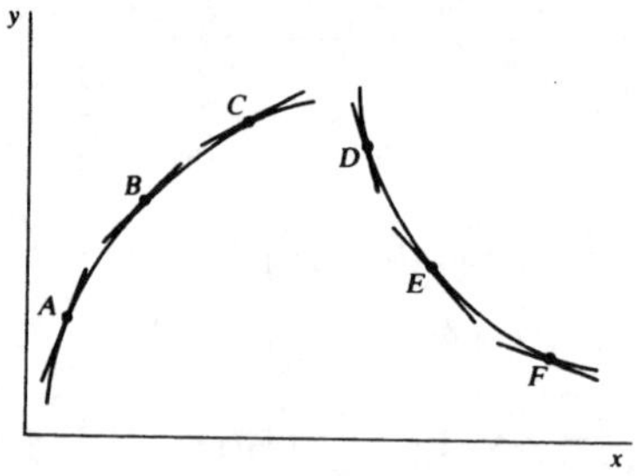


図 3-7

**3.4**　$y = f(x) = 7x + 6$ のとき，その導関数をさまざまな表記法を用いて表わせ．

この関数の導関数はつぎのように表わすことができる．

$$\frac{dy}{dx} = 7 \qquad y_x = 7 \qquad Dy = 7 \qquad \frac{d}{dx} = 7 \qquad f_x = 7$$

$$y' = 7 \qquad f' = 7 \qquad \frac{d}{dx}(7x + 6) = 7 \qquad \frac{d}{dx}f(x) = 7$$

**3.5**　つぎの各関数において，$x = 2$ および $x = 5$ における勾配を求めよ．また異なった表記法に慣れよ．

(a) $y = 30 + 6x$

$$y' = 6$$

$x = 2$ において，勾配 $y' = 6$

$x = 5$ において，$y' = 6$

(b) $y = -x^3 + 4x - 3$

$$y_x = -3x^2 + 4$$

$x = 2$ において，勾配 $y_x = -3(2)^2 + 4 = -8$

$x = 5$ において，$y_x = -3(5)^2 + 4 = -71$

## 簡単な微分

**3.6**　つぎの各関数を微分せよ．また導関数のさまざまな表記法を練習せよ．

(a) $y = 17$

$\dfrac{dy}{dx} = 0$（定値関数の法則）

(b) $f(x) = 9x - 6$

$f' = 9$（線形関数の法則）

(c) $f(x) = 4x^9$

$f_x = 36x^8$（ベキ関数の法則）

(d) $y = 5x^3 - 7x^2 + 4x + 9$

$\dfrac{dy}{dx} = 15x^2 - 14x + 4$（和と差の法則）

**3.7**　和と差の法則を用いてつぎの関数の導関数を求めよ．

(a)　$z = -8t^5 - 5t^4 + 6t^3$

$$\frac{dz}{dt} = -40t^4 - 20t^3 + 18t^2$$

(b)　$p = -3q^2 + 7q - 15$

$$\frac{dp}{dq} = -6q + 7$$

（注）いままでの変数とは違う変数を導入しても導関数の考え方は変わらない．単に従属変数と独立変数の関係だけを考えるだけでよい．

## 積の法則

**3.8**　$y = 5x^4(3x - 7)$ のとき，(a) 積の法則を用いて直接導関数を求めよ．(b) 関数を展開してから導関数を求めよ．(c) 設問 (a)，(b) で求めた導関数を比較してみよ．

(a) 積の法則の公式は $dy/dx = u(dv/dx) + v(du/dx)$ である．このとき $u = 5x^4$，$v = 3x - 7$ とおくと，$du/dx = 20x^3$，$dv/dx = 3$ である．これらの値を積の法則の公式に代入すると，

$$\frac{dy}{dx} = 5x^4(3) + (3x - 7)(20x^3)$$

となり，これを整理すると，

$$\frac{dy}{dx} = 15x^4 + 60x^4 - 140x^3 = 75x^4 - 140x^3$$

となる．

(b) 関数を展開すると，

$$y = 5x^4(3x - 7) = 15x^5 - 35x^4$$

となる．よって，この導関数をとると，

$$\frac{dy}{dx} = 75x^4 - 140x^3$$

となる．

(c) 設問 (a)，(b) で求められた導関数は同じである．したがって，積の導関数はいずれの方法を用いても求めることができるが，関数が複雑になると積の法則を用いたほうが便利である．また代替的方法の知識は，解の確認に役立つことにも注意されたい．

3.9　積の法則を用いてつぎの関数を微分せよ．

(a)　$y = (2x^4 + 5)(3x^5 - 8)$

$$\frac{dy}{dx} = (2x^4 + 5)(15x^4) + (3x^5 - 8)(8x^3) = 30x^8 + 75x^4 + 24x^8 - 64x^3$$
$$= 54x^8 + 75x^4 - 64x^3$$

(b)　$z = (3 - 12t^3)(5 + 4t^6)$

$$\frac{dz}{dt} = (3 - 12t^3)(24t^5) + (5 + 4t^6)(-36t^2) = 72t^5 - 288t^8 - 180t^2 - 144t^8$$
$$= -432t^8 + 72t^5 - 180t^2$$

## 商の法則

3.10　$y = \dfrac{-10x^8 - 6x^7}{2x}$ のとき，(a) 商の法則を用いて直接，導関数を求めよ．(b) 除法によって関数を整理してから，導関数を求めよ．(c) 結果を比較せよ．

(a) 商の法則の公式は，

$$\frac{dy}{dx} = \frac{v(du/dx - u(dv/dx)}{v^2}$$

であり，ここで $u$ = 分子 = $10x^8 - 6x^7$，$v$ = 分母 = $2x$ である．したがって，

$$\frac{du}{dx} = 80x^7 - 42x^6 \quad および \quad \frac{dv}{dx} = 2$$

となる．これらを公式に代入すると，

$$\frac{dy}{dx} = \frac{2x(80x^7 - 42x^6) - (10x^8 - 6x^7)(2)}{(2x)^2}$$

$$= \frac{160x^8 - 84x^7 - 20x^8 + 12x^7}{4x^2} = \frac{140x^8 - 72x^7}{4x^2} = 35x^6 - 18x^5$$

(b) まず除法によって関数を整理してから導関数を求める．

$$y = \frac{10x^8 - 6x^7}{2x} = 5x^7 - 3x^6$$

$$\frac{dy}{dx} = 35x^6 - 18x^5$$

(c) これらの導関数は予想通り同じである．導関数はいずれの方法を用いても求めることができるが，一般に関数が複雑になるにつれて商の法則が必要となる．

**3.11**　商の法則を用いてつぎの各関数を微分せよ．

(a) $y = \dfrac{3x^8 - 4x^7}{4x^3}$

$u$ = 分子 = $3x^8 - 4x^7$，$v$ = 分母 = $4x^3$ とする．このとき，$du/dx = 24x^7 - 28x^6$，$dv/dx = 12x^2$ である．これらを商の公式に代入すると，

$$\frac{dy}{dx} = \frac{4x^3(24x^7 - 28x^6) - (3x^8 - 4x^7)(12x^2)}{(4x^3)^2}$$

$$\frac{dy}{dx} = \frac{96x^{10} - 112x^9 - 36x^{10} + 48x^9}{16x^6}$$

$$= \frac{60x^{10} - 64x^9}{16x^6} = \frac{15}{4}x^4 - 4x^3$$

となる．

［分母は指数がベキ乗されているので，指数の掛け算を行なわなければならない．たとえば，$(x^2)3 = x^6$ である．］

(b) $y = \dfrac{4x^5}{1-3x} \quad \left(x \neq \dfrac{1}{3}\right)$

（注：限定条件が付け加えられているのは，もし $x = \dfrac{1}{3}$ とすれば分母はゼロとなり，関数が定義されなくなるからである．）

$$\frac{dy}{dx} = \frac{(1-3x)(20x^4) - 4x^5(-3)}{(1-3x)^2} = \frac{20x^4 - 60x^5 + 12x^5}{(1-3x)^2} = \frac{20x^4 - 48x^5}{(1-3x)^2}$$

(c) $y = \dfrac{5x^2 - 9x + 8}{x^2 + 1}$

$$\frac{dy}{dx} = \frac{x^2 + 1)(10x - 9) - (5x^2 - 9x + 8)(2x)}{(x^2+1)^2}$$
$$= \frac{9x^2 + 10x - 9 - 10x^3 + 18x^2 - 16x}{(x^2+1)^2} = \frac{9x^2 - 6x - 9}{(x^2+1)^2}$$

## チェーン・ルール

3.12　$y = u^6$，$u = 3x^4 + 5$ のとき，$dy/dx$ を求めよ．

合成関数の導関数を求めるときには，チェーン・ルールが必要である．チェーン・ルールによると，

$$\frac{dy}{dx} = \frac{dy}{du}\frac{du}{dx}$$

であり，ここで，$dy/du = 6u^5$，$du/dx = 12x^3$ である．これらの値を公式に代入すると，

$$\frac{dy}{dx} = 6u^5(12x^3) = 72x^3u^5$$

となる．ところで，$u = 3x^4 + 5$ であるから，

$$\frac{dy}{dx} = 72x^3(3x^4 + 5)^5$$

となる．

3.13　$y = (7x + 9)^2$ のとき，(a) チェーン・ルールを用いて直接導関数を求めよ．(b) 関数を平方してからその導関数を求めよ．(c) 得られた結果を比較せよ．

(a) $u = 7x + 9$ とおくと，$y = u^2$，$du/dx = 7$，$dy/du = 2u$ である．チェーン・ルールを用いると，

$$\frac{dy}{dx} = 2u(7) = 14u$$

ところで，$u = 7x + 9$ であるので，

$$\frac{dy}{dx} = 14(7x + 9) = 98x + 126$$

(b) まず関数を平方し，さらに導関数を求めると次式を得る．

$$Y = (7x + 9)^2 = 49x^2 + 126x + 81$$

$$\frac{d}{dx}(49x^2 + 126x + 81) = 98x + 126$$

(c) 当然これらの導関数は同じであり，いずれの方法を用いることもできる．しかし，関数が 2 乗以上されているときには，演習問題 3.12 におけるようにチェーン・ルールによってかなり計算が単純化される．

3.14　チェーン・ルールを用いてつぎの各関数を微分せよ．

(a) $y = (5x - 7)^3$

多項式が 2 乗以上されている場合にはチェーン・ルールが必要である．$u = 5x - 7$ とすると，$y = u^3$，$dy/du = 3u^2$，$du/dx = 5$ である．かくしてチェーン・ルールより，

$$\frac{dy}{dx} = \frac{dy}{du}\frac{du}{dx}$$

であるから，これらの値を上式に代入すると，

$$\frac{dy}{dx} = 3u^2(5) = 15u^2$$

となる．ところで，$u = 5x - 7$ であるから，

$$\frac{dy}{dx} = 15(5x - 7)^2$$

(b) $y = (x^2 + 3x - 1)^5$

$u = x^2 + 3x - 1$ とおく．このとき，$y = u^5$，$dy/du = 5u^4$，$du/dx = 2x + 3$ である．これらをチェーン・ルールに代入すると，

$$\frac{dy}{dx} = 5u^4(2x+3) = (10x+15)u^4 = (10x+15)(x^2+3x-1)^4$$

## 法則の組み合わせ

3.15　$y = 3x(2x-1)/(3x-2)$ のとき，これを微分せよ．

この商の分子は積になっているので，導関数を求めるためには積の法則と商の法則とを組み合わせて用いる必要がある．商の法則から，

$$\frac{dy}{dx} = \frac{v(du/dx) - u(dv/dx)}{v^2}$$

ただし，ここでは，$u = 3x(2x-1)$，$v = 3x - 2$，$dv/dx = 3$ である．また積の法則より，

$$\frac{du}{dx} = 3x(2) + (2x-1)(3) = 12x - 3$$

かくして，

$$\frac{dy}{dx} = \frac{(3x-2)(12x-3) - 3x(2x-1)(3)}{(3x-2)^2}$$

これを整理すると，

$$\frac{dy}{dx} = \frac{36x^2 - 9x - 24x + 6 - 18x^2 + 9x}{(3x-2)^2} = \frac{18x^2 - 24x + 6}{(3x-2)^2}$$

3.16　$y = (4x-1)/[2x(5x+2)]$ のとき，その導関数を求めよ．

このケースでは，商の分母が積になっている．ここでも演習問題 3.15 と同様に積の法則と商の法則とを組み合わせて用いる必要がある．よって，

$$\frac{dy}{dx} = \frac{v(du/dx) - u(dv/dx)}{v^2}$$

ここでは，$u = 4x - 1$，$v = 2x(5x+2)$，$du/dx = 4$ である．また積の法則より，

$$\frac{dy}{dx} = 2x(5) + (5x+2)(2) = 20x + 4$$

これらをもとの公式に代入すると，

$$\frac{dy}{dx} = \frac{2x(5x+2)(4) - (4x-1)(20x+4)}{[2x(5x+2)]^2}$$

さらに整理すると，

$$\frac{dy}{dx} = \frac{40x^2 + 16x - 80x^2 - 16x + 20x + 4}{4x^2(5x+2)^2} = \frac{-40x^2 + 20x + 4}{4x^2(5x+2)^2}$$

3.17　$y = 3x(4x-5)^2$ のとき，その導関数を求めよ．

このケースでは積の法則を用いる必要がある．しかし，それと同時に $(4x-5)^2$ の導関数を求めるためにチェーン・ルールも必要である．積の法則より，

$$\frac{dy}{dx} = u\frac{dv}{dx} + v\frac{du}{dx}$$

ここで，$u = 3x$，$v = (4x-5)^2$，$du/dx = 3$ である．またチェーン・ルールより，$dv/dx = 2(4x-5)(4)$ である．これら値を積の公式に代入すれば，

$$\frac{dy}{dx} = 3x(8)(4x-5) + (4x-5)^2(3)$$

これを整理すると，

$$\frac{dy}{dx} = 96x^2 - 120x + 3(16x^2 - 40x + 25) = 144x^2 - 240x + 75$$

3.18　$4y = 3x[(5x+2)/(2x+3)]$ のとき，その導関数を求めよ．

この積は商を含んでいる．かくしてここでは積の法則に加えて，この積の法則の中に現われる導関数を求めるために商の法則が必要となる．すなわち，まず積の法則より，

$$\frac{dy}{dx} = u\frac{dv}{dx} + v\frac{du}{dx}$$

ここで，$u = 3x$，$v = (5x+2)/(2x+3)$，$du/dx = 3$ である．また商の法則より

$$\frac{dy}{dx} = \frac{(2x+3)(5) - (5x+2)(2)}{(2x+3)^2} = \frac{11}{(2x+3)^2}$$

これを積の法則の公式に代入すると，

$$\frac{dy}{dx} = 3x\frac{11}{(2x+3^2} + \frac{5x+2}{2x+3}(3)$$

これを整理すれば，

$$\frac{dy}{dx} = \frac{33x}{(2x+3)^2} + \frac{15x+6}{2x+3} = \frac{33x+(15x+6)(2x+3)}{(2x+3)^2}$$

$$= \frac{30x^2+90x+18}{(2x^{+}3)^2}$$

（注：ここでのやり方とは逆に，この問題は積を含む商の問題としてとり扱うこともできる．商の法則を使って導関数を求め，各自でこの答えを確かめよ．）

3.19　$y = (8x-5)^2/(7x+4)$ のとき，$y'$（$= dy/dx$）を求めよ．

これを解くためには商の法則に加え，この商の法則の分子の中に現われる導関数を求めるためにチェーン・ルールも必要となる．かくしてまず商の法則から，

$$\frac{dy}{dx} = \frac{v(du/dx) - u(dv/dx)}{v^2}$$

ここで，$u = (8x-5)^2$，$v = 7x+4$，$dv/du = 7$ である．またチェーン・ルールより，

$$du/dx = 2(8x-5)(8) = 128x - 80$$

これらの値を商の法則の公式に代入すれば，

$$\frac{dy}{dx} = \frac{(7x+4)(128x-80)-(8x-5)^2(7)}{(7x+4)^2}$$

$$= \frac{896x^2-560x+512x-320-7(64x^2-80x+25)}{(7x+4)^2}$$

$$= \frac{448x^2+512x-495}{(7x+4)^2}$$

3.20　$y = [(3x+4)/(2x+5)]^2$ のとき $dy/dx$ を求めよ．

この問題を解くためには，チェーン・ルールと商の法則が必要である．チェーン・ルールより，

$$\frac{dy}{dx} = \frac{dy}{du}\frac{du}{dx}$$

であり，ここで $u = (3x+4)/(2x+5)$ とおくと，$y = u^2$，$dy/du = 2u$ である．また商の法則より，

$$\frac{du}{dx} = \frac{(2x+5)(3) - (3x+4)(2)}{(2x+5)^2} = \frac{7}{(2x+5)^2}$$

これをチェーン・ルールの公式に代入すれば，

$$\frac{dy}{dx} = 2u\frac{7}{(2x+5)^2}$$

ところで，$u = (3x+4)/(2x+5)$ であるから，

$$\frac{dy}{dx} = \frac{2(3x+4)}{(2x+5)}\frac{7}{(2x+5)^2} = \frac{14(3x+4)}{(2x+5)^3} = \frac{42x+56}{(2x+5)^3}$$

となる．

## 高階導関数

**3.21**　つぎの各関数について，(1) 2 階の導関数を求め，さらに (2) $x = 2$ におけるそれらの値を求めよ．この場合，導関数の表わし方は，高階の場合も含めて，つぎのようなさまざまな方法がある．それもあわせて練習せよ．

(a) $y = 7x^3 + +5x^2 + 12$

(1) $\dfrac{dy}{dx} = 21x^2 + 10x$

$\dfrac{d^2y}{dx^2} = 42x + 10$

(2) $x = 2$ のとき，$d^2y/dx^2 = 42(2) + 10 = 94$

(b) $f(x) = x^6 + 3x^4 + x$

(1) $f'(x) = 6x^5 + 12x^3 + 1$

$f''(x) = 30x^4 + 36x^2$

(2) $x = 2$ のとき，$f''(x) = 30(2)^4 + 36(2)^2 = 624$

(c) $f(x) = (x^4 - 3)(x^3 - 2)$

(1) $f_x = (x^4 - 3)(3x^2) + (x^3 - 2)(4x^3)$

$= 3x^6 - 9x^2 + 4x^6 - 8x^3$

$= 7x^6 - 8x^3 - 9x^2$

$f_{xx} = 42x^5 - 24x^2 - 18x$

(2) $x = 2$ のとき，$f_{xx} = 42(2)^5 - 24(2)^2 - 18(2) = 1212$

(d) $y = \dfrac{7x^2}{x - 1}$

(1) $$y' = \frac{(x-1)(14x) - 7x^2(1)}{(x-1)^2}$$

$$= \frac{14x^2 - 14x - 7x^2}{(x-1)^2} = \frac{7x^2 - 14x}{(x-1)^2}$$

$$y'' = \frac{(x-1)^2(14x-14) - (7x^2 - 14x)[2(x-1)(1)}{(x-1)^4}$$

$$= \frac{(x^2 - 2x + 1)(14x - 14) - (7x^2 - 14x)(2x - 2)}{(x-1)^4}$$

$$= \frac{14(x-1)}{(x-1)^4} = \frac{14}{(x-1)^3}$$

(2) $x = 2$ のとき，$y'' = \dfrac{14}{(2-1)^3} = 14$

# 第4章　経済学における導関数の用法

## 4.1　限界概念

経済学における**限界費用**という概念は，1単位増産することによる総費用の変化として定義される．また**限界収入**という概念は生産物1単位の追加販売から得られる総収入の変化として定義される．総費用と総収入はともに生産量（$Q$）の関数であるから，限界費用MCと限界収入MRはともにそれぞれの関数の導関数として数学的に表わすことができる．したがって，

総費用を $\mathrm{TC} = \mathrm{TC}(Q)$ と表わすならば，$\mathrm{MC} = d\,\mathrm{TC}/dQ$ である．
総収入を $\mathrm{TR} = \mathrm{TR}(Q)$ と表わすならば，$\mathrm{MR} = d\,\mathrm{TR}/dQ$ である．

つまり，経済学における限界概念は，その関数の導関数として表現することができる．

例題1

1．$\mathrm{TR} = 75Q - 4Q^2$ ならば，$\mathrm{MR} = d\,\mathrm{TR}/dQ = 75 - 8Q$.
2．$\mathrm{TC} = Q^2 + 7Q + 23$ ならば，$\mathrm{MC} = d\,\mathrm{TC}/dQ = 2Q + 7$.

例題2　需要関数が $P = 30 - 2Q$ のとき，その限界収入関数はまず総収入関数を求め，つぎにその関数の $Q$ に関する導関数をとることによって求めることができる．したがって，

$$\mathrm{TR} = PQ = (30 - 2Q)Q = 30Q - 2Q^2$$

$$\mathrm{MR} = \frac{d\,\mathrm{TR}}{dQ} = 30 - 4Q$$

$Q = 4$ のとき，$\mathrm{MR} = 30 - 4(4) = 14$.
$Q = 5$ のとき，$\mathrm{MR} = 30 - 4(5) = 10$.

## 4.2　関数における最大・最小

関数が相対的最大値または最小値をとるためには，その関数は**屈曲部分**（つまりその点において増加も減少もしない点）に位置しなくてはならない．もし関数が増加も減少もしないとすれば，その関数の導関数はその点においてゼロとなるはずである．したがって相対的最大値または最小値をとるための 1 階の必要条件は，その 1 階導関数がゼロとなることである．2 階の十分条件は，相対的最大値の場合は 2 階導関数が負，また相対的最小値の場合は 2 階導関数が正となることである．したがって，

相対的最大値である場合には $\dfrac{dy}{dx}=0,\ \dfrac{d^2y}{dx^2}<0$ である．

相対的最小値である場合には $\dfrac{dy}{dx}=0,\ \dfrac{d^2y}{dx^2}>0$ である．

**例題 3**　導関数は関数の瞬間的変化率を表わすものである．したがって導関数が正となるような点（たとえば，それは図 4-1 の点 $A$ および点 $E$ における正の勾配をもつ接線によって示されている）においては，もとの関数は増加的である．逆に，導関数が負となるような点（これは，点 $C$ および点 $F$ における負の勾配をもつ接線によって示される）においては，もとの関数は減少的である．関数が相対的最大値または最小値をとる点（点 $B$ および点 $D$）においては，勾配がゼロであることは明らかである．そしてこれが，相対的最大値および相対的最小値のための必要条件である．相対的最大値と最小値を数学的に区別するためには，2 階導関数が必要となる．

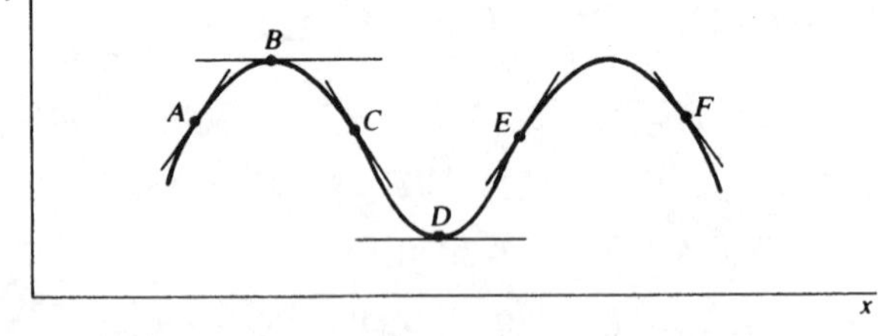


図 4-1

**例題 4**　2 階導関数は，（1 階導関数によって与えられる）限界関数の変化率を表わすものである．もし 1 階導関数がゼロであり（これは曲線の勾配がゼ

ロであること，したがって曲線が屈曲部分にあることを意味している)，しかも 2 階導関数が**負**であるとすれば，この関数は屈曲部分から**下降**していくので**相対的最大値**をとっていたことになる．また，1 階導関数がゼロで 2 階導関数が**正**であるとすれば，この関数は屈曲部分から**上昇**していく，つまりその屈曲部分は**相対的最小値**であったことになる．したがってつぎのことをしっかり覚えておかなければならない．すなわち，2 階導関数がこういった（＋＋）の状態にあるときには曲線は屈曲部分（⌣）から上昇し，逆に 2 階導関数が（－－）の状態にあるときには曲線は屈曲部分（⌢）から下降している．この規則はつぎのようにすれば簡単に覚えられる．

(a) 最小値　　(b) 最大値

1 階導関数がゼロとなる点は**臨界値**，**停留値**または**極値**とよばれる．もし 2 階導関数がゼロで 3 階導関数がゼロでないとすれば，臨界値は最大値でも最小値でもなく**変曲点**となり，その点においてもとの関数の変化率の値が変わる．図 4-4(a) の点 $A$ がその変曲点である．

**例題 5**　総費用関数が $\mathrm{TC} = 31 + 24Q - 5.5Q^2 + \frac{1}{3}Q^3$ であるとき，相対的最小値または相対的最大値を求めよ．

1. まずこの関数の導関数をとり，それをゼロとおいて臨界値を求めよ．

$$\frac{d\,\mathrm{TC}}{dQ} = 24 - 11Q + Q^2 = 0$$

$$(Q - 8)(Q - 3) = 0$$

　よって，臨界値は $Q = 8$ および $Q = 3$ である．

2. 関数が臨界値において最大値であるかまたは最小値であるかを見るために 2 階導関数をとると，

$$\frac{d^2\mathrm{TC}}{dQ^2} = -11 + 2Q$$

である．$Q = 8$ において，

$$\frac{d^2\mathrm{TC}}{dQ^2} = -11 + 2(8) = 5 > 0$$

であり，また $Q = 3$ において，

$$\frac{d^2\mathrm{TC}}{dQ^2} = -11 + 2(3) = -5 < 0$$

である．したがって，$Q = 8$ において TC は相対的最小値をとり，$Q = 3$ において TC は相対的最大値をとる．

3. 相対的最小値を求めるために $Q = 8$ におけるもとの関数の値を求め，また相対的最大値を求めるために $Q = 3$ におけるもとの関数の値を求めよ．

$Q = 8$ のとき，

$$\mathrm{TC} = 31 + 24(8) - 5.5(8)^2 + \frac{1}{3}(8)^2 = 41.67$$

$Q = 3$ のとき，

$$\mathrm{TC} - 31 + 24(3) - 5.5(3)^2 + \frac{1}{3}(3)^3 = 62.5$$

## 4.3 価格弾力性

経済学における**価格弾力性** $\varepsilon$ とは，価格の相対的変化率に対する数量の相対的変化率を表わすものである．これを数学的に表わすとつぎのようになる．

$$\varepsilon = \frac{dQ/Q}{dP/P}$$

またこの弾力性はつぎのようにも表わすことができる．

$$\varepsilon = \frac{dQ/dP}{Q/P} = \frac{\text{限界関数}}{\text{平均関数}}$$

または

$$\varepsilon = \frac{dQ}{dP}\frac{P}{Q}$$

価格弾力性は需要についても供給についても存在する．通常，$|\varepsilon| > 1$ ならば**弾力的**，$|\varepsilon| < 1$ ならば**非弾力的**，$|\varepsilon| = 1$ ならば**単弾力的**とよばれる．

**例題 6**　需要関数が $Q_d = 650 - 5P - P^2$ であるとき，$P = 10$ における需要の価格弾力性はつぎのようにして求められる．

ここでは，$\varepsilon = \dfrac{dQ}{dP}\dfrac{P}{Q}$ という形の公式を用いる．

まず導関数をとると，$\dfrac{dQ}{dP} = -5 - 2P$ である．これに価格水準（$P = 10$）を代入すると，

$$\frac{dQ}{dP} = -5 - 2(10) = -25$$

となる．また $P = 10$ のときの生産量水準（$Q$）を求めると，

$$Q = 650 - 5(10) - (10)^2 = 500$$

となる．そこでこれらの値を弾力性の公式に代入すれば，

$$\varepsilon = -25\left(\frac{10}{500}\right) = -0.5$$

となる．この関数形の逆関数，つまり通常の経済学の方法に従って $P$ を $Q$ の関数として表わす場合の弾力性の求め方は，演習問題 4.21 を見よ．

**例題 7**　$\varepsilon = (dQ/dP)/(Q/P) =$ 限界関数/平均関数 であるので，供給および需要の価格弾力性は，図 4-2 に示されるように，眼界関数と平均関数を求めることによって幾何学的にも求められる．限界関数は曲線に対する接線の勾配として示され，平均関数は原点から曲線上の弾力性を求める点へ引いた直線の勾配として示される．

図 4-2(a) の需要関数について：点 $A$ における限界関数の勾配は $-AB/BC$ である．また，平均関数の勾配は $AB/OB$ である．したがって，

$$\varepsilon_d = \frac{-AB/BC}{AB/OB} = -\frac{AB}{BC}\frac{OB}{AB} = -\frac{OB}{BC}$$

となる．

図 4-2(b) の供給関数について：点 $D$ における限界関数の勾配は $DF/EF$ である．また点 $D$ における平均関数の勾配は $DF/OF$ である．したがって，

$$\varepsilon_s = \frac{DF/EF}{DF/OF} = \frac{DF}{EF}\frac{OF}{DF} = \frac{OF}{EF}$$

となる．したがって上式を言葉でいえば，$Q = f(P)$ のとき，ある特定の点における需要の価格弾力性 $|\varepsilon_d|$ は，原点からその点までの水平距離（$OB$）を需要曲線に対する接線が横軸と交差する点からその点までの水平距離（$BC$）で割ったものに等しい．また $Q = f(P)$ のときのある所与の点における供給の価格弾力性は，原点からその点までの水平距離（$OF$）を供給曲線に対する接線が横軸と交差する点からその点までの水平距離（$EF$）で割ったものに等しい．$P = f(Q)$ のときの需要曲線の切片による弾力性の求め方については演習問題 4.21〜4.38 を見よ．

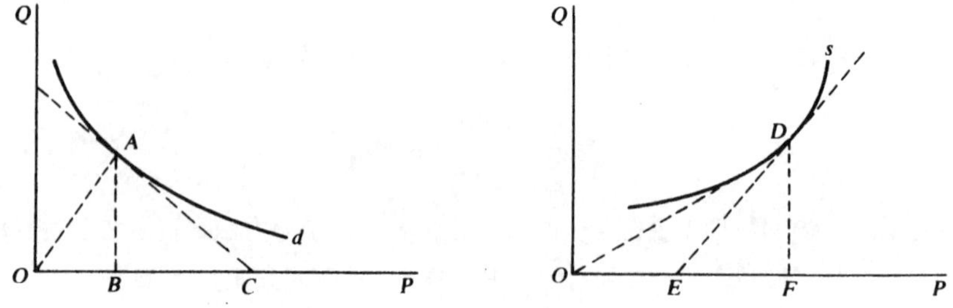


(a) (b)

図 4-2

**例題 8**　例題 7 で得られた手法を用いることにより，図 4-3 に示されている各点の需要および供給の弾力性はつぎのようにして計算できる．

需要の弾力性

点 $A$ において，

$$\varepsilon_d = -\frac{OE}{EF} = -\frac{30}{50} = -0.6$$

点 $B$ において，

$$\varepsilon_d = -\frac{OG}{GH} = -\frac{100}{60} = -1.67$$

供給の弾力性

点 $C$ において，

$$\varepsilon_s = \frac{OK}{IK} = -\frac{70}{50} = 1.4$$

点 $D$ において，

$$\varepsilon_s = \frac{OL}{JL} = -\frac{120}{60} = 2$$

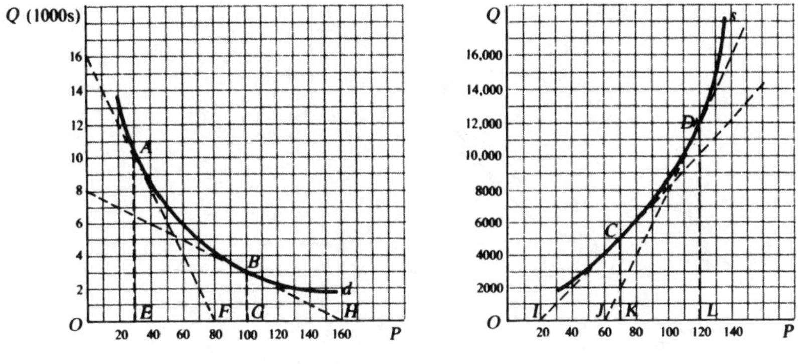


図 4-3

## 4.4　総概念，限界概念，および平均概念の相互関係

たとえば総生産物曲線，平均生産物曲線および限界生産物曲線というように，総，限界，平均との間の相互関係は非常に重要であり，それが図 4-4 で示されている．図 4-4(a) は，2 投入要素（$x$, $y$）1 生産物の場合において，投入量 $y$ を一定としたときの投入量 $x$ に対する総生産物（TP）曲線を表わしている．また図 4-4(b) は $x$ についての限界生産物（MP）曲線および平均生産物（AP）曲線を表わしている．(b) の限界生産物曲線は，(a) の総生産物曲線から導かれる．$\mathrm{MP}_x$ は $x$ の変化に対する TP の変化分であるから，$\mathrm{MP}_x$ は TP 曲線の勾配（$d\,\mathrm{TP}/dx$）に等しく，それは TP 曲線上のあらゆる点における接線の勾配を示している．TP と MP との対応関係としてつぎの 5 つの特徴があげられる．

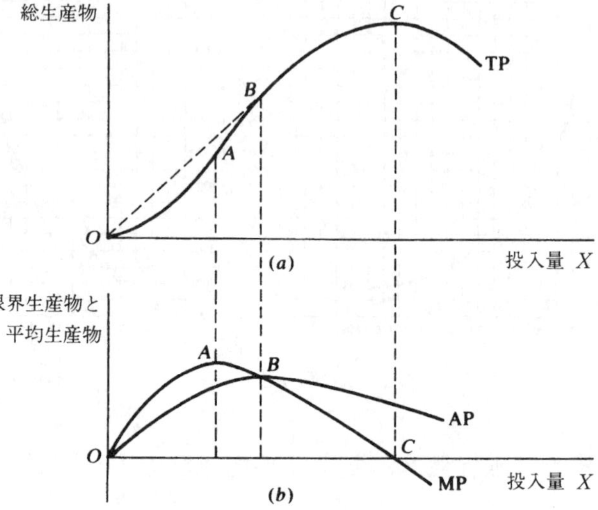


図 4-4

| TP | MP |
|---|---|
| 1. 曲線の勾配は点 *O* から点 *A* まで正である. | 1. MP は点 *O* から点 *C* まで正である（*x* 軸の上方にある）. |
| 2. 曲線の勾配は点 *O* から点 *A*，すなわち変曲点にかけて急になる. | 2. MP は点 *O* から点 *A* にかけて増加し，点 *A* において最大となる. |
| 3. 曲線の勾配は点 *A* から点 *C* にかけて緩やか（しかし勾配は依然として正）となる. | 3. MP は点 *A* から点 *C* にかけて減少する（しかし依然として正である）. |
| 4. 曲線の勾配は点 *C* においてゼロである. | 4. MP は点 *C* においてゼロである. |
| 5. 点 *C* の右側では，曲線の勾配は負である. | 5. 点 *C* の右側では MP は負である. |

平均生産物（AP）は，総生産物を $x$ で割ったものである．この平均生産物は，グラフ (a) に示されているように，原点から TP 曲線上の点（たとえば点 *B*）に引いた直線の勾配として示される．なぜなら，このようにして描かれた直線の勾配は縦軸座標の値を横軸座標の値で割った値，したがって TP/$x$ に等しいからである．AP 曲線にはつぎの 3 つの特徴がある．

| | |
|---|---|
| 1. 原点から TP 曲線へ引いた直線の勾配は，点 $O$ から点 $B$ にかけて急になり，点 $B$ においてその直線は TP 曲線に接している． | 1. AP は点 $O$ から点 $B$ にかけて増加し，点 $B$ において最大となる． |
| 2. 原点から TP 曲線へ引いた直線は点 $B$ で TP 曲線に接するので，その点でこの接線の勾配は TP 曲線の勾配，すなわち MP に等しくなる． | 2. 点 $B$ では，AP = MP である． |
| 3. 原点から TP 曲線へ引いた直線の勾配は点 $B$ の右側で減少してゆくが，それは依然として正の値をとる． | 3. AP は点 $B$ を過ぎて減少するが，依然として正の値をとる（$x$ 軸の上方にある）． |

限界関数と平均関数の間にもまた重要な関係がある．すなわち図 4-4(b) で，AP が増大しているすべての領域において MP 曲線が AP 曲線の上方にあること（MP > AP），また AP 曲線が最大値をとるところで MP = AP となること，そして AP が減少するところでは MP < AP となることに注意せよ．これはすべての限界と平均との関係について妥当する．

**例題 9**　あるバスケットボールチームの平均身長を 6 フィートであるとしよう．そこでもし，新しく加わった（限界）メンバーの身長が 7 フィートであるのならば，チームの平均身長は当然増加する．ところが，限界的に加わるメンバーの身長がちょうど 6 フィートであれば平均身長はまったく変わらないし，もしもそのメンバーが 6 フィート以下ならば，平均身長は低くなる．

# 演習問題

## 限界概念，平均概念，および総概念

4.1　つぎの各総関数について，(1) 限界関数，(2) 平均関数を求めよ．また $Q=3$，$Q=5$ のときのそれらの値を求めよ．

(a) $\mathrm{TC}=3Q^2+7Q+12$

(1) $\mathrm{MC}=\dfrac{d\,\mathrm{TC}}{dQ}=6Q+7$

$Q=3$ のとき，$\mathrm{MC}=6(3)+7=25$

$Q=5$ のとき，$\mathrm{MC}=6(5)+7=37$

(2) $\mathrm{AC}=\dfrac{\mathrm{TC}}{Q}=3Q+7+\dfrac{12}{Q}$

$Q=3$ のとき，$\mathrm{AC}=3(3)+7+\dfrac{12}{3}=20$

$Q=5$ のとき，$\mathrm{AC}=3(5)+7+\dfrac{12}{5}=24.4$

（注）平均関数を求めるときには，必ず定数項も $Q$ で割ること．

(b) $\pi=Q^2-13Q+78$

(1) $\dfrac{d\pi}{dQ}=2(Q)-13$

$Q=3$ のとき，$\dfrac{d\pi}{dQ}=2(3)-13=-7$

$Q=5$ のとき，$\dfrac{d\pi}{dQ}=2(5)-13=-3$

(2) $A\pi=\dfrac{\pi}{Q}=Q-13+\dfrac{78}{Q}$

$Q=3$ のとき，$A\pi==3-13+\dfrac{78}{3}=16$

$Q=5$ のとき，$A\pi=5-13+\dfrac{78}{5}=7.6$

(c) $\mathrm{TR}=12Q-Q^2$

(1) $\mathrm{MR}=\dfrac{d\,\mathrm{TR}}{dQ}=12-2Q$

$Q = 3$ のとき，$\mathrm{MR} = 12 - 2(3) = 6$

$Q = 5$ のとき，$\mathrm{MR} = 12 - 2(5) = 2$

(2)　$\mathrm{AR} = \dfrac{\mathrm{TR}}{Q} = 12 - Q$

$Q = 3$ のとき，$\mathrm{AR} = 12 - 3 = 9$

$Q = 5$ のとき，$\mathrm{AR} = 12 - 5 = 7$

4.2　つぎの供給関数についてその MR 関数を導出し，そして $Q = 4$ および $Q = 10$ のときの値を求めよ．

$$P = Q^2 + 2Q + 1$$

このような供給（または需要）関数が与えられている場合，その MR 関数を求めるには，まず TR 関数を求めてから，その関数の $Q$ に関する導関数をとればよい．

$$\mathrm{TR} = PQ = (Q^2 + 2Q + 1)Q = Q^3 + 2Q^2 + Q$$

$$\mathrm{MR} = \frac{d\,\mathrm{TR}}{dQ} = 3Q^2 + 4Q + 1$$

$Q = 4$ のとき，$\mathrm{MR} = 3(4)^2 + 4(4) + 1 = 65$

$Q = 10$ のとき，$\mathrm{MR} = 3(10)^2 + 4(10) + 1 = 341$

4.3　つぎの供給関数について，その MR 関数を求めよ．また，$Q = 4$，$Q = 10$ のときの値を求めよ．

$$Q = -72 + 3P$$

供給（または需要）関数が $Q = f(P)$ の形で表わされているときは，まず $P = f(Q)$ のように逆関数を求めた後で，演習問題 4.2 の方法に従って解く．

$$P = \frac{1}{3}Q + 24$$

$$\mathrm{MR} = \left(\frac{1}{3}Q + 24\right)Q = \frac{1}{3}Q^2 + 24Q$$

$$\mathrm{MR} = \frac{d\,\mathrm{TR}}{dQ} = \frac{2}{3}Q + 24$$

$Q = 4$ のとき，$\mathrm{MR} = \frac{2}{3}(4) + 24 = 26$

$Q = 10$ のとき，$\mathrm{MR} = \frac{2}{3}(10) + 24 = 30$

4.4　つぎの需要関数についてその MR 関数を求め，$Q = 4$ および $Q = 10$ のときの値を求めよ．

$$Q = 36 - 2P$$

$$P = 18 - 0.5Q$$

$$\mathrm{TR} = (18 - 0.5Q)Q = 18Q - 0.5Q^2$$

$$\mathrm{MR} = \frac{d\,\mathrm{TR}}{dQ} = 18 - Q$$

$Q = 4$ のとき，$\mathrm{MR} = 18 - 4 = 14$

$Q = 10$ のとき，$\mathrm{MR} = 18 - 10 = 8$

4.5　つぎの各消費関数について，限界消費性向 $\mathrm{MPC} = dC/dY$ を導関数を用いて求めよ．

(a)　$C = C_0 + bY$

$$\mathrm{MPC} = \frac{dC}{dY} = b$$

(b)　$C = 1500 + 0.75Y$

$$\mathrm{MPC} = \frac{dC}{dY} = 0.75$$

4.6　$C = 1200 + 0.8Y_d$，$Y_d = Y - T$，$T = 100$ であるとき，導関数を用いて MPC を求めよ．

$C = f(Y_d)$ のときは，$C = f(Y)$ としてから導関数をとればよい．したがって，

$$C = 1200 + 0.8(Y - 100) = 1120 + 0.8Y$$

$$\mathrm{MPC} = \frac{dC}{dY} = 0.8$$

定額税を所得決定モデルへ導入しても，MPC（あるいは乗数）の値には影響しないことに注意せよ．

4.7　$C = 2000 + 0.9Y_d$，$Y_d = Y - T$，$T = 300 + 0.2Y$ であるとき，導関数を用いて MPC を求めよ．

$$C = 2000 + 0.9(Y - 300 - 0.2Y)$$

$$= 2000 + 0.9Y - 270 - 0.18Y$$
$$= 1730 + 0.72Y$$
$$\text{MPC} = \frac{dC}{dY} = 0.72$$

所得決定モデルへの比例税の導入は MPC の値，したがって乗数の値に影響する．

4.8　つぎの各平均費用関数についてその限界費用関数を求めよ．

(a) $\text{AC} = 1.5Q + 4 + \dfrac{46}{Q}$

平均費用関数が与えられたとき，まず総費用関数を求め，ついでその導関数をとることによって限界費用関数を求めることができる．

$$\text{TC} = \text{AC}(Q) = \left(1.5Q + 4 + \frac{46}{Q}\right)Q = 1.5Q^2 + 4Q + 46$$
$$\text{MC} = \frac{d\,\text{TC}}{dQ} = 3Q + 4$$

(b) $\text{AC} = \dfrac{160}{Q} + 5 - 3Q + 2Q^2$

$$\text{TC} = \left(\frac{160}{Q} + 5 - 3Q + 2Q^2\right)Q = 160 + 5Q - 3Q^2 + 2Q^3$$
$$\text{MC} = \frac{d\,\text{TC}}{dQ} = 5 - 6Q + 6Q^2$$

## 1 変数関数の最大・最小

4.9　つぎの総収入関数および総利潤関数を以下の手順によって最大化せよ．(1) 1 階導関数を求め，それをゼロとおいて臨界値を求めよ．(2) 2 階導関数をとって臨界値におけるその値を求め，関数が相対的最小値にあるのか，また相対的最大値にあるのかを調べよ．(3) 相対的最大値を求めよ．

(a) $\text{TR} = 32Q - Q^2$

(1) $\dfrac{d\,\text{TR}}{dQ} = 32 - 2Q = 0$

$Q = 16$

(2) $\dfrac{d^2\text{TR}}{dQ^2} = \dfrac{d}{dQ} = (32 - 2Q) = -2 < 0$

$Q = 16$ は相対的最大値を与える．

(3) $\text{TR} = 32Q - Q^2 = 32(16) - (16)^2 = 256$

(b) $\pi = -Q^2 + 11Q - 24$

(1) $\dfrac{d\pi}{dQ} = -2Q + 11 = 0$

$Q = 5.5$

(2) $\dfrac{d^2\pi}{dQ^2} = \dfrac{d}{dQ}(-2Q + 11) = -2 < 0$

$Q = 5.5$ は相対的最大値を与える．

(3) $\pi = -Q^2 + 11Q - 24$

$= -(5.5)^2 + 11(5.5) - 24 = 6.25$

(c) $\pi = -\dfrac{1}{3}Q^3 + 8Q^2 - 39Q - 50$

(1) $\dfrac{d\pi}{dQ} = -Q^2 + 16Q - 39 = 0$

$(-Q + 13)(Q - 3) = 0$

$Q = 13$，$Q = 3$

(2) $\dfrac{d^2\pi}{dQ^2} = (-Q^2 + 16Q - 39) = -2Q + 16$

$Q = 13$ のとき，$d^2\pi/dQ^2 = -2(13) + 16 = -10 < 0$

$Q = 3$ のとき，$d^2\pi/dQ^2 = -2(3) + 16 = +10 > 0$

したがって，$Q = 13$ は最大値のための 2 階の条件を満たしているが，他方，$Q = 3$ は相対的最小値を与えるので，不適である．

(3) $\pi = -\dfrac{1}{3}Q^3 + 8Q^2 - 39Q - 50$

$= -\dfrac{1}{3}(13)^3 + 8(13)^2 - 39(13) - 50 = 62.67$

4.10　演習問題 4.9 の手順に従ってつぎの費用関数を最小化せよ．

(a) $\mathrm{TC} = 200 - 24Q + Q^2$

(1) $\dfrac{d\,\mathrm{TC}}{dQ} = 2Q - 24 = 0$

$Q = 12$

(2) $\dfrac{d^2\mathrm{TC}}{dQ^2} = \dfrac{d}{dQ}(2Q - 24) = 2 > 0$

$Q = 12$ は相対的最小値を与える．

(3) $\mathrm{TC} = 200 - 24(12) + (12)^2 = 56$

(b) $\mathrm{TC} = \dfrac{1}{3}Q^3 - 4.5Q^2 + 14Q + 22$

(1) $\mathrm{MC} = Q^2 - 9Q + 14 = 0$

$(Q - 7)(Q - 2) = 0$

$Q = 7$，$Q = 2$

(2) $\dfrac{d^2\mathrm{TC}}{dQ^2} = \dfrac{d}{dQ}(Q^2 - 9Q + 14) = 2Q - 9$

$Q = 7$ のとき，$d^2\mathrm{TC}/dQ^2 = 2(7) - 9 = 5 > 0$

$Q = 2$ のとき，$d^2\mathrm{TC}/dQ^2 = 2(2) - 9 = -5 < 0$

$Q = 7$ は相対的最小値を与える．

(3) $\mathrm{TC} = \dfrac{1}{3}(7)^3 - 4.5(7)^2 + 14(7) + 22 = 13.83$

4.11　ある企業の需要関数が $Q - 90 + 2P = 0$ であり，また平均費用関数が $\mathrm{AC} = Q^2 - 8Q + 57 + 2/Q$ であるとき，つぎの各問いに対応する生産量を求めよ．(a) 総収入を最大化する，(b) 限界費用を最小化する，(c) 利潤を最大化する．

(a) 需要関数は $Q - 90 + 2P = 0$ である．したがって，

$$P = 45 - 0.5Q$$

$$\mathrm{TR} = PQ = (45 - 0.5Q)Q = 45Q - 0.5Q^2 \qquad (4.1)$$

TR を最大化するためには，

$$\frac{d\,\mathrm{TR}}{dQ} = 45 - Q = 0, \quad Q = 45$$

2 階の条件を調べると $d^2\mathrm{TR}/dQ^2 = -1 < 0$ であるから，$Q = 45$ において TR は最大となる．

(b) 平均費用関数は，$\mathrm{AC} = Q^2 - 8Q + 57 + 2/Q$ である．よって，

$$\mathrm{TC} = \mathrm{AC}(Q) = (Q^2 - 8Q + 57 + 2/Q)Q = Q^3 - 8Q^2 + 57Q + 2 \qquad (4.2)$$

$$\mathrm{MC} = \frac{d\pi}{dQ} - = 3Q^2 - 16Q + 57$$

限界費用を最小化するためには，

$$\frac{d\mathrm{MC}}{dQ} = 6Q - 16 = 0, \quad Q = 2\frac{2}{3}$$

2 階の条件を調べると $d^2\mathrm{MC}/dQ^2 = 6 > 0$ であるから，$Q = 2\frac{2}{3}$ において MC は相対的最小値をとる．

(c) $\pi = \mathrm{TR} - \mathrm{TC}$

上式に (4.1) と (4.2) を代入すると，

$$\begin{aligned}\pi &= 45Q - 0.5Q^2 - (Q^3 - 8Q^2 + 57Q + 2)\\ &= -Q^3 + 7.5Q^2 - 12Q - 2 \qquad (4.3)\end{aligned}$$

$\pi$ を最大化するためには，

$$\frac{d\pi}{dQ} = -3Q^2 + 15Q - 12 = 0$$

$$(-3Q + 3)(Q - 4) = 0$$

$$Q = 1, \quad Q = 4$$

2 階の条件を調べると，

$$\frac{d^2\pi}{dQ^2} = -6Q + 15$$

$Q = 1$ のとき，$d^2\pi/dQ^2 = -6(1) + 15 = 9 > 0$

また $Q = 4$ のとき，$d^2\pi/dQ^2 = -6(4) + 15 = -9 < 0$

したがって，$Q = 4$ において利潤は最大となり，このとき (4.3) より，

$$\pi = -(4)^3 + 7.5(4)^2 - 12(4) - 2 = 6$$

4.12　ある生産者が，1 生産物に関して国内市場と外国市場を差別できるものとし，それぞれの市場の需要関数を，

$$Q_1 = 21 - 0.1P_1 \tag{4.4}$$

$$Q_2 = 50 - 0.4P_2 \tag{4.5}$$

とする．また 総費用 $= 2000 + 10Q$，ただし $Q = Q_1 + Q_2$ とする．このとき生産者がつぎの各場合において利潤を最大にするためにはどのような価格を設定すればよいか．(a) 市場間の差別化を行なった場合，(b) 市場間の差別化を行なわなかった場合．さらに，(c) 差別化を行なった場合と差別化を行なわなかった場合の利潤を比較せよ．

(a) 差別価格のもとで利潤を最大にするためには，生産者は各市場において MC = MR となるように価格を設定しなければならない．つまり，

$$\text{MC} = \text{MR}_1 = \text{MR}_2$$

である．ここで，$\text{TC} = 2000 + 10Q$ より，

$$\text{MC} = \frac{d\,\text{TC}}{dQ} = 10$$

である．すなわち MC はどのような生産量水準においても一定である．また国内市場においては，

$$Q_1 = 21 - 0.1P_1$$

であるから，

$$P_1 = 210 - 10Q_1$$

となり，

$$\text{TR}_1 = (210 - 10Q_1)Q_1 = 210Q_1 - 10Q_1^2$$

となるから，

$$\text{MR}_1 = \frac{d\,\text{TR}_1}{dQ_1} = 210 - 20Q_1$$

となる．したがって，$\text{MR}_1 = \text{MC}$ のとき，

$$210 - 20Q_1 = 10, \quad Q_1 = 10$$

であるから，このとき，

$$P_1 = 210 - 10(10) = 110$$

となる．他方，外国市場においては，

$$Q_2 = 50 - 0.4P_2$$

であるから，

$$P_2 = 125 - 2.5Q_2$$

となり，

$$\mathrm{TR}_2 = (125 - 2.5Q_2)Q_2 = 125Q_2 - 2.5Q_2^2$$

となるから，

$$\mathrm{MR}_2 = \frac{d\,\mathrm{TR}_2}{dQ^2} = 125 - 5Q_2$$

となる．したがって，$\mathrm{MR}_2 = \mathrm{MC}$ のとき，

$$125 - 5Q_2 = 10, \quad Q_2 = 23$$

であるから，このとき，

$$P_2 = 125 - 2.5(23) = 67.5$$

となる．したがって差別化を行なう生産者は，需要が相対的に弾力的である外国市場においてより低い価格を設定し，他方需要が相対的に非弾力的である国内市場においてはより高い価格（$P_1 = 110$）を設定すればよい．

(b) 生産者が差別化を行なわないとすれば $P_1 = P_2$ であり，2 つの需要関数 (4.4) と (4.5) は合計して 1 つの需要関数にすることができる．したがって，

$$Q = Q_1 + Q_2 = 21 - 0.1P + 50 - 0.4P = 71 - 0.5P$$

であるから，

$$P = 142 - 2Q$$

となる．よって，

$$\mathrm{TR} = (142 - 2Q)Q = 142Q - 2Q^2$$

$$\text{MR} = \frac{d\,\text{TR}}{dQ} = 142 - 4Q$$

であるから，MR = MC のとき，

$$142 - 4Q = 10, \qquad Q = 33$$

であり，このとき，

$$P = 142 - 2(33) = 76$$

となる．このように差別化を行なわない場合には，価格は相対的に高い国内市場の価格と相対的に低い外国市場の価格との間に定まる．しかしここで，生産量は依然として $Q_1 = 10$，$Q_2 = 23$，$Q = 33$ であることに注意せよ．

(c) 差別化を行なう場合は，

$$\text{TR} = \text{TR}_1 + \text{TR}_2 = P_1Q_1 + P_2Q_2 = 110(10) + 67.5(23) = 2652.50$$

であり，他方，

$$\text{TC} = 2000 + 10Q, \quad Q = Q_1 + Q_2$$
$$\text{TC} = 2000 + 10(10 + 23) = 2330$$

であるから，

$$\pi = \text{TR} - \text{TC} = 2652, 50 - 2330 = 322.50$$

となる．差別化を行なわない場合は，

$$\text{TR} = PQ = 76(33) = 2508$$

であり，他方，費用関数は差別化の有無にかかわらず一定であるので，TC = 2330 である．したがって，

$$\pi = 2508 - 2330 = 178$$

となる．つまり利潤は差別化を行なったときのほう（322.50）が差別化を行なわないときよりも大きい．なお，価格差別化についてのより詳しい説明は演習問題 9.13〜9.15 を見よ．

4.13　線形の需要関数が $P = a - bQ$ であるとき，総収入が最大となるのは $Q = a/2b$ となる点であることを証明せよ．

$$\mathrm{TR} = PQ$$

一般的な線形需要関数では，

$$\mathrm{TR} = (a - bQ)Q = aQ - bQ^2$$

であるから，TR が最大となるためには，

(1) $\dfrac{d\,\mathrm{TR}}{dQ} = \mathrm{MR} = a - 2bQ = 0$　　(2) $\dfrac{d^2\mathrm{TR}}{dQ^2} = \dfrac{d}{dQ}(a - 2bQ) = -2b < 0$

$Q = a/2b$

でなければならない．すなわち $Q = a/2b$ においてこの関数は相対的最大値をとる．したがって一般的な線形需要関数の場合には，この式を用いることによって容易に収入の最大点を求めることができる．

4.14　演習問題 4.13 で導出された式を用いて，総収入が最大化される生産量をつぎの各線形需要関数について求めよ．また設問 (a) の答えを検算せよ．

(a) $P = 24 - 3Q$

線形需要関数の場合には，生産量水準（$Q$）が縦軸切片（$a$）を勾配の絶対値の 2 倍で割ったものに等しいときに，総収入関数が最大化される．したがって，

$$Q = \frac{a}{2b} = \frac{24}{2(3)} = 4$$

である．これを検算すると，

$$P = 24 - 3Q$$

$$\mathrm{TR} = PQ = (24 - 3Q)Q = 24Q - 3Q^2$$

$$\frac{d\,\mathrm{TR}}{dQ} = 24 - 6Q = 0, \quad Q = 4$$

であり，また 2 階の条件を調べると，$d^2\mathrm{TR}/dQ^2 = -6 < 0$ となっていることがわかる．

(b) $P = 50 - 2.5Q$

よって TR は，$Q = \dfrac{a}{2b} = \dfrac{50}{5} = 10$ のとき最大となる．

(c) $P = 38 - 0.5Q$

よって TR は，$Q = \dfrac{a}{2b} = \dfrac{38}{1} = 38$ のとき最大となる．

4.15　利潤を最大にする生産量水準においては，限界費用（MC）と限界収入（MR）が等しいことを証明せよ．

$$\pi = \mathrm{TR} - \mathrm{TC}$$

$\pi$ を最大化するためには，$d\pi/dQ$ がゼロでなければならない．

$$\frac{d\pi}{dQ} = \frac{d\,\mathrm{TR}}{dQ} - \frac{d\,\mathrm{TC}}{dQ} = 0$$
$$\frac{d\,\mathrm{TR}}{dQ} = \frac{d\,\mathrm{TC}}{dQ}$$
$$\mathrm{MR} = \mathrm{MC}$$　証明終わり．

4.16　演習問題 4.15 で導出された MR = MC の条件を用いて，$\mathrm{TR} = 45Q - 0.5Q^2$ および $\mathrm{TC} = Q^3 - 39.5Q^2 + 120Q + 125$ のときの利潤を最大にする臨界値を求めよ．

$$\mathrm{MR} = \frac{d\,\mathrm{TR}}{dQ} = 45 - Q$$

$$\mathrm{MC} = \frac{d\pi}{dQ} = 3Q^2 - 79Q + 120$$

利潤を最大にする生産量水準においては，

$$45 - Q = 3Q^2 - 79Q + 120$$
$$-3Q^2 + 78Q - 75 = 0$$
$$(-3Q + 3)(Q - 25) = 0$$

したがって，臨界値は $Q = 1$ および $Q = 25$ である．

さらに，どちらが利潤を最大にする生産量水準であるのかについては，2 階の条件を調べなければならない．これについては演習問題 4.11(c) を参照して答えを検算せよ．

## 弾力性

4.17　つぎの各関数について，$P = 3$ および $P = 5$ における需要の価格弾力性を求めよ．

(a) $Q = 75 - 5P$

$$\frac{dQ}{dP} = -5$$

また $P = 3$ のとき $Q = 75 - 5(3) = 60$ である．これらの値を弾力性の公式

$$\varepsilon = \frac{dQ}{dP}\frac{P}{Q}$$

に代入すれば，$\varepsilon = -5\left(\frac{3}{60}\right) = -0.25$ となる．

$P = 5$ のとき，$Q = 75 - 5(5) = 50$．これらの値を弾力性の公式に代入すれば，$dQ/dP$ は $-5$ で一定であるので，

$$\varepsilon = -5\frac{5}{50} = -0.5$$

となる．

(b) $8Q + 2P = 56$

$Q = 7 - 0.25P$ であるから，

$$\frac{dQ}{dP} = -0.25$$

$P = 3$ のとき，$Q = 7 - 0.25(3) = 6.25$

$$\varepsilon = -0.25\left(\frac{3}{6.25}\right) = -0.12$$

$P = 5$ のとき，$Q = 7 - 0.25(5) = 5.75$

$$\varepsilon = -0.25\left(\frac{5}{5.75}\right) = -\frac{5}{23} \cong -0.22$$

4.18　つぎの関数について，$P = 3$ および $P = 5$ のときの供給の価格弾力性を求めよ．

$Q = -2 + 0.8P$

$$\frac{dQ}{dP} = 0.8$$

$P = 3$ のとき，$Q = -2 + 0.8(3) = 0.4$

$$\varepsilon = 0.8\left(\frac{3}{0.4}\right) = 6$$

$P = 5$ のとき，$Q = -2 + 0.8(5) = 2$

$$\varepsilon = 0.8\left(\frac{5}{2}\right) = 2$$

**4.19**　限界関数と平均関数を用いてつぎの関数の弾力性を求め，また弾力性の絶対値が 1 に等しい，または 1 より大きくなる（$|\varepsilon| \geq 1$）価格水準を求めよ．

$$Q = 120 - 4P$$

4.3 節で議論したように，弾力性の公式はつぎのように表わされる．

$$\varepsilon = \frac{dQ/dP}{Q/P} = \frac{\text{限界関数}}{\text{平均関数}}$$

あるいはまた，

$$\varepsilon = \frac{dQ}{dP}\frac{P}{Q} = \text{限界関数}\left(\frac{1}{\text{平均関数}}\right)$$

$Q = 120 - 4P$ のとき，

$$\frac{dQ}{dP} = -4 = \text{限界関数}$$

$$\frac{Q}{P} = \frac{120 - 4P}{P} = \text{平均関数}$$

したがって，平均関数の逆数をとり，これらを 2 番目の公式に代入すると，

$$\varepsilon = -4\left(\frac{P}{120 - 4P}\right) = \frac{-P}{30 - P}$$

$|\varepsilon| \geq 1$ となるためには，

$$P \geq 30 - P$$
$$2P \geq 30$$
$$P \geq 15$$

4.20　需要関数 $Q_1 = 50 - P_1$ は $P = 10$ において他の線型需要関数 $Q_2$ と交わる．その点において $Q_2$ の需要の価格弾力性は $Q_1$ の弾力性の 6 倍である．需要関数 $Q_2$ を求めよ．

$P = 10$ のとき，$Q_1 = 50 - 10 = 40$．また導関数は，

$$\frac{d}{dP}(50 - P_1) = -1$$

これらの値を弾力性の公式に代入すると，

$$\varepsilon_1 = -1\left(\frac{10}{40}\right) = -0.25$$

$Q_2$ の弾力性は $P = 10$ において $Q_1$ の弾力性の 6 倍であるから，

$$\varepsilon_2 = 6(-0.25) = -1.5$$

2 つの関数は $P = 10$，$Q = 40$ において交わるので，$Q_2$ の勾配は弾力性の公式に既知の値を代入して求めることができる．したがって，

$$-1.5 = \frac{dQ}{dP}\left(\frac{10}{40}\right)$$

$$\frac{dQ}{dP} = -6$$

よって，

$$Q_2 = a - 6P_2$$

ところで，$P = 10$ のとき $Q_2 = 40$ であるので，

$$40 = a - 6(10)$$

$$a = 100$$

よって，

$$Q_2 = 100 - 6P_2$$

## 需要の価格弾力性

4.21　通常の経済学のテキストにおいて見られるような $P = f(Q)$ という関数形の場合，4.3 節の弾力性の公式はどのように修正されるであろうか．

弾力性は一般に，

$$\varepsilon = \frac{dQ}{dP}\frac{P}{Q}$$

と定義される．経済学において通常用いられる $P = f(Q)$ の形で関数が与えられているとき，導関数は $dP/dQ$ で表わされる．これは弾力性の公式の中の導関数の逆数である．すなわち，

$$\frac{dQ}{dP} = \frac{1}{dP/dQ}$$

である．したがって $P = f(Q)$ の形の場合，もとの関数を使って直接弾力性の公式を表現するためには，単純にその逆数を用いればよい．したがって，

$$\varepsilon = \frac{1}{dP/dQ}\frac{P}{Q}$$

4.22　図 4-5 を使ってつぎの問題に答えよ．

(a) $P = f(Q)$ のとき，経済学のグラフでは一般に，線形需要関数の価格弾力性 $|\varepsilon_d|$ は，点 $A$ を境にして，需要曲線の下方の線分の長さを，上方の線分の長さで割った値に等しくなることを証明せよ．

(b) これを $Q = f(P)$ の場合と比較してみよ．ただし絶対値を用いて表わせ．

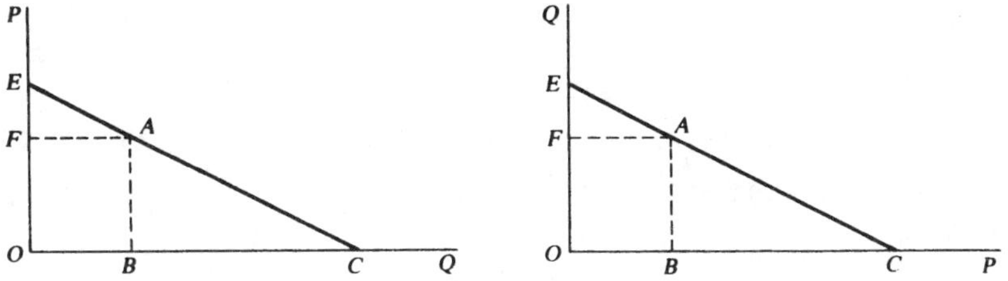


(a)　　　(b)

図 4-5

(a) 図 4-5(a) より，点 $A$ における 価格弾力性 $= BC/OB$ であることがつぎのようにして証明される．

$$\varepsilon_d = \frac{dQ}{dP}\frac{P}{Q}$$

$P = f(Q)$ の場合，導関数（したがって曲線の勾配）は $dP/dQ$ で表わされる．よって，

$$\varepsilon_d = \frac{1}{dP/dQ}\frac{P}{Q}$$

である．線形関数の場合，勾配は一定であるので，

$$\frac{dP}{dQ} = \frac{\Delta P}{\Delta Q} = \frac{AB}{BC}$$

となる．点 $A$ においては，$P = AB$，$Q = OB$ であるから，これらをさきの弾力性の公式に代入すると，

$$\varepsilon_d = \frac{1}{AB/BC}\frac{AB}{OB} = \frac{BC}{AB}\frac{AB}{OB} = \frac{BC}{OB} \tag{4.6}$$

となる．また，$BC/OB = AC/EA$ であることも以下のようにして証明される．$ABC$ と $EFA$ は直角相似三角形であり，$FA = OB$ であるので，直角相似三角形の性質より，

$$\frac{AC}{BC} = \frac{EA}{OB}$$

である．ここ で $BC$ と $EA$ を入れ換えると，

$$\frac{AC}{EA} = \frac{BC}{OB} = \varepsilon_d \qquad \text{Q.E.D.}$$

したがって，$P = f(Q)$ のときの需要の価格弾力性 $|\varepsilon_d|$ は，需要曲線の下方の線分の長さ（$AC$）を上方の線分の長さ（$EA$）で割ったものに等しい．

(b) 数学的には正しいが，あまり多くは見られない $Q = f(P)$ の形が用いられる場合，両軸は**逆**になり，需要の価格弾力性は需要曲線の**上方**の線分の長さを**下方**の線分の長さで割ったものに等しくなる．したがって，図 4-5(b) より，

$$\varepsilon_d = \frac{dQ}{dP}\frac{P}{Q} = \frac{AB}{BC}\frac{OB}{AB} = \frac{OB}{BC} \tag{4.7}$$

となる．ここで，直角相似三角形の性質を用いて，また $FA = OB$ であることに注意すれば，

$$\frac{EA}{OB} = \frac{AC}{BC}$$

である．両辺に $OB/AC$ を掛けると，

$$\frac{EA}{AC} = \frac{OB}{BC} \quad = \varepsilon_d$$

したがって $Q = f(P)$ のとき，需要の弾力性は需要曲線の上方の線分の長さ（$EA$）を，下方の線分の長さ（$AC$）で割った値に等しい．しかし本節では，一般に伝統的経済学の形式 $P = f(Q)$ に従う．

4.23　負の勾配をもつ需要曲線の価格弾力性は必ず負（$\varepsilon_d < 0$）であることを証明せよ．

負の勾配をもつ需要曲線の価格弾力性はつねに負（$\varepsilon_d < 0$）である．なぜなら，$dQ/dP = 1/(dP/dQ) < 0$ であり，また $P$ と $Q$ はともにすべての可能領域において正であるからである．しかしながら，経済学では価格弾力性は絶対値によって表わされることが多い．

4.24　線形需要関数 $P = f(Q)$ について，

(a) 需要曲線の中点では $|\varepsilon_d| = 1$

(b) 需要曲線の中点の上方では $|\varepsilon_d| > 1$

(c) 需要曲線の中点の下方では $|\varepsilon_d| < 1$

であることを図 4-6 を用いて証明せよ．ただしこの図で点 $A$ は需要曲線の中点を示す．

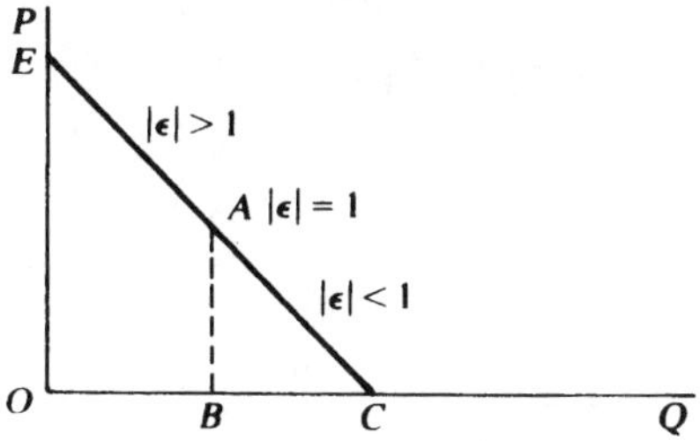


図 4-6

(a) 演習問題 4.22(a) で，線形需要関数の弾力性は，需要曲線の下方の線分の長さを，上方の線分の長さで割った値によって表わされることが証明された．したがって点 $A$ では，

$$\varepsilon_d = \frac{AC}{EA}$$

である．ところで点 $A$ では $AC = EA$ であるので，$\varepsilon_d = 1$ である．

(b) 点 $A$ の上方，したがって点 $A$ より左側の直線上の点では $EA < AC$ である．$EA < AC$ であるから，$\varepsilon_d > 1$ である．

(c) 点 $A$ の下方，したがって点 $A$ より右側の直線上の点では $EA > AC$ である．$EA > AC$ であるから，$\varepsilon_d < 1$ である．

（演習問題 4.22(b) のように）$Q = f(P)$ となって縦軸と横軸が逆転して

いる場合は，曲線の上半分では $|\varepsilon_d| < 1$，また曲線の下半分では $|\varepsilon_d| > 1$ となる．これは各自証明せよ．

4.25　線形需要関数の弾力性の絶対値は，勾配が一定であるにもかかわらず，ゼロから無限大まで変化する．このことを前問とは別の方法を用いて証明せよ．また $P = f(Q)$ のグラフ上にその範囲を示せ．

$$\varepsilon = \frac{1}{dP/dQ}\frac{P}{Q}$$

ここで，$1/(dP/dQ)$ は線形関数 $P = f(Q)$ の勾配の逆数であるが，これは一定である（演習問題 4.21 を見よ）．ところが，比率 $P/Q$ が直線に沿って変化するため $\varepsilon$ は変化する．

図 4-7 に見るように，直線上を左へ移動するにつれて $P$ は大きくなるが $Q$ は小さくなるので，比率 $P/Q$ は縦軸に近づくにつれて無限大に近づく．逆に直線上を右へ移動するときには，$P$ が小さくなり $Q$ が大きくなるので，比率 $P/Q$ は横軸に近づくにつれてゼロに近づく．

$Q = f(P)$ となって両軸が逆転している場合には，$\varepsilon$ は縦軸に近づくにつれてゼロに近づき，横軸に近づくにつれて無限大となる．これは各自証明せよ．

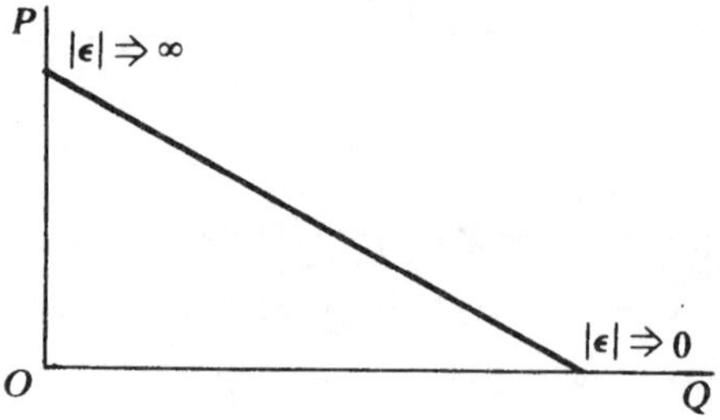


図 4-7

4.26　(a) 逆関数の関係にある以下の 2 つの関数において，$P = 2$ および $P = 3$ における弾力性を求めよ．(b) それぞれの関数をグラフに描き，求めた弾力性の位置を示せ．その結果，2 つの関数の需要の価格弾力性は同じであって，その点の曲線上の位置だけが対称的になっていることを確認せよ．

(1)　$P = 4 - 0.2Q$　　　　(2)　$Q = 20 - 5P$

(a) (1)　$P = 4 - 0.2Q$

$$\frac{dP}{dQ} = -0.2$$

$P = 2$ のとき

$2 = 4 - 0.2Q$

$Q = 10$　よって

$$\varepsilon = \frac{1}{dP/dQ}\frac{P}{Q} = \frac{1}{-0.2}\left(\frac{2}{10}\right) = -1$$

$P = 3$ のとき

$3 = 4 - 0.2Q$

$Q = 5$

$$\varepsilon = \frac{1}{-0.2}\left(\frac{3}{5}\right) = -3$$

(2)　$Q = 20 - 5P$

$$\frac{dP}{dQ} = -5$$

$P = 2$ のとき

$Q = 20 - 5(2) = 10$

よって

$$\varepsilon = \frac{1}{dP/dQ}\frac{P}{Q} = -5\left(\frac{2}{10}\right) = -1$$

$P - 3$ のとき

$Q = 20 - 5(3) = 5$

$$\varepsilon = -5\left(\frac{3}{5}\right) = -3$$

(b) それぞれの関数のグラフは図 4-8 で示されている．これらの関数の弾力性はいかなる価格水準においても同じ値をとり，曲線の中点においてはつねに $|\varepsilon| = 1$ である．図 4-8 に示されているように，$P = f(Q)$ の場合には曲線の上半分において $|\varepsilon_d| > 1$ であるが，他方 $Q = f(P)$ の場合には曲線の下半分において $|\varepsilon_d| > 1$ である．

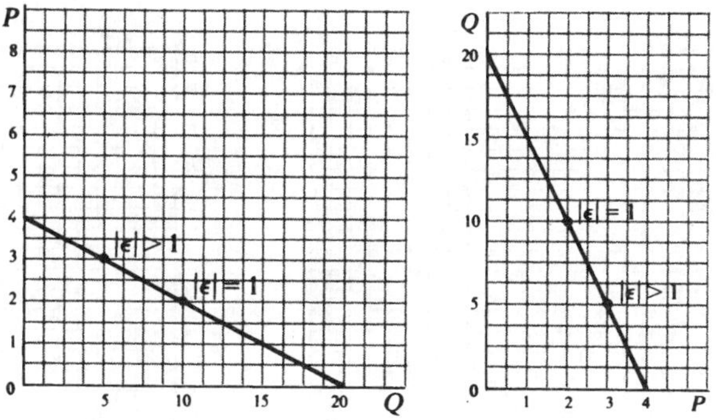


(a)　(b)

図 4-8

4.27　線形需要関数が図 4-9(a) に示されているとき，経済学のテキストの中でときどきなされるように，(1) が相対的に弾力的で，(2) が相対的に非弾力的であるということがいえるのか．

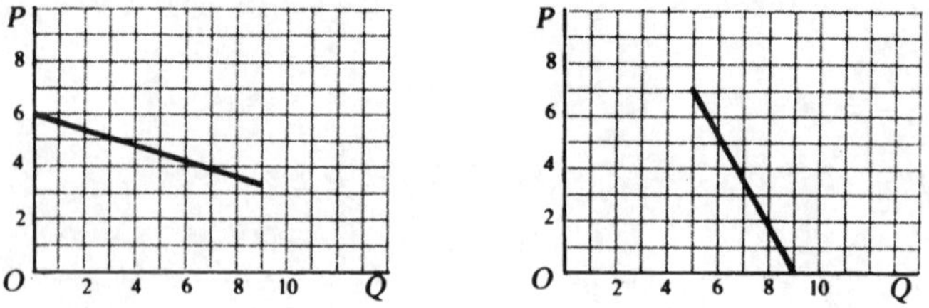


(1) (2)

図 4-9 (a)

この解答は限定的である．どのような線形関数にしても，それが相対的に弾力的であるとか，また相対的に非弾力的であるというのは適切な表現ではない．線形需要関数の弾力性は曲線上のあらゆる点において異なり，しかもゼロから無限大まで変化する．演習問題 4.24，4.25 を見よ．

しかし，ある線形需要関数においてある**部分**が相対的に弾力的であるとか，あるいは非弾力的であるというのはまちがいではない．たとえば図 4-9(a) の曲線を延長して描いたのが図 4-9(b) であり，(1) は線形需要関数の上半分に相当し，そこでは $|\varepsilon_d| > 1$ である．また (2) は線形需要関数の下半分に相当し，そこでは $|\varepsilon_d| < 1$ である．

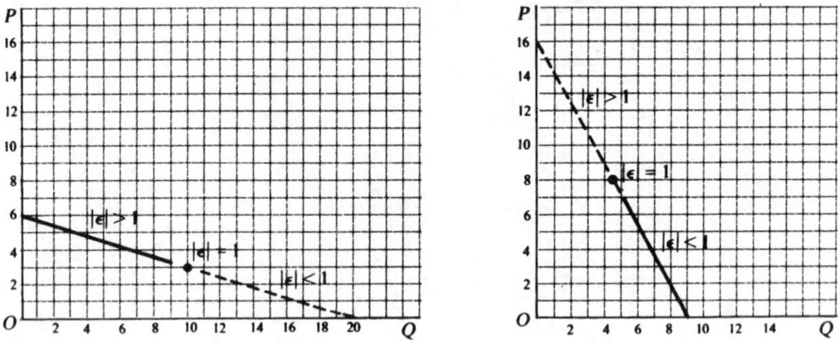


(1) (2)

図 4-9 (b)

4.28　図 4-10 の関数 $P = f(Q)$ の点 $A$ における曲線関数の需要の価格弾力性が，点 $A$ でその曲線に接する接線の下半分の長さを，その接線の上半分の長さで割ったものに等しいことを証明せよ．

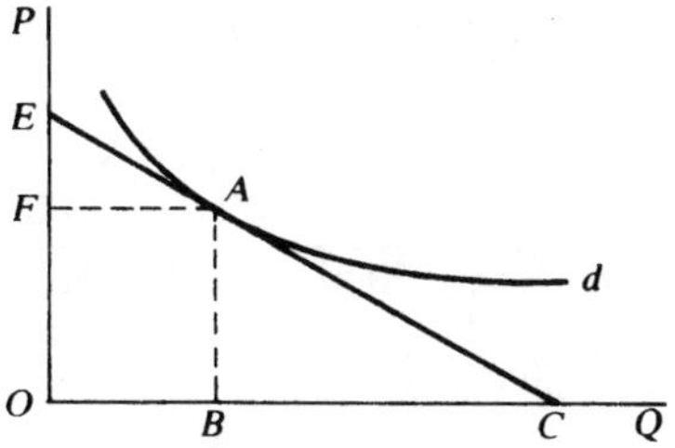


図 4-10

図 4-10 より，点 $A$ における 弾力性 $= -BC/OB$ であることはつぎの定義式から証明される．

$$\varepsilon_d = \frac{1}{dP/dQ}\frac{P}{Q}$$

ところで，点 $A$ における関数の勾配は $dP/dQ$ であり，それは点 $A$ における接線の勾配，つまり $-AB/BC$ に等しい．よって，

$$\frac{dP}{dQ} = -\frac{AB}{BC}$$

また点 $A$ においては，$P = AB$，$Q = OB$ であるので，

$$\varepsilon_d = \frac{1}{-AB/BC}\frac{AB}{OB} = -\frac{BC}{AB}\frac{AB}{OB} = -\frac{BC}{OB} \tag{4.8}$$

さらに $-BC/OB = -AC/EA$ であることは，つぎのようにして示される．すなわち，直角相似三角形の性質より，

$$\frac{AC}{BC} = \frac{EA}{OB}$$

両辺に $-BC/EA$ を掛けると，

$$-\frac{AC}{EA} = -\frac{BC}{OB} = \varepsilon_d \quad \text{証明終わり．}$$

［$Q = f(P)$ の場合は例題 7 を見よ.］

4.29　図 4-11 に示されている需要関数の各点 $K$，$L$，$M$ における需要の価格弾力性を求めよ．

まず，各点において接線を引く．(4.8) より，ある点における需要の価格弾力性 $|\varepsilon_d|$ は，接線が横軸と交わる点からその点までの水平距離（$BC$）

を，原点からその点までの水平距離（$OB$）で割ったものに等しい．よって，点 $K$ において，

$$\varepsilon = -\frac{DF}{OD} = -\frac{12000 - 5000}{5000 - 0} = -\frac{7000}{5000} = -1.4$$

点 $L$ において，

$$\varepsilon = -\frac{EG}{OE} = -\frac{16000 - 8000}{8000 - 0} = -\frac{8000}{8000} = -1$$

点 $M$ において，

$$\varepsilon = -\frac{FH}{OF} = -\frac{20000 - 12000}{12000 - 0} = -\frac{8000}{12000} = -0.67$$

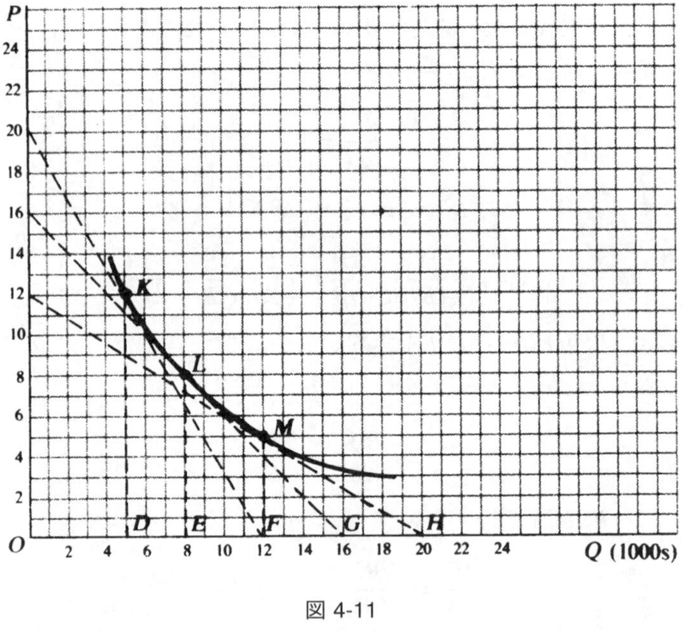


図 4-11

4.30　(a) 図 4-12(a) の点 $G$ における価格弾力性を限界関数と平均関数の考え方を使って求めよ．(b) 図 4-12(b) において $|\varepsilon| = 1$ となる点を求めよ．

(a) 限界関数 $dQ/dP$ は，点 $G$ でその曲線に対する接線を引くことによって求められる．つまりその曲線の勾配（したがって $\tan\alpha$）が限界関数である．他方平均関数 $Q/P$ は原点から点 $G$ に対して直線を引くことによっ

て求められる．つまり $OG$ の勾配（したがって $\tan\beta$）が平均関数である．よって，

$$\varepsilon = \frac{\text{限界関数}}{\text{平均関数}} = \frac{\tan\alpha}{\tan\beta} = \frac{-GB/BC}{GB/OB} = \frac{-OB}{BC} = \frac{-(4-0)}{12-4} = -\frac{1}{2}$$

(b) 図 4-12(b) において $|\varepsilon| = 1$ となる点を求めるためには，単に限界関数の勾配と平均関数の勾配が等しくなる点を求めればよい．すなわちその点では，$HE/EC = HE/OE$，したがって $OE = EC$ であり，また $\tan\alpha = \tan\beta$ である．

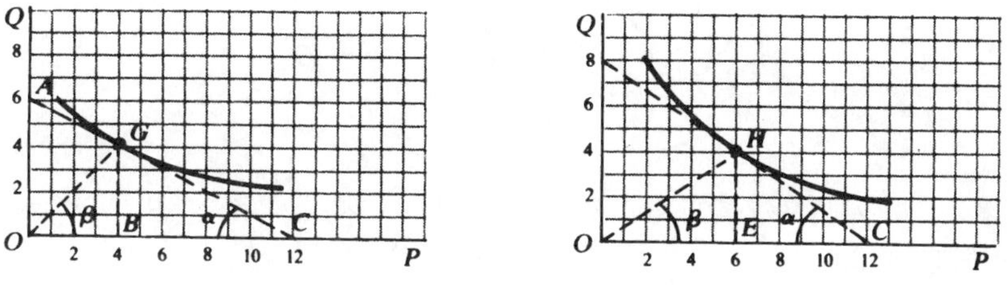


(a)　(b)

図 4-12

## 供給の価格弾力性

4.31　線形の供給関数 $P = f(Q)$ の場合，ある点における供給の価格弾力性は，供給曲線が横軸と交わる点からその点までの水平距離を，原点からその点までの水平距離で割った値に等しい，ということをグラフを用いて証明せよ．

図 4-13 において，点 $C$ における供給の価格弾力性 $= AB/0B$ であることを示そう．まず弾力性の公式は，

$$\varepsilon_s = \frac{1}{dP/dQ}\frac{P}{Q}$$

である．線形関数の勾配は一定であるので，

$$\text{点}\,C\,\text{での勾配} = \frac{\Delta P}{\Delta Q} = \frac{dP}{dQ} = \frac{CB}{AB}$$

ここで，$P = CB$，$Q = OB$ である．これを上の弾力性の公式に代入すれば，

$$\varepsilon_d = \frac{1}{CB/AB}\frac{CB}{OB} = \frac{AB}{CB}\frac{CB}{OB} = \frac{AB}{OB} \qquad \text{証明終わり．}$$

［$Q = f(P)$ の場合の供給の弾力性は例題 7 を見よ.］

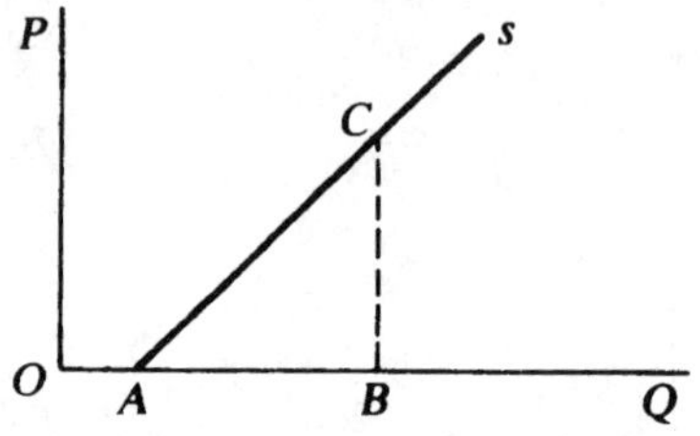


図 4-13

4.32　正の勾配をもつ供給曲線の価格弾力性はつねに正（$\varepsilon_s > 0$）であることを証明せよ．

$dQ/dP = 1/(dP/dQ) > 0$ であり，また $P$ と $Q$ は意味のある領域においてはすべて正であるので，勾配が正である供給曲線の弾力性はつねに正である．

4.33　図 4-14 において，正の勾配をもつこれらすべての線形供給関数についてつぎのことを証明せよ．

(a) 供給曲線が横軸と交わる（つまり，縦軸切片 $a < 0$）ならば，$\varepsilon_s < 1$ である．

(b) 供給曲線が縦軸と交わる（$a > 0$）ならば，$\varepsilon_s > 1$ である．

(c) 供給曲線が原点から出ていれば（$a = 0$），$\varepsilon_s = 1$ である．

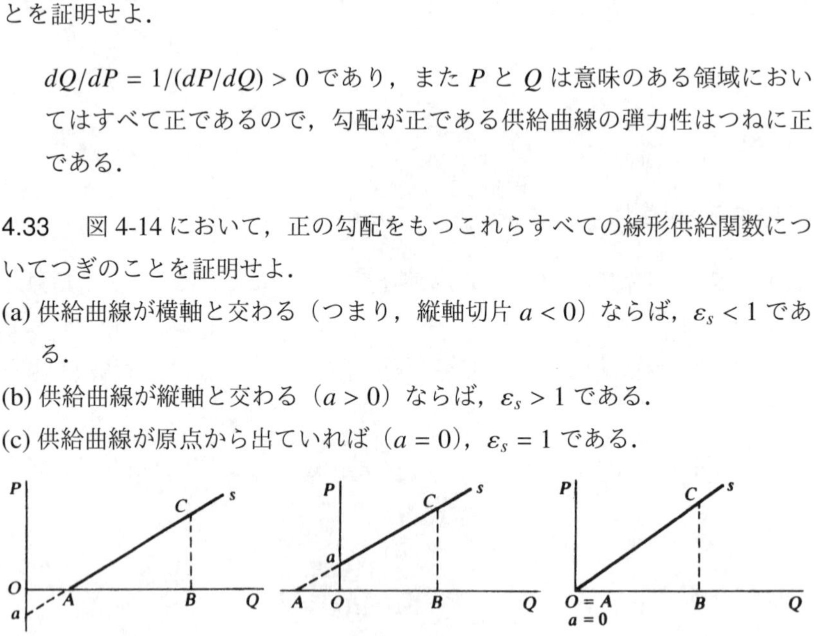


(a)　(b)　(c)

図 4-14

(a) 図 4-14(a) において，

$$\varepsilon = \frac{AB}{OB}$$

$AB < OB$ であるから，$\varepsilon_s < 1$．すなわち $a < 0$ の場合には，供給曲線は横軸と交わるので，$AB$ は $OB$ よりも小さく，したがって $\varepsilon_s < 1$.

(b) 図 4-14(b) では，証明のためグラフを意味をもたない領域の点 $A$ まで拡張している．

$$\varepsilon = \frac{AB}{OB} > 1$$

$a > 0$ の場合には供給曲線は縦軸と交わる．この場合，$AB$ は $OB$ よりも大きいので，$\varepsilon_s > 1$

(c) 図 4-14(c) において，

$$\varepsilon = \frac{AB}{OB} = 1$$

すなわち $a = 0$ の場合には，供給曲線は原点から出発するので $AB = OB$ であり，したがって $\varepsilon_s = 1$

4.34　つぎの各供給関数の弾力性が $\varepsilon_s \gtreqless 1$ のいずれであるかを判別せよ．(a) $P = 3Q$，(b) $P = -2 + 5Q$，(c) $P = 3 + 4Q$

(a) 縦軸切片は $a = 0$ であるから，この関数は原点から出発する．よって $\varepsilon_s = 1$

(b) $a < 0$ であるから関数は横軸と交わる．よって $\varepsilon_s < 1$

(c) $a > 0$ であるから関数は縦軸と交わる．よって $\varepsilon_s > 1$

4.35　供給関数が曲線である場合の供給の価格弾力性は，弾力性を求める点で接線を引き，その接線に演習問題 4.31 の法則を用いて求めることができる．これをグラフを用いて証明せよ．

図 4-15 において，点 $C$ における 供給の弾力性 $= AB/OB$ であることを証明しよう．まず弾力性の公式は，

$$\varepsilon_s = \frac{1}{dP/dQ}\frac{P}{Q}$$

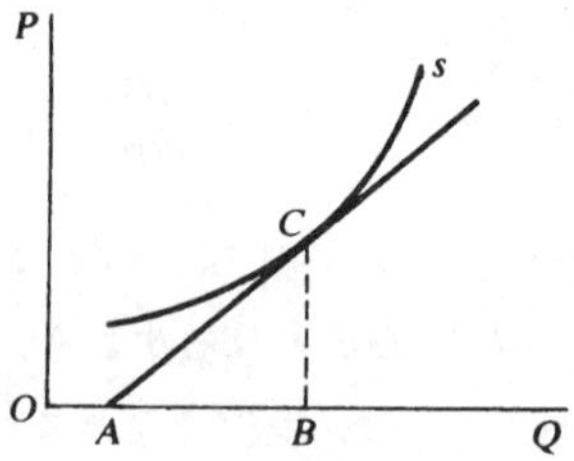


図 4-15

である．ところで，点 $C$ における供給曲線の勾配 $dP/dQ$ は，点 $C$ における接線の勾配 $CB/AB$ に等しい．よって，

$$\frac{dP}{dQ}=\frac{CB}{AB}$$

ここでは $P=CB$，$Q=OB$ であるから，

$$\varepsilon_s=\frac{1}{CB/AB}\frac{CB}{OB}=\frac{AB}{CB}\frac{CB}{OB}=\frac{AB}{OB}\qquad \text{証明終わり．}$$

4.36　図 4-16 に示されている供給曲線において，$A$，$B$，$C$ の各点における供給の価格弾力性を求めよ．

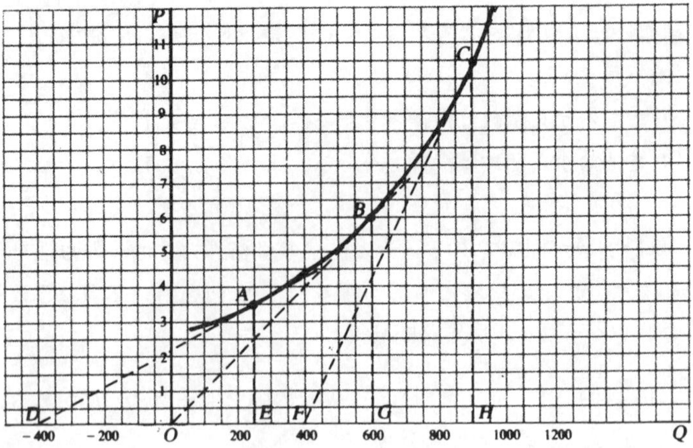


図 4-16

点 $A$ において，　$\varepsilon_s=\dfrac{DE}{OE}=\dfrac{250-(-400)}{250-0}=\dfrac{650}{250}=2.6$

点 $B$ において，　$\varepsilon_s = \dfrac{OG}{OG} = \dfrac{600-0}{600-0} = \dfrac{600}{600} = 1$

点 $C$ において，　$\varepsilon_s = \dfrac{FH}{OH} = \dfrac{900-400}{900-0} = \dfrac{500}{900} = 0.56$

4.37　図 4-17 において，限界関数と平均関数を用いて，(a) 点 $B$ における供給の価格弾力性が $\varepsilon_s \lesseqgtr 1$ のいずれであるかを求めよ．(b) 点 $B$ における供給の価格弾力性を求めよ（$Q = f(P)$ であることに注意せよ）．

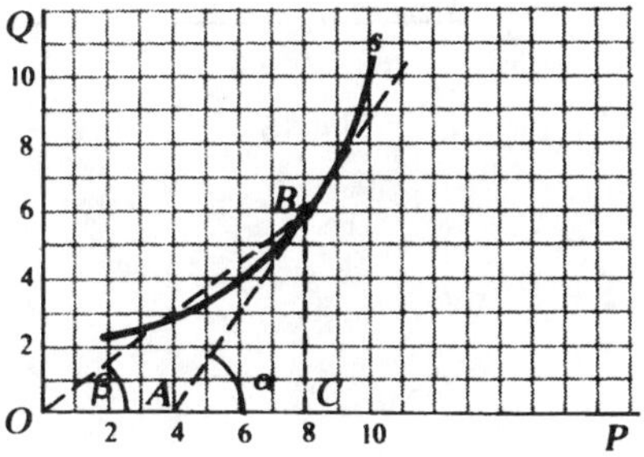


図 4-17

(a)
$$\varepsilon_s = \frac{dQ/dP}{Q/P} = \frac{\text{限界関数}}{\text{平均関数}}$$

限界関数は，点 $B$ で供給曲線に対して引いた接線の勾配，つまり $\tan\alpha$ によって与えられる．他方，平均関数は原点から点 $B$ へ引いた直線の勾配，つまり $\tan\beta$ によって与えられる．点 $B$ では平均関数よりも限界関数のほうが大きく $\alpha > \beta$ である．よって，$\varepsilon_s > 1$ である．

(b)
$$\varepsilon_s = \frac{\tan\alpha}{\tan\beta} = \frac{BC/AC}{BC/OC}$$
$$= \frac{OC}{AC} = \frac{8-0}{4-0} = 2$$

4.38　$Q = f(P)$ という非線形の供給関数の場合，弾力性が 1 である点はどのようにして求められるか．

供給関数が非線形の場合，弾力性 1 の点を求めるためには原点から供給曲線に接する直線を引けばよい．そうするとこの曲線は限界関数も平均関数も表わしている．限界関数と平均関数が等しいときは $\alpha = \beta$ で，このとき $\varepsilon_s = 1$ である．これは図 4-18 に示されている．

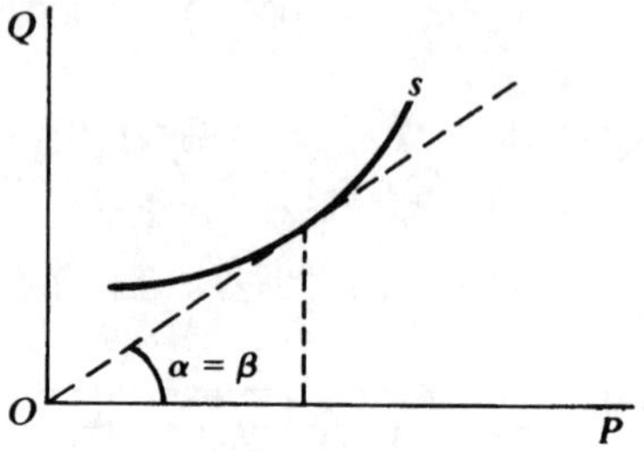


図 4-18

# 第 5 章　多変数関数の計算

## 5.1　偏導関数

第 4 章での導関数の学習においては，関数がたとえば $y = f(x)$ のように独立変数が 1 つしかない関数に限定されていた．しかし経済活動の多くは，たとえば $z = f(x, y)$ のように独立変数が 1 個ではなくて複数個からなる関数を必要とする．多変数関数において単一の独立変数が変化するときにどれくらい従属変数に効果を与えるのかを知るためには，偏導関数が必要である．**偏導関数**とは 1 つの独立変数（$x$）に関する従属変数（$z$）の瞬間的変化率を示すものであり，このとき他の独立変数（$y$）は一定と仮定されている．偏導関数は**比較静学**においてとりわけ重要である．比較静学分析とは，他の独立変数が変化しないと仮定したうえで，ある独立変数の変化が均衡値に与える効果を分析するものである．

多変数関数 $z = f(x, y)$ における $x$ に関する $z$ の偏微分は，$\partial z/\partial x$，$z_x$，$f_x$ あるいは $f_1$ というように書かれる．偏微分においても通常の微分法則が同じように用いられるが，このとき他のすべての独立変数は一定とみなされる．

**例題 1**　$z = 5x^3 + 3xy + 4y^2$ についての偏微分は以下のようにして求められる．

1. $x$ に関する微分を行なうときには，$x$ を含む項のみが微分される．$4y^2$ を無視してそれがあたかも付加的な定数であるかのようにみなし，さらに $3xy$ における $y$ を一定値の倍数として扱う．よって，

$$\frac{\partial z}{\partial x} = z_x = 15x^2 + 3y$$

   となる．

2. $y$ に関する微分を行なうときには，$y$ を含む項のみが微分される．$5x^3$ を

無視してそれがあたかも付加的な定数としてみなし，さらに $3xy$ に含まれる $x$ を一定値の倍数として扱う．よって，

$$\frac{\partial z}{\partial y} = z_y = 3x + 8y$$

となる．

**例題 2**　$z = 3x^2y^3$ の偏導関数を求めよ．

1. $x$ に関して微分するときには，$y^3$ を一定値の倍数として扱う．

$$\frac{\partial z}{\partial x} = z_x = 6xy^3$$

2. $y$ に関して微分するときには，$x^2$ を一定値の倍数として扱う．

$$\frac{\partial z}{\partial y} = 9x^2y^2$$

**例題 3**　すべての微分法則が偏微分においても適用される．3.4 節を見よ．

1. $z = (3x + 5)(2x + 6y)$

積の微分法則を用いて，

$$\frac{\partial z}{\partial x} = z_x = (3x + 5)(2) + (2x + 6y)(3) = 12x + 10 + 18y$$

また，

$$\frac{\partial z}{\partial y} = z_y = (3x + 5)(6) + (2x + 6y)(0) = 18x + 30$$

2. $z = (6x + 7y)/(5x + 3y)$

商の微分法則を用いて，

$$\frac{\partial z}{\partial x} = z_x = \frac{(5x + 3y)(6) - (6x + 7y)(5)}{(5x + 3y)^2} = \frac{30x + 18y - 30x - 35y}{(5x + 3y)^2}$$
$$= \frac{-17y}{(5x + 3y)^2}$$

また，

$$\frac{\partial z}{\partial y} = z_y = \frac{(5x + 3y)(7) - (6x + 7y)(3)}{(5x + 3y)^2} = \frac{35x + 21y - 18x - 21y}{(5x + 3y)^2}$$
$$= \frac{17x}{(5x + 3y)^2}$$

## 5.2　2 階偏導関数

2 階偏導関数 $f_{xx}$ は，$x$ 以外の他の独立変数を一定としたうえで関数を $x$ に関して 2 度偏微分したものである．したがって，$f_{xx}$ は $y$ を一定として 1 階偏導関数 $f(x)$ の $x$ に関する変化率を与えている．この 2 階偏導関数の表わし方は，$z_{xx}$，$\partial^2 z/\partial x^2$，そして $\dfrac{\partial}{\partial x}\dfrac{(\partial z)}{(\partial x)}$ がある．

1 階偏導関数（また $f_y$）はまた $y$（または $x$）に関して微分することもできる．これは**交差偏導関数** $f_{xy}$（または $f_{yx}$）とよばれる．交差偏導関数はある変数に関する 1 階偏導関数の別の変数についての瞬間的変化率を意味する．要するに $f_{xy}$ は，まずもとの関数 $z = f(x,\ y)$ を $x$ に関して偏微分し，つぎにいま求めた偏導関数を $y$ に関して偏微分したものである．$f_{xy}$ の別な記号法としては，$z_{xy}$，$\dfrac{\partial z}{\partial y}\dfrac{(\partial z)}{(\partial x)}$，そして $\dfrac{\partial^2 z}{\partial y \partial x}$ がある．ある関数の交差偏導関数 $(f_{xy},\ f_{yx})$ は，もし両方の交差偏導関数が連続であるならば，つねに等しい（$f_{xy} = f_{yx}$）．このことは**ヤングの定理**として知られている．

**例題 4**　$z = 7x^3 + 9xy + 2y^5$ に対して，1 階偏導関数および 2 階偏導関数（交差偏導関数を含む）はつぎのようになる．

$$\frac{\partial z}{\partial x} = z_x = 21x^2 + 9y$$

$$\frac{\partial^2 z}{\partial x^2} = z_{xx} = 42x$$

$$\frac{\partial}{\partial y}\frac{(\partial z)}{(\partial x)} = \frac{\partial}{\partial y}(21x^2 + 9y) = z_{xy} = 9$$

また

$$\frac{\partial z}{\partial y} = z_y = 9x + 10y^4$$

$$\frac{\partial^2 z}{\partial y^2} = z_{yy} = 40y^3$$

$$\frac{\partial}{\partial x}\frac{(\partial z)}{(\partial y)} = \frac{\partial}{\partial x}(9x + 10y^4) = z_{yx} = 9$$

**例題 5**　$z = 3xy^2$ のような関数の場合には，$3xy^2 \neq (3xy)^2$ であることに注意することが大切である．この関数に対して，1 階および 2 階偏導関数（交差偏導関数を含む）は以下の通りである．

$$\frac{\partial z}{\partial x} = z_x = 3y^2$$

$$\frac{\partial^2 z}{\partial x^2} = z_{xx} = 0$$

$$\frac{\partial}{\partial y}\frac{(\partial z)}{(\partial x)} = \frac{\partial}{\partial y}(3y^2) = z_{xy} = 6y$$

また

$$\frac{\partial z}{\partial y} = z_y = 6xy$$

$$\frac{\partial^2 z}{\partial y^2} = z_{yy} = 6x$$

$$\frac{\partial}{\partial x}\frac{(\partial z)}{(\partial y)} = \frac{\partial}{\partial x}(6xy) = z_{yx} = 6y$$

## 5.3　微　分

3.2 節において，導関数 $dy/dx$ は $\Delta x \to 0$ のときの $\Delta y/\Delta x$ の極限を示す簡単な記号として与えられた．したがって $dy/dx$ はまた $y$ の微分である $dy$ と $x$ の微分である $dx$ との比率として考えることができるであろう．$y$ の**微分**は $x$ のわずかな変化の結果生じる $y$ の変化を示すものである．したがって，もし $y = 2x^2 + 5x + 4$ であるならば，導関数は，

$$\frac{dy}{dx} = 4x + 5$$

であり，この両辺に $dx$ を掛ければ，微分は，

$$dy = (4x + 5)\,dx$$

となる．

例題 6

1. $y = 4x^3 + 5x^2 - 7$ ならば，$dy/dx = 12x^2 + 10x$ であるから，微分は，

$$dy = (12x^2 + 10x)\,dx$$

である．

2. $y = (2x - 5)^2$ であるならば，$dy/dx = 2(2x - 5)(2) = 8x - 20$ であるから，微分は，

$$dy = (8x - 20)\,dx$$

である．

## 5.4　全微分と偏微分

2 変数あるいはそれ以上の変数からなる関数において，**全微分**は，独立変数のそれぞれが微小に変化した場合に従属変数がどれほど変化するかを教えてくれる．したがって，もし $z = f(x, y)$ ならば，全微分（$dz$）は数学的にはつぎのように表わすことができる．

$$dz = z_x\,dx + z_y\,dy$$

ここで $z_x$ および $z_y$ はそれぞれ $x$ および $y$ に関する $z$ の偏導関数であり，$dx$ および $dy$ はそれぞれの変数の微小な変化である．したがって，全微分は各独立変数に関する偏導関数を求め，ついでこれらの値を上の公式に代入することによって求められる．

例題 7　全微分は以下のようにして求められる．

1. $z = x^4 + 8xy + 3y^3$

$$z_x = 4x^3 + 8y \qquad z_y = 8x + 9y^2$$

これらを全微分の公式に代入すると，

$$dz = (4x^3 + 8y)\,dx + (8x + 9y^2)\,dy$$

となる．

2. $z = (x - y)/(x + 1)$

$$z_x = \frac{(x+1)(1) - (x-y)(1)}{(x+1)^2} = \frac{y+1}{(x+1)^2}$$

$$z_y = \frac{(x+1)(-1) - (x-y)(0)}{(x+1)^2} = \frac{-1(x+1)}{(x+1)^2} = \frac{-1}{x+1}$$

したがって全微分は，

$$dz = \frac{y+1}{(x+1)^2}dx - \left(\frac{1}{x+1}\right)dy$$

である．

もし独立変数の 1 つが一定，たとえば $dy = 0$ であるならば，この場合には偏微分と同じになる．すなわち，

$$dz = z_x dx$$

である．

**偏微分**は 2 個の独立変数のうち 1 個を一定としたうえで，他が微小に変化したときに多変数関数における従属変数がどの程度変化するかを測る．演習問題 5.11 を見よ．

## 5.5　全導関数

$z = f(x, y)$ と $y = g(x)$，すなわち $x$ と $y$ が独立ではない場合を考えてみよう．この場合 $x$ が微小に変化すると関数 $f$ を通じて $z$ に直接的に，かつ関数 $g$ を通じて間接的に $z$ に影響を及ぼす．このことは図 5-1 に見られるようなチャンネル図で説明することができる．$x$ と $y$ が独立でない場合 $x$ の変化が $z$ に与える効果を求めるためには，全導関数が求められなければならない．そこで**全導関数**とは $x$ の $z$ に与える**直接**効果（$\partial z/\partial x$）と $x$ の $y$ というチャンネルを通した $z$ に与える**間接**効果 $\left(\dfrac{\partial z}{\partial y}\dfrac{dy}{dx}\right)$ の和を示している．これを簡単に式を用いると全導関数は次式で表わされる．

$$\frac{dz}{dx} = z_x + z_y \frac{dy}{dx}$$

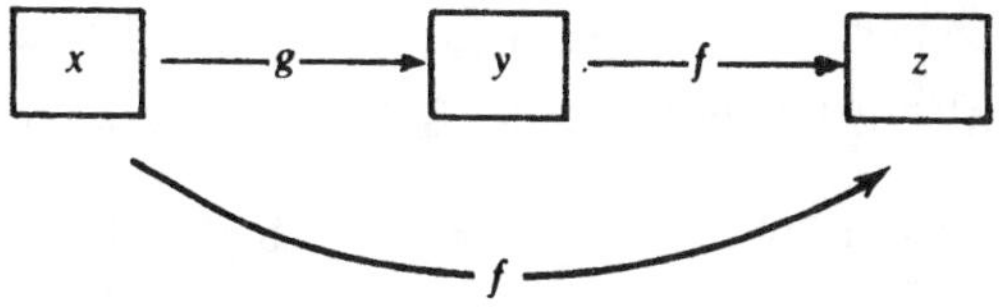


図 5-1

例題 8　全導関数を求める別の方法は，まず $z$ の全微分をとると，

$$dz = z_x\,dx + z_y\,dy$$

となり，これを両辺 $dx$ で割れば，

$$\frac{dz}{dx} = z_x\frac{dx}{dx} + z_y\frac{dy}{dx}$$

となる．$\dfrac{dx}{dx} = 1$ であるから結局，

$$\frac{dz}{dx} = z_x + z_y\frac{dy}{dx}$$

が得られる．

例題 9　全導関数はまた $y$ が $x$ の関数になっている場合のほかに，たとえば $x$ と $y$ がともに $t$ の関数となっている，すなわち $z = f(x, y)$ で，かつ $x = g(t)$，$y = h(t)$ である場合にも拡張して用いることができる．この場合には，

$$\frac{dz}{dt} = z_x\frac{dx}{dt} + z_y\frac{dy}{dt}$$

となる．

例題 10　いま，

$$z = f(x, y) = 6x^3 + 7y$$

ここで $y = g(x) = 4x^2 + 3x + 8$ であるとしよう．このとき $x$ に関する全導関数（$dz/dx$）は，

$$\frac{dz}{dx} = z_x + z_y\frac{dy}{dx}$$

であり，ここで $z_x = 18x^2$，$z_y = 7$，そして $dy/dx = 8x + 3$ である．これらを上式に代入すると，

$$\frac{dz}{dx} = 18x^2 + 7(8x + 3) = 18x^2 + 56x + 21$$

となる．検算するためには，$y = 4x^2 + 3x + 8$ をもとの関数に代入して $z$ を $x$ のみの関数とし，その後で以下のように導関数をとればよい．

$$z = 6x^3 + 7(4x^2 + 3x + 8) = 6x^3 + 28x^2 + 21x + 56$$

であるから，

$$\frac{dz}{dx} = 18x^2 + 56x + 21$$

例題 11　つぎの式において全導関数 $dz/dt$ を求めよ．

$$z = 8x^2 + 3y^2$$

ここで $x = 4t$，$y = 5t$ である．$t$ に関する全導関数は，

$$\frac{dz}{dt} = z_x \frac{dx}{dt} + z_y \frac{dy}{dt}$$

である．このとき $z_x = 16x$，$z_y = 6y$，$dx/dt = 4$ そして $dy/dt = 5$ であるから，これらを上式に代入すれば，

$$\frac{z}{dt} = 16x(4) + 6y(5) = 64x + 30y$$

となる．さらに $x = 4t$，$y = 5t$ を上式に代入すれば即座に，

$$\frac{dz}{dt} = 64(4t) + 30(5t) = 406t$$

が得られる．

## 5.6　陰関数の法則と逆関数の法則

$y = f(x)$ という形の関数は $y$ が明示的に $x$ の関数であることが示されており，これは通常**陽関数**とよばれる．他方 $f(x, y) = 0$ という形の関数は $y$ が $x$ の関数であるということが明示されておらず，これは**陰関数**とよばれる．もしある陰関数 $f(x, y) = 0$ が存在し，さらにこの陰関数が定義される点の近傍において $f_y \neq 0$ であるならば，全微分は $f_x\,dx + f_y\,dy = 0$ と書くことができる．導関数が微分の比率であることを念頭におくならば，上式はつぎのように書き換えられて**陰関数の法則**を求めることができる．

$$\frac{dy}{dx} = \frac{-f_x}{f_y}$$

ここで導関数 $dy/dx$ は上の式の**逆数に負**をつけたものであることに留意してほしい．つまり，

$$\frac{dy}{dx} = \frac{-f_x}{f_y} = -\frac{1}{f_y/f_x}$$

もしある逆関数が存在する（1.5 節を見よ）ならば，**逆関数の法則**とは，その逆関数の導関数がもとの関数の導関数の逆数であるということである．したがって，もし $Q = f(P)$ がもとの関数であるならば，その導関数は $dQ/dP$ であり，逆関数［$P = f(Q)$］の導関数は $dP/dQ$ で表わされるから，

$$\frac{dP}{dQ} = \frac{1}{dQ/dP} \qquad \frac{dQ}{dP} \neq 0 \text{ のもとで}$$

である．

**例題 12**　以下の陰関数に対する導関数 $dy/dx$ はつぎのようにして求められる．

1. $7x^2 - y = 0$　陰関数の導関数は，

$$\frac{dy}{dx} = -\frac{f_x}{f_y}$$

であり，この場合 $f_x = 14x$，$f_y = -1$ である．したがって，

$$\frac{dy}{dx} = -\frac{14x}{(-1)} = 14x$$

本問における導関数は，$y$ を $x$ によって解いてから導関数を求めることによって，簡単に検算できる．すなわち，

$$y = 7x^2$$

であるから，

$$\frac{dy}{dx} = 14x$$

2. $5x^2 + 8xy + 6y^2 = 0$

$$\frac{dy}{dx} = -\frac{f_x}{f_y} = -\frac{10x + 8y}{8x + 12y}$$

**例題 13**　以下の関数の逆関数についての導関数を求めよ．

1. $Q = 20 - 2P$

$$\frac{dP}{dQ} = \frac{1}{dQ/dP}$$

このとき $dQ/dP = -2$ であるから，

$$\frac{dP}{dQ} = \frac{1}{-2} = -\frac{1}{2}$$

2. $Q = 25 + 3P^3$

$$\frac{dP}{dQ} = \frac{1}{dQ/dP} = \frac{1}{9P^2} \qquad (P \neq 0)$$

## 5.7　多変数関数における最大・最小

たとえば図 5-2 にみられる $z = f(x, y)$ のような一般的な多変数関数が最大値もしくは最小値をとるのは以下の条件を満たす場合である．

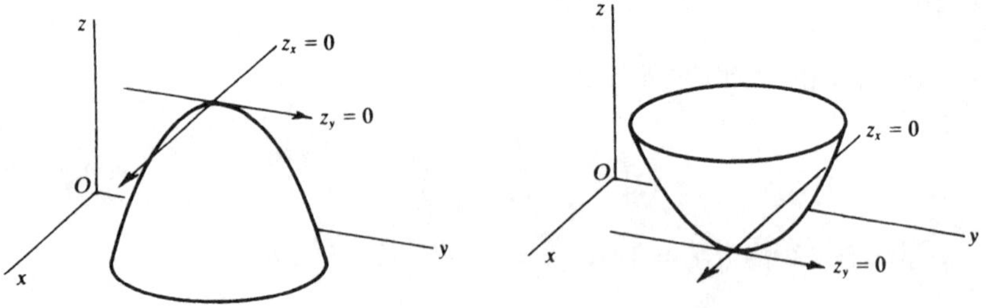


図 5-2

1. 1 階偏導関数はともに同時にゼロでなければならない．すなわち，$z_x = z_y = 0$ である．このことは任意の点において関数が増加的でもなければ減少的でもないということを意味するものである．このような点は**臨界値**とよばれる．
2. 臨界値において求められる 2 階偏導関数（$z_{xx}$ および $z_{yy}$）の値が，最小値であるためにはともに正（$z_{xx}$, $z_{yy} > 0$），また最大値であるためにはともに負（$z_{xx}$, $z_{yy} < 0$）でなければならない．このことは臨界値においてこの関数が主軸との関係において右上りの場合には最小値を示し，右下りの場合には最大値を示す．
3. 臨界値における 2 階偏導関数の積の値は交差偏導関数の 2 乗の値よりも大きくなければならない．すなわち，$z_{xx} z_{yy} > (z_{xy})^2$ である．このことはこの関数が単に主軸に対してだけでなく，どの方向からみても極値にあることを保証している．

**例題 14**　以下の式において，その臨界値の求め方およびその点で関数が最大値をとるのか最小値をとるのかについては，つぎの手順で行なわれる．

$$z_x = 6x^2 - 9x - 3xy - 7y + 5y^2$$

1. $x$, $y$ に関して 1 階偏導関数を求め，それらをゼロに等しくおき，連立して解く．

$$\begin{aligned} z_x &= 12x - 9 - 3y = 0 \\ z_y &= -3x - 7 + 10y = 0 \end{aligned}$$

したがって，

$$\begin{aligned} 12x - \ \ 3y &= 9 \\ \underline{-3x + 10y} &\underline{= 7} \end{aligned}$$

これを連立して解けば，

$$\bar{x} = 1, \quad \bar{y} = 1$$

を得る．

2. 2 階偏導関数の符号決定．

$$z_{xx} = 12, \quad z_{yy} = 10$$

$z_{xx}$，$z_{yy} > 0$ であるから，両主軸に対してこの関数は最小値をとる．

3. 交差偏導関数を求めることと $z_{xx}\,z_{yy} > (z_{xy})^2$ が成立するかどうかについてのテスト．

$$\begin{aligned} z_{xy} &= -3 \\ z_{xx}\,z_{yy} &> (z_{xy})^2 \\ (12)(10) &> (-3)^2 \\ 120 &> 9 \end{aligned}$$

したがって，この関数は $\bar{x} = \bar{y} = 1$ のとき最小値をとる．

**例題 15**　もし $z_{xx}z_{yy} < (z_{xy})^2$ であり，さらに 2 階条件が完全には満たされていない場合には，臨界値においてこの関数は**変曲点**（演習問題 5.18 を見よ）もしくは**鞍点**になっている．もしそれが図 5-3 に示されているような鞍点になっているのなら，この関数は一方の軸（ここでは $y$ 軸）に沿ってみれば最大値をとっているであろうし，他方もう一方の軸（ここでは $x$ 軸）からみれば最小値をとっているであろう．したがって鞍点の場合には，2 階偏導関数は相異なる符号をとっていると考えられ，さらに 3 番目の条件である $z_{xx}z_{yy} > (z_{xy})^2$ は満たされていないであろう．演習問題 5.19 を見よ．

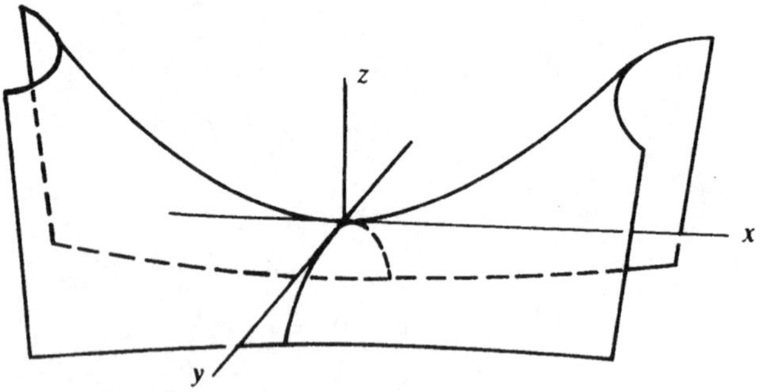


図 5-3

## 5.8　制約付き最適化

微分法は制約のもとである関数を最大化したり最小化したりするために用いることもできる．いま制約 $g(x, y)$ のもとでの $f(x, y)$ を考えたとき，次式に見るように制約をゼロとおいてからそれに $\lambda$（ラグランジュ乗数）を掛け，さらにもとの関数にそれを加えることによって新しい関数を作ることができる．すなわち，

$$F(x, y, \lambda) = f(x, y) + \lambda g(x, y)$$

である．ここで $F(x, y, \lambda)$ は**ラグランジュ関数**，$f(x, y)$ はもとの関数，すなわち**目的関数**，そして $g(x, y)$ は**制約式**である．制約式はつねにゼロに等しくおいているから，$\lambda g(x, y) = 0$ であり，よってこの項を加えても目的関数の値は変化しない．関数がその点で最適値をとるような臨界値 $\bar{x}$, $\bar{y}$ および $\bar{\lambda}$ は，まず $x$, $y$, $\lambda$ に関する 1 階偏導関数をゼロに等しくおき，さらにそれ

らを連立して解くことによって求められる．

$$F_x = F_y = F_\lambda = 0$$

制約付き最適化問題における 2 階条件は制約のない場合のそれとは異なる．これについては 9.4 節でとり上げる．

**例題 16**　つぎのような制約付き最適化問題を解くためには以下の手順に従う．

$$z = 4x^2 + 3xy + 6y^2 \tag{5.1}$$

$$\text{制約}\quad x + y = 56$$

1. 制約式をゼロに等しくおくと，

$$x + y - 56 = 0$$

　である．これに $\lambda$ を掛け，さらに目的関数を加えてラグランジュ関数（Z）を作る．

$$Z = 4x^2 + 3xy + 6y^2 + \lambda(x + y - 56) \tag{5.2}$$

2. $x$，$y$，$\lambda$ に関する 1 階偏導関数を求め，それらをゼロに等しくおいてから違立して解く．

$$Z_x = 8x + 3y + \lambda = 0 \tag{5.3}$$

$$Z_y = 3x + 12y + \lambda = 0 \tag{5.4}$$

$$Z_\lambda = x + y - 56 = 0 \tag{5.5}$$

　まず (5.3) から (5.4) を引くと，

$$5x + 9y = 0 \qquad x = 1.8y$$

　が得られる．$x = 1.8y$ を (5.5) に代入すれば，

$$1.8y + y = 56 \qquad \bar{y} = 20$$

　となる．よって，

$$\bar{x} = 36 \qquad \bar{\lambda} = -348$$

となる．この関数は $\bar{x}=36$，$\bar{y}=20$，$\bar{\lambda}=-348$ において最適化されているから，これらの値を (5.2) に代入すれば，

$$\begin{aligned} Z &= 4(36)^2+3(36)(20)+6(20)^2+(-348)(36+20-56) \\ &= 4(1296)+3(720)+6(400)-348(0)=9744 \end{aligned}$$

第 9 章の例題 5 において，$z$ が最小値であることが示されるであろう．また臨界値においてはラグランジュ関数が目的関数に等しい，すなわち $Z=z$ であることに注意せよ．

## 5.9 ラグランジュ乗数

ラグランジュ乗数とは，制約式における定数が 1 単位変化したときの目的関数に与える効果を近似するものである．もし $\lambda$ が正であるならば，制約式における定数のどのような 1 単位の増加（減少）に対しても，目的関数は $\lambda$ の値に近似的に等しい値だけ減少（増加）する．他方もし $\lambda$ が負であるならば，制約式における定数のどのような 1 単位の増加（減少）に対しても，目的関数は $\lambda$ の値に近似的に等しい値だけ増加（減少）する．

**例題 17**　例題 16 において，$\bar{x}=36$，$\bar{y}=20$，$\bar{\lambda}=-348$ そして $\bar{Z}=9744$ を得た．ここで $\lambda$ がは負であるから，制約条件における定数の 1 単位の増加は近似的に 348 に等しいだけ目的関数の値を増加させるであろう．このことを証明するために，目的関数は同じであるが制約式はその定数項の値が 1 大きい場合をとり上げ，この新しい制約条件のもとで目的関数を最大化する問題を考えてみよう．

$$\begin{aligned} & Z=4x^2+3xy+6y^2 \\ \text{制約}\quad & x+y=57 \end{aligned}$$

この場合のラグランジュ関数は，

$$Z=4x^2+3xy+6y^2+\lambda(x+y-57)$$

であるから，

$$Z_x=8x+3y+\lambda=0$$

$$Z_y = 3x + 12y + \lambda = 0$$
$$Z_\lambda = x + y - 57 = 0$$

これを連立して解けば，

$$\bar{x} = 36, 64 \qquad \bar{y} = 20.36 \qquad \bar{\lambda} = -354.2$$

となる．これらの値をラグランジュ関数に代入すれば，新しい制約付き最適値 $\bar{Z} = 10.095$ が求められる．この Z の値はもとの制約条件のもとでの最適値 9744 よりも 351 だけ大きくなっている．同時にこの 351 はもとのラグランジュ乗数 $\lambda$ の値 348 に近似的に等しくなっている．

## 演習問題

### 1 階偏導関数

5.1　つぎの各関数について，1 階偏導関数を求めよ．

(a) $z = 8x^2 + 14xy + 5y^2$

$$z_x = 16x + 14y$$
$$z_y = 14x = +10y$$

(b) $z = 6w^3 + 4wx + 3x^2 - 7xy - 8y^2$

$$z_w = 18w^2 + 4x$$
$$z_x = 4w + 6x - 7y$$
$$z_y = -7x - 16y$$

5.2　つぎの各関数について，積の微分法則を用いて 1 階偏導関数を求めよ．

(a) $z = 3x^2(5x + 7y)$

$$z_x = 3x^2(5) + (5x + 7y)(6x)$$
$$= 45x^2 + 42xy$$

また　$z_y = 3x^2(7) + (5x + 7y)(0)$

$$= 21x^2$$

(b) $z = (2x^2 + 6y)(5x - 3y^3)$

$$z_x = (2x^2 + 6y)(5) + (5x - 3y^3)(4x)$$
$$= 10x^2 + 30y + 20x^2 - 12xy^3$$

$$= 30x^2 + 30y - 12xy^3$$

また　$$z_y = (2x^2 + 6y)(-9y^2) + (5x - 3y^3)(6)$$
$$= -18x^2y^2 - 54y^3 + 30x - 18y^3$$
$$= -72y^3 - 18x^2y^2 + 30x$$

5.3　つぎの各関数について，商の微分法則を用いて 1 階偏導関数を求めよ．

(a) $z = \dfrac{x + y}{3y}$

$$z_x = \frac{3y(1) - (x + y)(0)}{(3y)^2} = \frac{1}{3y}$$

また　$$z_y = \frac{3y(1) - (x + y)(3)}{(3y)^2} = \frac{-3x}{(3y)^2} = \frac{-x}{3y^2}$$

(b) $z = \dfrac{x^2 - y^2}{3x + 2y}$

$$z_y = \frac{(3x + 2y)(2x) - (x^2 - y^2)(3)}{(3x + 2y)^2} = \frac{3x^2 + 4xy + 3y^2}{(3x + 2y)^2}$$

また　$$z_y = \frac{(3x + 2y)(-2y) - (x^2 - y^2)(2)}{(3x + 2y)^2} = \frac{-2x^2 - 6xy - 2y^2}{(3x + 2y)^2}$$

5.4　つぎの各関数について，チェーン・ルールを用いて 1 階偏導関数を求めよ．

(a)　$z = (2x - 54)^3$

$$z_x = 3(2x - 5y)^2(2)$$
$$= 6(2x - 5y)^2$$

また　$$z_y = 3(2x - 5y)^2(-5)$$
$$= -15(2x - 5y)^2$$

(b)　$z = (5w + 4x + 7y)^3$

$$z_w = 3(5w + 4x + 7y)^2(5)$$
$$= 15(5w + 4x + 7y)^2$$
$$z_x = 3(5w + 4x + 7y)^2(4)$$
$$= 12(5w + 4x + 7y)^2$$

また　$$z_y = 3(5w + 4x + 7y)^2(7)$$
$$= 21(5w + 4x + 7y)^2$$

5.5　いくつかの微分法則を組み合わせて用いることによって，次式の 1 階偏導関数を求めよ．

$$z = (5x^2 - 4y)^2(2x + 7y^3)$$

積の微分法則とチェーン・ルールを用いると 1 階偏導関数は,

$$z_x = (5x^2 - 4y)^2(2) + (2x + 7y^3)[2(5x^2 - 4y)(10x)]$$
$$= 2(5x^2 - 4y)^2 + (2x + 7y^3)(100x^3 - 80xy)$$

また　$$z_y = (5x^2 - 4y)^2(21y^2) + (2x + 7y^3)[2(5x^2 - 4y)(-4)]$$
$$= 21y^2(5x^2 - 4y)^2 + (2x + 7y^3)(-40x^2 + 32y)$$

5.6　演習問題 5.5 を次式について行なえ.

$$z = \left(\frac{8x + 7y}{5x + 2y}\right)^2$$

チェーン・ルールと商の微分法則を用いると 1 階偏導関数は,

$$z_x = 2\left(\frac{8x + 7y}{5x + 2y}\right)\left[\frac{(5x + 2y)(8) - (8x + 7y)(5)}{(5x + 2y)^2}\right]$$

$$= \frac{16x + 14y}{5x + 2y}\left[\frac{-19y}{(5x + 2y)^2}\right] = \frac{-(266y^2 + 304xy)}{(5x + 2y)^3}$$

また　$$z_y = 2\left(\frac{8x + 7y}{5x + 2y}\right)\left[\frac{(5x + 2y)(7) - (8x + 7y)(2)}{(5x + 2y)^2}\right]$$

$$= \frac{16x + 14y}{5x + 2y}\left[\frac{19x}{(5x + 2y)^2}\right] = \frac{304x^2 + 266xy}{(5x + 2y)^3}$$

## 2 階偏導関数

5.7　つぎの各関数について，2 階偏導関数 $z_{xx}$，$z_{yy}$ を求めよ.

(a) $z = x^2 + 2xy + y^2$

$$z_x = 2x + 2y \qquad z_y = 2x + 2y$$
$$z_{xx} = 2 \qquad z_{yy} = 2$$

(b) $z = x^4 + x^3y^2 - 3xy^3 - 2y^3$

$$z_x = 4x^3 + 3x^2y^2 - 3y^3 \qquad z_y = 2x^3y - 9xy^2 - 6y^2$$
$$z_{xx} = 12x^2 + 6xy^2 \qquad z_{yy} = 2x^3 - 18xy - 12y$$

(c) $z = (12x - 7y)^2$

$$z_x = 2(12x - 7y)(12) \qquad z_y = 2(12x - 7y)(-7)$$
$$= 288x - 168y \qquad = -168x + 98y$$
$$z_{xx} = 288 \qquad z_{yy} = 98$$

(d) $z = (x^2 + 2y)^4$

$$z_x = 4(x^2 + 2y)^3(2x) = 8x(x^2 + 2y)^3 \qquad z_y = 4(x^2 + 2y)^3(2) = 8(x^2 + 2y)^3$$

$$z_{yy} = 24(x^2 + 2y)^2(2) = 48(x^2 + 2y)^2$$

$$z_{xx} = 8x[3(x^2 + 2y)^2(2x)] + (x^2 + 2y)^3(8)$$

$$= 48x^2(x^2 + 2y)^2 + 8(x^2 + 2y)^3$$ 積の微分法則による．

5.8　つぎの各関数について，交差偏導関数 $z_{xy}$，$z_{yx}$ を求めよ．

(a) $z = 3x^2 + 12xy + 5y^2$

$$z_x = 6x + 12y \qquad z_y = 12x + 10y$$

$$z_{xy} = 12 \qquad z_{yx} = 12$$

(b) $z = (8x - 4y)^5$

$$z_x = 5(8x - 4y)^4(8) \qquad z_y = 5(8x - 4y)^4(-4)$$

$$= 40(8x - 4y)^4 \qquad = -20(8x - 4y)^4$$

$$z_{xy} = 160(8x - 4y)^3(-4) \qquad z_{yx} = -80(8x - 4y)^3(8)$$

$$= -640(8x - 4y)^3 \qquad = -640(8x - 4y)^3$$

(a)，(b) の各項目において，ヤングの定理によって $z_{xy} = z_{yx}$ が成立していることに注意せよ．

## 微　分

5.9　以下の各式について，微分 $dy$ を求めよ．

(a) $y = (4x + 3)(3x - 8)$

$$\frac{dy}{dx} = (4x + 3)(3) + (3x - 8)(4) = 24x - 23$$

$$dy = (24x - 23)\,dx$$

(b) $y = \dfrac{9x - 4}{5x}$

$$\frac{dy}{dx} = \frac{5x(9) - (9x - 4)(5)}{(5x)^2} = \frac{20}{25x^2}$$

$$dy = \frac{4}{5x^2}dx$$

5.10　以下の各式について，全微分，$dz = z_x\,dx + z_y\,dy$ を求めよ．

(a) $z = 7x^2y^3$

$$z_x = 14xy^3 \qquad z_y = 21x^2y^2$$
$$dz = 14xy^3dx + 21x^2y^2dy$$

(b) $z = (5x^2 + 7y)(2x - 4y^3)$

$$z_x = (5x^2 + 7y)(2) + (2x - 4y^3)(10x)$$
$$z_y = (5x^2 + 7y)(-12y^2) + (2x - 4y^3)(7)$$
$$dz = (30x^2 - 40xy^3 + 14y)\,dx - (112y^3 + 60x^2y^2 - 14x)\,dy$$

(c) $z = \dfrac{9y^3}{x - y}$

$$z_x = \frac{(x-y)(0) - 9y^3(1)}{(x-y)^2} \qquad z_y = \frac{(x-y)(27y^2) - 9y^3(-1)}{(x-y)^2}$$
$$dz = \frac{-9y^3}{(x-y)^2}dx + \frac{27xy^2 - 18y^3}{(x-y)^2}dy$$

5.11　演習問題 5.10 の各式において $dy = 0$ と仮定することにより，$x$ の微小変化に対する偏微分を求めよ．

(a) $dz = 14xy^3dx$

(b) $dz = (30x^2 - 40xy^3 + 14y)\,dx$

(c) $dz = \dfrac{-9y^3}{(x-y)^2}dx$

## 全導関数

5.12　以下の各式について，全導関数，$dz/dx$ を求めよ．

(a) $z = (13x - 18y)^2$，　ここで　$y = x + 6$

$$\begin{aligned}\frac{dz}{dx} &= z_x + z_y\frac{dy}{dx}\\ &= 26(13x - 18y) - 36(13x - 18y)(1)\\ &= -10(13x - 18y)\end{aligned}$$

(b) $z = 8x - 12y$，　ここで　$y = (x + 1)/x^2$

$$\frac{dz}{dx} = z_x + z_y\frac{dy}{dx}$$

$$= 8 - \frac{12(-x^2 - 2x)}{x^4}$$
$$= 8 + \frac{12(x + 2)}{x^3}$$

(c) $z = 7x^2 + 4y^2$，ここで $x = 5w$ そして $y = 4w$.

$$\frac{dz}{dw} = z_x \frac{dx}{dw} + z_y \frac{dy}{dw} = 14x(5) + 8y(4) = 70x + 32y$$

## 陰関数の法則と逆関数の法則

5.13　以下の各陰関数について，導関数 $dy/dx$ および $dx/dy$ を求めよ.

(a) $3y - 12x = 17 = 0$

$$\frac{dy}{dx} = \frac{-f_x}{f_y} = \frac{-(-12)}{3} = 4 \qquad \frac{dx}{dy} = \frac{-f_y}{f_x} = \frac{-(3)}{-12} = \frac{1}{4}$$

(b) $x^2 + 6x - 13 - y = 0$

$$\frac{dy}{dx} = \frac{-f_x}{f_y} = \frac{-(2x + 6)}{-1} = 2x + 6$$
$$\frac{dx}{dy} = \frac{-f_y}{f_x} = \frac{-(-1)}{2x + 6} = \frac{1}{2x + 6} \qquad (x \neq -3)$$

5.14　陰関数の法則を用いて，$dy/dx$ および $dy/dz$ を求めよ.

(a) $f(x, y) = 7x^2 + 2xy^2 + 9y^4$

$$\frac{dy}{dx} = \frac{-f_x}{f_y} = -\frac{14x + 2y^2}{36y^3 + 4xy}$$

(b) $f(x, y) = 6x^3 - 5y$

$$\frac{dy}{dx} = \frac{-f_x}{f_y} = -\frac{18x^2}{-5} = 3.6x^2$$

(c) $f(x, y, z) = x^2y^3 + z^2 + xyz$

$$\frac{dy}{dx} = \frac{-f_x}{f_y} = -\frac{2xy^3 + yz}{3x^2y^2 + xz}$$
$$\frac{dy}{dz} = \frac{-f_z}{f_y} = -\frac{2z + yz}{3x^2y^2 + xz}$$

(d) $f(x, y, z) = x^3z^2 + y^3 + 4xyz$

$$\frac{dy}{dx} = \frac{-f_x}{f_y} = -\frac{3x^2z^2 + 4yz}{3y^2 + 4xz}$$
$$\frac{dy}{dz} = \frac{-f_z}{f_y} = -\frac{2x^3z + 4xy}{3y^2 + 4xz}$$

5.15　つぎの各式の逆関数の導関数，$dP/dQ$ を求めよ.

(a) $Q = 35 - 0.25P$

$$\frac{dP}{dQ} = \frac{1}{-0.25} = -4$$

(b) $Q = P^3 + 2P^2 + 7P$

$$\frac{dP}{dQ} = \frac{1}{3P^2 + 4P + 7}$$

## 多変数関数の最大・最小

5.16　次式について，(a) 極値を求めよ，(b) この関数が最大，最小，変曲点または鞍点のいずれにあるのかを調べよ，そして，(c) その臨界値においてどのような値をとっているのかを求めよ．

$$z = 3x^2 + 2y^2 - xy - 4x - 7y + 12$$

(a) 1 階偏導関数を求め，それらをゼロに等しくおき，連立して解く．

$$z_x = 6x - y - 4 = 0$$
$$z_y = 4y - x - 7 = 0$$

上式を連立して解けば，$\bar{x} = 1$ および $\bar{y} = 2$.

(b) 2 階偏導関数を求め，その符号を調べる．

$$z_{xx} = 6 \qquad z_{yy} = 4$$

2 階偏導関数はどちらも正であるから，この関数は主軸に対して最小値をとっている．

最後に交差偏導関数を求め，2 階偏導関数の積がこの交差偏導関数の 2 乗よりも大きいかどうかを調べる．

$$z_{xy} = -1 = z_{yx}$$

したがって，

$$z_{xx}\,z_{yy} > (z_{xy})^2$$
$$(6)(4) > (-1)^2$$

となるから，この関数はどの方向からみても最小値をとっている．

(c) 臨界値でこの最小値の値を求めると，

$$z = 3(1)^2 + 2(2)^2 - (1)(2) - 4(1) - 7(2) + 12 = 3$$

となる．

5.17　演習問題 5.16 を次式について行なえ．

$$z = 60x + 34y - 4xy - 6x^2 - 3y^2 + 5$$

(a) 1 階偏導関数を求め，それらをゼロとおく．

$$z_x = 60 - 4y - 12x = 0$$
$$z_y = 34 - 4x - 6y = 0$$

連立して解けば，$\overline{x} = 4$ および $\overline{y} = 3$．

(b) 2 階偏導関数を求める．

$$z_{xx} = -12 \qquad z_{yy} = -6$$

これらはいずれも負であるから，この関数は主軸に対して最大値をとっている．交差偏導関数を求め，$z_{xx}\,z_{yy} > (z_{xy})^2$ が満たされるかどうかを調べる．

$$z_{xy} = -4 = z_{yx}$$

したがって，

$$z_{xx}\,z_{yy} > (z_{xy})^2$$
$$(-12)(-6) > (-4)^2$$

したがって，この関数はどの方向からみても最大値をとっている．

(c) $z = 60(4) + 34(3) - 4(4)(3) - 6(4)^2 - 3(3)^2 + 5 = 176$

5.18　演習問題 5.16 を次式について行なえ．

$$z = 8x - 2x^2 + 12xy - 12y^2 + 6y$$

(a) 1 階偏導関数を求め，それらをゼロとおく．

$$z_x = 8 - 4x + 12y = 0$$
$$z_y = 12x - 24y + 6 = 0$$

違立して解けば，$\overline{x} = -5.5$ および $\overline{y} = -2.5$．

(b) 2 階偏導関数を求める．

$$z_{xx} = -4 \qquad z_{yy} = -24$$

これらはいずれも負であるから，この関数は主軸に対して最大値をとる．交差偏導関数を求め，$z_{xx}\, z_{yy} > (z_{xy})^2$ となるかどうかを調べる．

$$z_{xy} = 12 = z_{yx}$$

本問においては，

$$z_{xx}\, z_{yy} \not> (z_{xy})^2$$
$$(-4)(-24) < (12)^2$$

である．したがって，この関数はどの方向からみても最大値をとっているというわけではない．このように，2 階偏導関籔は同符号をとるが，$z_{xx}\, z_{yy} < (z_{xy})^2$ であるときには，当該関数は臨界値において変曲点となっている．

(c) $z = 8(-5.5) - 2(-5.5)^2 + 12(-5.5)(-2.5) - 12(-2.5)^2 + 6(-2.5) = -29.5$

5.19　演習問題 5.16 を次式について行なえ．

$$z = 5x^2 - 30x + 4xy - 3y^2 + 7y$$

(a) 1 階条件は，

$$z_x = 10x - 30 + 4y = 0$$
$$z_y = 4x - 6y + 7 = 0$$

である．連立して解けば，$\bar{x} = 2$ および $\bar{y} = 2.5$.

(b) 2 階条件を調べると，$z_{xx} = 10$，$z_{yy} = -6$，そして $z_{xy} = 4$ であるから，2 階偏導関数は異符号をとり，さらに $z_{xx}\, z_{yy} < (z_{xy})^2$ であることがわかる．すなわち，

$$(10)(-6) < (4)^2$$

である．したがって，この関数の値を臨界値において求めるとそれは最大値でも最小値でもなく，その点で鞍点になっている．

(c) $z = 5(2)^2 - 30(2) + 4(2)(2.5) - 3(2.5)^2 + 7(2.5) = -21.25$

## 3 次関数の最大・最小

5.20　3 次関数，$z = 3x^3 + 3y^3 - 9xy$ について，臨界値を求めよ．ここで注意しなければならないのは，3 次関数の場合には $\bar{x}$ および $\bar{y}$ は 2 つの値をとるであろうということである．したがって，それぞれの値が 2 階条件を満たすのかどうかを調べる必要がある．

1 階条件は，

$$z_x = 9x^2 - 9y = 0 \tag{5.6}$$
$$z_y = 9y^2 - 9x = 0 \tag{5.7}$$

(5.6) から，

$$9y = 9x^2 \qquad y = x^2$$

$y = x^2$ を (5.7) に代入すると，

$$9(x^2)^2 - 9x = 0$$
$$9x^4 - 9x = 0$$
$$9x(x^3 - 1) = 0$$

$9x(x^3 - 1)$ のような積がゼロとなるためには，少なくとも一方がゼロでなければならない．したがって，つぎのいずれかの場合が成立する．

$$9x = 0 \qquad \text{あるいは} \qquad x^3 - 1 = 0$$
$$\bar{x} = 0 \qquad\qquad x^3 = 1$$
$$\bar{x} = 1$$

これらの値を (5.6) に代入すると，$\bar{x} = 0$ のときには $\bar{y} = 0$，他方 $\bar{x} = 1$ のときには $\bar{y} = 1$ となる．

　さて，2 階条件を調べると，

$$z_{xx} = 18x, \quad z_{yy} = 18y, \quad z_{xy} = -9$$

であるから，$\bar{x} = 0$，$\bar{y} = 0$ の場合の各値を求めると，

$$z_{xx} = 18(0) = 0$$
$$z_{yy} = 18(0) = 0$$

$$z_{xy} = -9$$

である．したがって $\overline{x} = 0$，$\overline{y} = 0$ の場合には $z_{xx}\, z_{yy} < (z_{xy})^2$ となるから，この臨界値のもとでは，この関数が最大値あるいは最小値をとることはない．つぎに $\overline{x} = 1$，$\overline{y} = 1$ の場合を調べると，

$$z_{xx} = 18$$
$$z_{yy} = 18$$
$$z_{xy} = -9$$

である．2 階偏導関数はともに正であり，さらに $(18)(18) > (-9)^2$ であるから，この関数は $\overline{x} = 1$，$\overline{y} = 1$ において最小値をとる．よってその値は，

$$z = 3(1)^3 + 3(1)^3 - 9(1)(1) = -3$$

である．

## 制約付き最適化（最大・最小）

5.21　(a) 与えられた制約のもとで，次式に最大値あるいは最小値をもたらす臨界値を求めよ，さらに，(b) 制約に含まれている定数項が 1 単位変化するときに，それが目的関数の値をどれだけ変化させるのかを調べよ．

目的関数　$z = 4x^2 - 2xy + 6y^2$
制約　$x + y = 72$

(a) 制約式をゼロに等しくおき，これに $\lambda$ を掛け，目的関数にそれを加えると，つぎのようなラグランジュ関数を作ることができる．

$$Z = 4x^2 - 2xy + 6y^2 + \lambda(x + y - 72)$$

1 階条件は，

$$Z_x = 8x - 2y + \lambda = 0 \tag{5.8}$$
$$Z_y = -2x + 12y + \lambda = 0 \tag{5.9}$$
$$Z_\lambda = x + y - 72 = 0 \tag{5.10}$$

である．(5.8) から (5.9) を引くと，

$$10x - 14y = 0 \qquad x = 1.4y$$

となる．$x = 1.4y$ を (5.10) に代入すると，

$$1.4y + y = 72 \qquad \bar{y} = 30$$

を得る．したがって $\bar{y} = 30$ を (5.8)〜(5.10) に代入することによって臨界値はつぎのように得られる．

$$\bar{x} = 42 \qquad \bar{y} = 30 \qquad \bar{\lambda} = -276$$

よって，

$$Z = 4(42)^2 - 2(42)(30) + 6(30)^2 - 276(40 + 32 - 72) = 9936$$

(b) $\lambda$ は負であるから，制約式における定数項の 1 単位の増加は目的関数の値を近似的に 276 増加させる．よって $Z \cong 10{,}212$ に増加する．

5.22　演習問題 5.21 においては，もし制約式に含まれる定数項が 1 単位増加するならば，制約付きの最適値は 9936 から 10,212 へと，およそ 276 増加するということが示された．そこでこのことがどれほど正確であるのかを確かめるために，もとの目的関数 $z = 4x^2 - 2xy + 6y^2$ を新しい制約式 $x + y = 73$ のもとで最適化せよ．

ラグランジュ関数は $Z = 4x^2 - 2xy + 6y^2 + \lambda(x + y - 73)$ であるから，1 階条件は，

$$\begin{aligned} Z_x &= 8x - 2y + \lambda = 0 \\ Z_y &= -2x + 12y + \lambda = 0 \\ Z_\lambda &= x + y - 73 = 0 \end{aligned}$$

となる．これを連立して解けば，$\bar{x} = 42.58$, $\bar{y} = 30.42$, そして $\bar{\lambda} = -279.8$ となる．したがって $Z = 10{,}213.9$ であるから，これをもとの $\lambda$ のもとで求められた値 10,212 と比較すればほぼ同じであることがわかる．

5.23　たとえば $x = 3y$ のように 2 つの独立変数がつねに一定割合で比例している場合にも，これが制約として用いられることもある．このような場合

に．$\lambda$ の効果を測っても，それは経済学的に何ら意味をもたない．なぜならば，制約に含まれる定数項の 1 単位の増加は両独立変数が一定割合で比例しているという関係を崩してしまうからである．このことに留意して，次式を独立変数が相互に定比例している制約式のもとで最適化せよ．

(a)　目的関数　$z = 4x^2 - 3x + 5xy - 8y + 2y^2$

制約　$x = 2y$

$x - 2y = 0$ であるから，ラグランジュ関数および 1 階条件は，

$$Z = 4x^2 - 3x + 5xy - 8y + 2y^2 + \lambda(x - 2y)$$
$$Z_x = 8x - 3 + 5y + \lambda = 0$$
$$Z_y = 5x - 8 + 4y - 2\lambda = 0$$
$$Z_\lambda = x - 2y = 0$$

となる．これを違立して解けば，$\bar{x} = 0.5$，$\bar{y} = 0.25$，そして $\bar{\lambda} = -2.25$ となる．したがって，$Z = -1.75$ である．

(b)　目的関数　$z = -5x^2 + 7x + 10xy + 9y - 2y^2$

制約　$y = 5x$

ラグランジュ関数および 1 階条件は，

$$Z = -5x^2 + 7x + 10xy + 9y - 2y^2 + \lambda(5x - y)$$
$$Z_x = -10x + 7 + 10y + 5\lambda = 0$$
$$Z_y = 10x + 9 - 4y - \lambda = 0$$
$$Z_\lambda = 5x - y = 0$$

となる．これを連立して解けば，$\bar{x} = 5.2$，$\bar{y} = 26$，そして $\bar{\lambda} = -43$ である．したがって，$Z = 135.2$ である．

# 第6章　経済学における多変数関数の計算

## 6.1　限界生産力

資本の物的限界生産力（$\mathrm{MPP}_K$）とは，資本以外のすべての生産要素を一定としたときに，資本の1単位の変化がもたらす生産量の変化として定義される．いま生産関数を，

$$Q = 36KL - 2K^2 - 3L^2$$

とするとき，$\mathrm{MPP}_K$ は偏導関数 $\partial Q/\partial K$ として与えられる．すなわち，

$$\mathrm{MPP}_K = \frac{\partial Q}{\partial K} = 36L - 4K$$

である．また同様の手法を用いると労働の物的限界生産力（$\mathrm{MPP}_L$）はつぎの通りである．

$$\mathrm{MPP}_L = \partial Q/\partial K = 36K - 6L$$

## 6.2　所得決定と乗数

偏導関数を用いると，所得決定モデルにおけるさまざまな乗数効果を見ることができる．いまつぎのような所得決定モデルを考えてみよう．

$$\begin{aligned} Y &= C + I + G + (X - Z) \\ C &= C_0 + bY \\ I &= I_0 + aY \\ G &= G_0 \\ X &= X_0 \\ Z &= Z_0 \end{aligned}$$

このモデルにおける均衡所得水準は演習問題 2.21 で求めたように，

$$\overline{Y} = \frac{1}{1-b-a}(C_0 + I_0 + G_0 + X_0 - Z_0) \tag{6.1}$$

である．(6.1) を任意の独立変数またはパラメータに関して偏導関数を求めると，それはその変数もしくはそのパラメータについての乗数を表わしている．たとえば政府支出乗数は，

$$\frac{\partial \overline{Y}}{\partial G_0} = \frac{1}{1-b-a}$$

であり，また輸入乗数を求めれば，

$$\frac{\partial \overline{Y}}{\partial Z_0} = \frac{1}{1-b-a}$$

である．もちろん限界投資性向（$a$）が変化した場合の乗数 $\partial\overline{Y}/\partial a$ も求めることができる．これは商の微分法則を用いて，

$$\begin{aligned}\frac{\partial \overline{Y}}{\partial a} &= \frac{(1-b-a)(0)-(C_0+I_0+X_0-Z_0)(-1)}{(1-b-a)^2}\\ &= \frac{C_0+I_0+G_0+X_0-Z_0}{(1-b-a)^2}\end{aligned}$$

となる．これはまた，つぎのように表わすこともできる．それは，

$$\frac{\partial \overline{Y}}{\partial a} = \frac{1}{1-b-a}(C_0+I_0+X_0-Z_0)\left(\frac{1}{1-b-a}\right)$$

と書くことができるが，さらに (6.1) を用いることによって，

$$\frac{\partial \overline{Y}}{\partial a} = \frac{\overline{Y}}{1-b-a}$$

と簡単に表わすことができる

## 6.3　偏弾力性

**需要の所得弾力性**（$\varepsilon_Y$）とは，所得以外の変数を一定としたときに，所得の百分率変化から生じるある財に対する需要の百分率変化を示すものである．また，**需要の交差弾力性**（$\varepsilon_c$）とは，当該財とは異なる財の価格の変化

がこの財の需要に及ぼす相対的反応度を示すものであり，この場合にも関係する変数以外の変数はすべて一定である．そこで需要関数がつぎのように与えられているとしよう．

$$Q_1 = a - bP_1 + cP_2 + dY$$

ここで $Y$ は所得，$P_2$ は代替財の価格である．このとき需要の所得弾力性は，

$$\varepsilon_Y = \frac{\partial Q_1}{\partial Y}\left(\frac{Y}{Q_1}\right) = \frac{\partial Q_1}{Q_1} \div \frac{\partial Y}{Y}$$

であり，他方，需要の交差弾力性は，

$$\varepsilon_C = \frac{\partial Q_1}{\partial P_2}\left(\frac{P_2}{Q_1}\right) = \frac{\partial Q_1}{Q_1} \div \frac{\partial P_2}{P_2}$$

である．多変数関数の場合にはさまざまな弾力性が求められるので，これらの弾力性は**偏弾力性**とよばれる．

**例題 1**　牛肉の需要関数がつぎのように与えられているとしよう．

$$Q_b = 4850 - 5P_b + 1.5P_p + 0.1Y \tag{6.2}$$

ここで $Y = 10{,}000$，$P_b = 200$，豚肉の価格 $P_p = 100$ としたとき，(1) 所得弾力性，および (2) 牛肉需要の交差弾力性は，以下のようにして求められる．

(1)
$$\varepsilon_Y = \frac{\partial Q_b}{Q_b} \div \frac{\partial Y}{Y} = \frac{\partial Q_b}{\partial Y}\left(\frac{Y}{Q_b}\right) \tag{6.3}$$

(6.2) から，$\dfrac{\partial Q_b}{\partial Y} = 0.1$

また，(6.2) に $Y$，$P_b$，$P_p$ の各値を代入すると，

$$Q_b = 4850 - 5(200) + 1.5(100) + 0.1(190{,}000 = 5000 \tag{6.4}$$

(6.3) にこれらの値を代入すると，

$$\varepsilon_Y = 0.1(10{,}000/5000) = 0.2$$

となる．

$\varepsilon_Y < 1$ であるから，この財は所得に関して非弾力的である．すなわち，国民所得のどのような百分率変化（増加）に対しても，この財に対する

需要はその百分率変化以下にしか増加しない．したがって，この財の相対的なマーケット・シェアは，経済が拡張するにつれて低下していく．需要の所得弾力性は市場の潜在的成長率を表わすと考えられるから，この場合にはこの潜在的成長率に限りがあるということを意味している．

(2)
$$\varepsilon_c = \frac{\partial Q_b}{Q_b} \div \frac{\partial P_p}{\partial P_p} = \frac{\partial Q_b}{\partial P_p}\left(\frac{P_p}{Q_b}\right)$$

(6.2) から，$\partial Q_b/\partial P_p = 1.5$ であり，また (6.4) から $Q_b = 5000$ である．したがって，

$$\varepsilon_c = 1.5\left(\frac{100}{5000}\right) = 0.03$$

である．

たとえば牛肉と豚肉の間にみられるような**代替財**の場合には，$\partial Q_1/\partial P_2 > 0$ であるから交差弾力性は正の値をとる．他方**補完財**の場合には，逆に $\partial Q_1/\partial P_2 < 0$ であるから交差弾力性は負の値をとる．もちろん $\partial Q_1/\partial P_2 = 0$ の場合もある．この場合は両財は互いに無関係であるから，独立財であるといわれる．

**例題 2**　例題 1 において，豚肉の価格が 10% 上昇することから生じる牛肉需要の百分率変化は，以下のようにして求められる．

$$\varepsilon_c = \frac{\partial Q_b}{Q_b} \div \frac{\partial P_p}{P_p}$$

であるから，項を並べ換えてすでに求めたパラメータの値を代入すると，

$$\frac{\partial Q_b}{Q_b} = \varepsilon_c \frac{\partial P_p}{P_p} = (0.03)(0.10) = 0.003$$

となる．したがって牛肉需要の百分率変化は 0.3% である．

## 6.4　増加的変化

経済学においては独立変数（雇用量，資本量，その他のもの）が変化した場合に，従属変数（費用，収入，利潤）がどのような影響を受けるかが測定される．もしこの変化が相対的に小さいものであるならば，微分の概念を用

いればその効果をみることができる．たとえば，もし $z = f(x, y)$ であるならば，$x$ の微小変化が $z$ にもたらす効果は偏微分すればよい．

$$dz = z_x\,dx$$

しかし $x$ の変化が微小ではなくてやや大きな場合には，$z$ に与える効果はこの偏導関数にその問題の変化量を掛ければ，その近似値が得られる．したがって，

$$\Delta z \cong z_x \Delta x$$

である．もちろん，もとの関数 $z = f(x, y)$ が線形であるならば，

$$\frac{dz}{dx} = \frac{\Delta z}{\Delta x}$$

である．したがって，この場合の $x$ の変化が $z$ に与える効果はつぎのようにして求めることができる．

$$\Delta z = z_x \Delta x$$

**例題 3**　企業の費用が 2 つの生産物 $x$，$y$ に関係があるとしよう．このような結合生産の場合の関数関係はつぎのように表わされる．

$$\mathrm{TC} = x^2 - 0.5xy + y^2$$

この場合の生産物 $x$ を微小に増産した場合に生じる費用の増加分は微分を用いて，

$$d\,\mathrm{TC} = (2x - 0.5y)\,dx$$

で求められる．そして相対的により大きく変化した場合の費用の増加分は，$x$ に関する偏導関数に $x$ の変化量を掛けることによって近似的に求められる．数学的には，

$$\Delta \mathrm{TC} \cong \frac{\partial\,\mathrm{TC}}{\partial x} \Delta x \tag{6.5}$$

と表わされる．ところで $\partial\mathrm{TC}/\partial x$ = $x$ の限界費用（$\mathrm{MC}_x$）であるから，(6.5) は，

$$\Delta \mathrm{TC} \cong \mathrm{MC}_x \Delta x$$

とも書くこともできる．もし初期において $x = 100$，$y = 60$，そして $\Delta x = 3$ が与えられたならば，このとき，

$$\Delta \mathrm{TC} \cong [2(100) - 0.5(60)](3) \cong 510$$

である．

**例題 4**　6.2 節において，$b = 0.7$，$a = 0.1$，そして $Y = 1200$ としよう．このときその微分は，任意の独立変数が増加するときにそれがもたらす効果を求めるために用いられる．いま偏導関数を，

$$\frac{\partial\overline{Y}}{\partial G_0} = \frac{1}{1 - b - a}$$

とすると，このとき偏微分は，

$$d\overline{Y} = \frac{1}{1 - b - a} dG_0$$

となる．このような線形モデルでは，その勾配はどこにおいても一定である．すなわち，

$$\frac{\partial\overline{Y}}{\partial G_0} = \frac{\Delta\overline{Y}}{\Delta G_0}$$

であるから，

$$\Delta\overline{Y} = \frac{1}{1 - b - a} \Delta G_0$$

となる．もし政府が 100 ドル支出を増加させたとすれば，

$$\Delta\overline{Y} = \frac{1}{1 - 0.7 - 0.1}(100) = 500 \text{ ドル}$$

となる．

## 6.5　経済学における多変数関数の最大・最小

食品加工業者は同じ生産物を異なる等級で売ることがよくある．具体的には上級品，標準品，お買い得品という具合にである．またなかには同一生産物を自社ブランドを付けたものと大手チェーン・ストアのブランドを付けたものとに分けて売ることもある．洋服の製造業者やデザイナーたちはトップ・ブランドの製品を作っていると同時に，安売り専門店に対してのより安いイミテーションをも作っている．このような条件のもとでの利潤最大化問題もしくは費用最小化問題には，多変数関数が必要となる．したがって，多変数関数の最大・最小を求めるための基本的なルール（5.7 節を見よ）が必要となる．

**例題 5**　2 つの財 $x$ および $y$ を生産する企業の利潤関数が以下であるとしよう．

$$\pi = 64x - 2x^2 + 4xy - 4y^2 + 32y - 14$$

各財について利潤を最大にする生産量を求めよ．さらに利潤が確かに最大になっているかどうかを調べよ．

1. $x$，$y$ それぞれについて 1 階偏導関数を求め，それらをゼロに等しくおいてから連立して解く．

$$\pi_x = 64 - 4x + 4y = 0 \tag{6.6}$$
$$\pi_y = 4x - 8y + 32 = 0 \tag{6.7}$$

　これを連立して解けば，$\bar{x} = 40$ および $\bar{y} = 24$ となる．

2. 最大値をとるためには 2 階偏導関数がいずれも負でなければならない．そこで (6.6) および (6.7) からこれらを求めると，

$$\pi_{xx} = -4$$
$$\pi_{yy} = -8$$

　である．

3. $\pi_{xx}\pi_{yy} > (\pi_{xy})^2$ が満たされているかどうかを調べるために交差偏導関数を求める．(6.6) および (6.7) から $\pi_{xy} = 4 = \pi_{yx}$ である．したがって，

$$\pi_{xx}\pi_{yy} > (\pi_{xy})^2$$
$$(-4)(-8) > (4)^2$$
$$32 > 16$$

　である．利潤は確かに $\bar{x} = 40$ および $\bar{y} = 24$ において最大値をとっている．そしてその値は $\pi = 1650$ である．

**例題 6**　独占的競争において，生産者は利潤を最大にする価格を設定するであろう．いま生産者は 1 種類の生産物に対してそれぞれ異なる 2 種類のブランドを付けることができ，それらの需要関数は以下であるとしよう．

$$Q_1 = 14 - 0.25P_1 \tag{6.8}$$
$$Q_2 = 24 - 0.5P_2 \tag{6.9}$$

さらにこれらを生産するための結合費用関数を，

$$\mathrm{TC} = Q_1^2 + 5Q_1Q_2 + Q_2^2 \tag{6.10}$$

としよう．このとき，それぞれのブランドにおいて利潤を最大にする生産水準および価格水準，さらにそのときの利潤の大きさは以下のようにして求められる．

まずはじめに，利潤関数 $(\pi)$ を $Q_1$ および $Q_2$ を用いて表わす．$\pi =$ 総収入（TR）– 総費用（TC）であり，この企業の総収入は $P_1Q_1 + P_2Q_2$ であるから，利潤関数は，

$$\pi = P_1Q_1 + P_2Q_2 - \mathrm{TC}$$

である．さらに上式に (6.10) を代入すれば，

$$\pi = P_1Q_1 + P_2Q_2 - (Q_1^2 + 5Q_1Q_2 + Q_2^2) \tag{6.11}$$

となる．

つぎに (6.8) および (6.9) において $P$ を $Q$ について解くことにより逆関数を求める．したがって，(6.8) から，

$$P_1 = 56 - 4Q_1 \tag{6.12}$$

さらに (6.9) から，

$$P_2 = 48 - 2Q_2 \tag{6.13}$$

となる．これらを (6.11) に代入すると，

$$\begin{aligned}\pi &= (56 - 4Q_1)Q_1 + (48 - 2Q_2)Q_2 - Q_1^2 - 5Q_1Q_2 - Q_2^2 \\ &= 56Q_1 - 5Q_1^2 + 48Q_2 - 3Q_2^2 - 5Q_1Q_2 \end{aligned} \tag{6.14}$$

となる．さて，(6.14) をいままでに学んだ方法によって最大化すると，

$$\pi_1 = 56 - 10Q_1 - 5Q_2 = 0$$
$$\pi_2 = 48 - 6Q_2 - 5Q_1 = 0$$

これらを連立して解けば，$\bar{Q}_1 = 2.75$ および $\bar{Q}_2 = 5.7$ となる．

$\pi$ が最大値をとっているかどうかを確かめるために 2 階偏導関数をすべて求めると，

$$\pi_{11} = -10$$

$$\pi_{22} = -6$$
$$\pi_{12} = -5 = \pi_{21}$$

である．それ自身の 2 階偏導関数はいずれも負であり，また $\pi_{11}\pi_{22} > (\pi_{12})^2$ であるから，この関数は臨界値において最大値をとっている．

最後に，最大利潤をもたらす価格水準を求めるために，$\overline{Q}_1 = 2.75$ および $\overline{Q}_2 = 5.7$ をそれぞれ (6.12) および (6.13) に代入する．

$$P_1 = 56 - 4(2.75) = 45 \qquad P_2 = 48 - 2(5.7) = 36.6$$

以上から，ブランド 1 に対しては 45 ドル，ブランド 2 に対しては 36.60 ドルの価格が設定され，このときブランド 1 は 2.75 が販売され，ブランド 2 は 5.7 販売されることになる．さらに最大利潤の大きさは (6.11) あるいは (6.14) から，

$$\pi = 45(2.75) + 36.6(5.7) - (2.75)^2 - 5(2.75)(5.7) - (5.7)^2 = 213.94$$

である．

## 6.6　経済学における制約付き最大・最小

経済問題はしばしば制約のもとで解かれなければならないことがある（たとえば，予算制約のもとでの効用最大化であるとか，生産割当のような生産の最低必要量という制約のもとでの費用最小化などである）．このような問題は，ラグランジュ関数（5.9 節を見よ）を用いることによって容易に解くことができる．

**例題 7**　2 財 $x$，$y$ を生産する企業を考えたとき，総費用関数を $c = 8x^2 - xy + 12y^2$ とし，さらにこの企業は両財の合計が 42 となるように生産する，すなわち制約式は $x + y = 42$ であるとすると，この場合に費用を最小化する臨界値を求めよ．

制約をゼロとおき，それに $\lambda$ を掛けてラグランジュ関数を作ると，

$$C = 8x^2 - xy + 12y^2 + \lambda(x + y - 42)$$

となる．1 階偏導関数を求めると，

$$C_x = 16x - y + \lambda = 0$$

$$C_y = -x + 24y + \lambda = 0$$
$$C_\lambda = x + y - 42 = 0$$

となる．これらを連立して解くと $\overline{x} = 25$，$\overline{y} = 17$ および $\overline{\lambda} = -383$ である．$\overline{\lambda} = -383$ であるから，制約式内の定数項，言い換えれば生産割当が 1 単位増加すると，費用はほぼ 383 ドル増加する．2 階条件については 9.4 節を見よ．

## 6.7　不等式制約

大企業においては利潤を最大化するのではなく，むしろある受け入れることのできる利潤の最低水準のもとで売上を最大化している，ということがいくつかの経済学における研究で示唆されてきた．制約式 $g(x, y) \gtreqless 0$ のもとでの関数 $f(x, y)$ を考えたとき，ラグランジュ乗数法はこのような不等式制約を扱う場合にも用いることができる．まず等式制約 $g(x, y) = 0$ を仮定して通常のラグランジュ乗数法（5.9 節を見よ）によって解く．つぎに以下に示す簡単な法則を適用する．

I. $g(x, y) \geqslant 0$ のもとでの最大化問題.

1. $\lambda > 0$ の場合には，制約がまさに制約として機能しており，望ましい制約付き最適値が決定される．
2. $\lambda \leqslant 0$ の場合には，制約は機能していない．ラグランジュ関数を作るときに用いた等式制約を無視して，目的関数それ自身を最大化せよ．

II. $g(x, y) \leqslant 0$ のもとでの最大化問題.

1. $\lambda > 0$ の場合，制約はその機能を果たしていない．制約とは無関係に目的関数を最大化せよ．
2. $\lambda \leqslant 0$ の場合，制約は機能しており，望ましい制約付き最適値が求められる．

III. $g(x, y) \geqslant 0$ のもとでの最小化問題.

1. $\lambda = 0$ の場合，制約は機能していない．制約を無視して目的関数を最小化せよ．
2. $\lambda \leqslant 0$ の場合，制約は目的関数に対して制約として機能しており，制約付き最小値が求められる．

IV．$g(x, y) \leqslant 0$ のもとでの最小化問題.

1. $\lambda > 0$ の場合，制約は機能しており制約付き最小値は求められる.
2. $\lambda \leqslant 0$ の場合，制約は機能していない．目的関数のみを最小化せよ.

**例題 8**　目的関数　$\pi = 64x - 2x^2 + 4xy - 4y^2 + 32y - 14$

制約　$x + y \leqslant 50$

この関数を最大化するためには，制約式を $x + y = 50$ と仮定してからラグランジュ関数をつぎのように作る.

$$\Pi_x = 64x - 2x^2 + 4xy - 4y^2 + 32y - 14 + \lambda(x + y - 50)$$

したがって，

$$\Pi_x = 64 - 4x + 4y + \lambda = 0$$
$$\Pi_y = 4x - 8y + 32 + \lambda = 0$$
$$\Pi_\lambda = x + y - 50 = 0$$

となる．これらから $\bar{x} = 31.6$，$\bar{y} = 18.4$，$\bar{\lambda} = -11.2$ となるから，$\pi = 1571.6$ である.

$g(x, y) \leqslant 0$ のもとでの最大化問題の場合に $\lambda$ が負であるから，制約は機能しており，望ましい制約付き最大値が求められている．$\pi = 1571.6$ を例題 5 で示された制約なしの最大値 $\pi = 1650$ と比較せよ.

**例題 9**　もし例題 8 で用いられた目的関数が $x + y \leqslant 79$ という制約式をもつならば，この場合の最大化問題はつぎのようにして解くことができる.

まずはじめに $x + y = 79$ を仮定する．したがってラグランジュ関数は，

$$\Pi = 64x - 2x^2 + 4xy - 4y^2 + 32y - 14 + \lambda(x + y - 79)$$

となるから，

$$\Pi_x = 64 - 4x + 4y + \lambda = 0$$
$$\Pi_y = 4x - 8y + 32 + \lambda = 0$$
$$\Pi_\lambda = x + y - 79 = 0$$

である．よって，$\bar{x} = 49$，$\bar{y} = 30$，$\bar{\lambda} = 12$ となるから，$\pi = 1560$ である.

しかし，$\lambda$ は正であるから，制約は機能していない．最大利潤は制約とは無関係に目的関数を最大化することによって求められるはずだ．すなわち，例題 5 で求めたように制約なし最大化問題と同じく $\pi=1650$ である．例題 5 の $\overline{x}+\overline{y}$ は 64 で，この例題の制約を満している．

# 演習問題

## 限界概念

6.1　つぎの各生産関数におけるそれぞれの生産要素に関する物的限界生産力を求めよ．

(a) $Q = 6x^2 + 3xy + 2y^2$

$$\mathrm{MPP}_x = \frac{\partial Q}{\partial x} = 12x + 3y$$

$$\mathrm{MPP}_y = \frac{\partial Q}{\partial y} = 3x + 4y$$

(b) $Q = 0.5K^2 - 2KL + L^2$

$$\mathrm{MPP}_K = K - 2L$$
$$\mathrm{MPP}_L = 2L - 2K$$

6.2　(a) 演習問題 6.1(a) において $\overline{y} = 4$ として，$x = 5$ および $x = 8$ のときの $\mathrm{MPP}_x$ を求めよ．(b) もし $\overline{x} = 5$，$\overline{y} = 4$ のときの限界収入が 3 ドルであるのなら，この場合の限界収入生産物を求めよ．

(a) $\mathrm{MPP}_x = 12x + 3y$

$$x = 5,\ \overline{y} = 4 \text{ のとき},\quad \mathrm{MPP}_x = 12(5) + 3(4) = 72$$
$$x = 8,\ \overline{y} = 4 \text{ のとき},\quad \mathrm{MPP}_x = 12(8) + 3(4) = 108$$

(b) $\mathrm{MPP}_x = \mathrm{MPP}_x(\mathrm{MR})$

$$\overline{x} = 5,\ \overline{y} = 4 \text{ のとき},\quad \mathrm{MPP}_x = (72)(3) = 216$$

6.3　(a) 総費用関数が $c = 3x^2 + 7x + 1.5xy + 6y + 2y^2$ であるとき，$x$，$y$ に関する限界費用を求めよ．(b) $x = 5$，$\overline{y} = 3$ のときの $x$ に関する眼界費用を求めよ．

(a)
$$\text{MC}_x = 6x + 7 + 1.5y$$
$$\text{MC}_y = 1.5x + 6 + 4y$$

(b)　$x = 5$，$\overline{y} = 3$ であるときの $x$ の限界費用は，

$$\text{MC}_x = 6(5) + 7 + 1.5(3) = 41.5$$

## 所得決定と乗数

6.4　つぎのような 3 部門所得決定モデルを考えよう．

$$Y = C + I_0 + G_0 \qquad Y_d = Y - T \qquad C_0,\ I_0,\ G_0,\ T_0 > 0 \qquad 0 < b,\ t < 1$$
$$C = C_0 + bY_d \qquad T = T_0 + tY$$

このとき，(a) 政府支出，(b) 定額税，(c) 税率のそれぞれが均衡所得水準に与える効果の大きさと変化の方向を求めよ．つまり，**政府支出乗数，自律的租税乗数，税率乗数**をそれぞれ求めよ．

それぞれの乗数を求めるために，まず均衡所得水準を求めると以下の通りである．

$$Y = C_0 + bY - bT_0 - btY + I_0 + G_0$$
$$\overline{Y} = \frac{1}{1 - b + bt}(C_0 - bT_0 + I_0 + G_0) \tag{6.15}$$

ついで，求める変数についての偏導関数をとる．

(a)　$$\frac{\partial \overline{Y}}{\partial G_0} = \frac{1}{1 - b + bt}$$

$0 < b < 1$ であるから，$\partial \overline{Y}/\partial G_0 > 0$ である．政府支出の 1 単位の増加は，均衡所得水準を $1/(1 - b + bt)$ だけ増加させる．

(b)　$$\frac{\partial \overline{Y}}{\partial T_0} = \frac{-b}{1 - b + bt} < 0$$

自律的租税の 1 単位の増加は，国民所得を $b/(1-b+bt)$ だけ減少させる．

(c) $t$ は (6.15) の分母に現われているから，商の微分法則を用いる必要がある．

$$\frac{\partial \overline{Y}}{\partial t} = \frac{(1-b+bt)(0)-(C_0-bT_0+I_0+G_0)(b)}{(1-b+bt)^2}$$
$$= \frac{-b(C_0-bT_0+I_0+G_0)}{(1-b+bt)^2} = \frac{-b}{1-b+bt}\left(\frac{C_0-bT_0+I_0+G_0}{1-b+bt}\right)$$

したがって，(6.15) から，

$$\frac{\partial \overline{Y}}{\partial t} = \frac{-b\overline{Y}}{1-b+bt} < 0$$

税率の 1 単位の上昇は国民所得を税率乗数に等しい分だけ減少させる．

6.5　つぎのような簡単なモデルを考えよう．

$$Y = C_0 + I_0 + G_0 \qquad Y_d = Y - T$$
$$C = C_0 + bY_d \qquad T = T_0$$

このモデルでは租税は所得に依存していない．このとき，1 単位の増税によってちょうど相殺される政府支出 1 単位の増加が均衡所得水準へ与える効果を求めよ．換言すれば，自律的租税を含むこのモデルにおける**均衡予算乗数**を求めよ．

$$Y = C_0 + b(Y - T_0) + I_0 + G_0$$
$$\overline{Y} = \frac{1}{1-b}(C_0 - bT_0 + I_0 + G_0)$$

したがって，政府支出乗数は，

$$\frac{\partial \overline{Y}}{\partial G_0} = \frac{1}{1-b} \tag{6.16}$$

であり，さらに租税乗数は，

$$\frac{\partial \overline{Y}}{\partial T_0} = \frac{-b}{1-b} \tag{6.17}$$

である．このとき均衡予算，すなわち 1 単位の増税で相殺される政府支出 1 単位増加が均行所得水準にもたらす効果は，(6.16) と (6.17) の合計

として求められる．したがって，

$$\Delta\overline{Y} = \frac{1}{1-b} + \left(\frac{-b}{1-b}\right) = \frac{1}{1-b} - \frac{b}{1-b} = \frac{1-b}{1-b} = 1$$

である．租税によって相殺される政府支出の変化は，均衡所得水準にちょうどその政府支出の変化分に等しい分だけ**正**の効果を及ぼす．よってこの場合の乗数は +1 である．

**6.6**　租税が今度は所得に依存する場合のモデルが以下で与えられているとしよう．

$$Y = C + I_0 + G_0 \qquad Y_d = Y - T$$
$$C = C_0 + bY_d \qquad T = T_0 + tY$$

**自律的**租税（$T_0$）1 単位の変化によって相殺される政府支出 1 単位の変化が均衡所得水準に及ぼす効果を示せ．すなわち，租税が所得の正の関数であるモデルにおける**均衡予算乗数**を求めよ．

(6.15) から，$\overline{Y} = [1/(1-b+bt)](C_0 - bT_0 + I_0 + G_0)$ である．したがって，

$$\frac{\partial\overline{Y}}{\partial G_0} = \frac{1}{1-b+bt} \tag{6.18}$$

また，

$$\frac{\partial\overline{Y}}{\partial T_0} = \frac{-b}{1-b+bt} \tag{6.19}$$

となる．このとき，政府支出の 1 単位の増加とそれを相殺する自律的租税 1 単位の増加が $\overline{Y}$ に及ぼす効果は，(6.18) と (6.19) の合計として求めることができる．したがって，

$$\Delta\overline{Y} = \frac{1}{1-b+bt} + \left(\frac{-b}{1-b+bt}\right) = \frac{1-b}{1-b+bt}$$

となり，これは $(1-b) < (1-b+bt)$ であるから 1 よりも小さい正の値である．すなわち，租税が所得と正の相関をもつようなモデルにおいては，自律的租税の変化によって相殺される政府支出の変化は均行所得水準に対して正の効果を及ぼすが，その大きさははじめに生じた政府支出の変化分よりも小さいものとなる．租税全体としての変化（$\Delta T = \Delta T_0 + t\Delta Y$）は $G_0$ の変化よりも大きいから，ここでの乗数は 1 よりも小さい．

6.7　以下のモデルが与えられたとしよう．

$$Y = C + I_0 + G_0 + X_0 - Z \qquad T = T_0 + tY$$
$$C = C_0 + bY_d \qquad Z = Z_0 + zY_d$$

ここで，すべての独立変数は正であり，さらに $0 < b, z, t < 1$ である．このとき，(a) 輸出，(b) 自律的輸入，(c) 自律的租税のそれぞれが変化する場合に，均衡所得水準に及ぼす効果を示せ．要するに，輸出乗数，自律的輸入乗数および自律的租税乗数をそれぞれ求めよ．［$Z = f(Y_d)$ であることに注意せよ.］

まず均衡所得水準を求めると，

$$Y = C_0 + b(Y - T_0 - tY) + I_0 + G_0 + X_0 - Z_0 - z(Y - T_0 - tY)$$
$$\overline{Y} = \frac{1}{1 - b + bt + z - zt}(C_0 - bT_0 + I_0 + G_0 + X_0 - Z_0 + zT_0)$$

となる．

(a) $0 < b, z < 1$ であるから，

$$\frac{\partial \overline{Y}}{\partial X_0} = \frac{1}{1 - b + bt + z - zt} > 0$$

輸出の 1 単位の増加は $\overline{Y}$ に対して正の効果をもち，さらにその効果の大きさは上で求められた乗数で示される．

(b)
$$\frac{\partial \overline{Y}}{\partial Z_0} = \frac{-1}{1 - b + bt + z - zt} < 0$$

自律的輸入の 1 単位の増加は，$\overline{Y}$ の減少をもたらす．

(c) 限界輸入性向 ($z$) は通常限界消費性向 ($b$) よりも小さい，すなわち $z < b$ により $z - b < 0$ であるから，

$$\frac{\partial \overline{Y}}{\partial T_0} = \frac{z - b}{1 - b + bt + z - zt} < 0$$

自律的租税の増加は国民所得を減少させる．これは (6.19) の場合と同様であるが，ここでは分子に $z$ が現れており，これは所得の減少効果を和らげる働きをしている．限界輸入性向が正である場合には，租税の増加は輸入財に向かう現金を減らすであろう．それゆえ租税の増加が均衡所得水準にもたらす負の効果を低下させる．

6.8　演習問題 6.7 において，限界輸入性向（$z$）の変化が $\overline{Y}$ に及ぼす効果を示せ．

$$\frac{\partial \overline{Y}}{\partial z} = \frac{(1-b+bt+z-zt)(T_0)-(C_0-bT_0+I_0+G_0+X_0-Z_0+zT_0)(1-t)}{(1-b+bt+z-zt)^2}$$

$$= \frac{T_0}{1-b+bt+z-zt} - \frac{\overline{Y}(1-t)}{1-b+bt+z-zt}$$

$$= \frac{-[\overline{Y}-(T_0+t\overline{Y})]}{1-b+bt+z-zt} = \frac{-\overline{Y}_d}{1-b+bt+z-zt} < 0$$

6.9

$$Y = C + I_0 + G_0 \qquad Y_d = Y - T \qquad C_0 = 100 \qquad I_0 = 90 \qquad b = 0.75$$
$$C = C_0 + bY_d \qquad T = T_0 + tY \qquad G_0 = 330 \qquad T_0 = 240 \qquad t = 0.20$$

(a) 均衡所得水準（$\overline{Y}$）はいくらか．(b) 政府支出，および，(c) 自律的租税（$T_0$）が 50 増加したときに，それぞれが $\overline{Y}$ に及ぼす効果はどれだけか．

(a) (6.15) から，

$$\overline{Y} = \frac{1}{1-b+bt}(C_0 - bT_0 + I_0 + G_0)$$
$$= \frac{1}{1-0.75+0.75(0.20)}[100-0.75(240)+90+330]$$
$$= \frac{1}{0.40}(100-180+90+330) = 2.5(340) = 850$$

(b) 政府支出が 50 増加した場合には，

$$\partial\overline{Y} = \frac{\partial\overline{Y}}{\partial G_0}\Delta G_0 = \frac{1}{1-b+bt}(50) = 2.5(50) = 125$$

(c) 自律的租税（$T_0$）が 50 増加した場合には，

$$\Delta\overline{Y} = \frac{\partial\overline{Y}}{\partial T_0}\Delta T_0 = \frac{-b}{1-b+bt}(50) = \frac{-0.75}{1-0.75+0.75(0.20)}(50)$$
$$= -1.875(50) = -93.75$$

6.10　演習問題 6.9(a) において，完全雇用所得水準（$Y_{fe}$）が 1000 であり，これを達成したいと政府が考えているときに，(a) 政府支出，および，(b) 自律的租税をそれぞれどれだけ増加することによってそれが達成されるであろうか．

(a) 完全雇用所得水準（1000）と現在の所得水準（850）との差が，増加が望まれる所得水準の大きさである．したがって，それは $\Delta\overline{Y} = 150$ である．演習問題 6.9(b) で用いられた式にこれを代入すると，

$$\Delta\overline{Y} = \frac{\partial\overline{Y}}{\partial G_0}\Delta G_0$$

$$150 = 2.5\Delta G_0 \qquad \Delta G_0 = 60$$

となる．すなわち，政府支出が 60 増加すると $\overline{Y}$ は 150 増加する．

(b) 政府が自律的租税を変化させることで完全雇用所得水準を達成しようとする場合には，演習問題 6.9(c) より，

$$\Delta\overline{Y} = \frac{\partial\overline{Y}}{\partial T_0}\Delta T_0$$

$$150 = -1.875\Delta T_0 \qquad \Delta T_0 = -80$$

すなわち，政府は自律的租税を 80 削減すべきである．

6.11　つぎの (a)，(b) それぞれの場合において，政府財政赤字に及ぼす効果を説明せよ．(a) 演習問題 6.10 の政策 a が採用された場合．(b) 同様に，政策 b が採用された場合．

(a) 政府財政収支は歳入（$T$）と歳出（$G$）との差として与えられる．初期の所得水準 850 においては，

$$T = 240 + 0.2(850) = 410 \quad G_0 = 330 \quad T - G_0 = 410 - 330 = 80$$

よって，80 の財政黒字が発生している．

もし政府が支出を 60 増やすとすれば，これは $G$ が 60 増えることを意味する．またこのとき，租税も所得の増加につれて増加する．すなわち $\Delta\overline{Y} = 150$ であるから，$\Delta T = 0.2(150) = 30$ である．歳出が 60 増加し，他方歳入は 30 増加したのであるから，経済が完全雇用を達成するために政府にかかったネットとしての費用はわずか 30 である．新しい所得

水準（完全雇用所得水準）$\overline{Y}=1000$ においては，

$$T=240+0.2(1000)=440 \quad G_0=330+60=390 \quad T-G_0=440-390=50$$

政府財政余剰は，前の 80 ドルから 50 ドルに低下している．

(b) もし政府が $T_0$ を 80 減少させれば，租税収入がまず 80 減少する．しかしそれと同時に 150 ドルの所得増加は $\Delta T=0.2(150)=30$ の租税収入の増加をもたらす．したがって，経済が完全雇用を達成するために政府が自律的租税を減少させたことのネットの費用は 50 ドルである．すなわち財政余剰は 30 ドルに低下する．

$$T=160+0.2(1000)=360 \qquad G_0=330 \qquad T-G_0=360-330=30$$

6.12　(a) もし演習問題 6.9 における比例税の税率を 10% 上昇させたなら，$\overline{Y}$ はどうなるか．(b) $Y_{fe}=1000$ を達成するためには，政府は現行の限界税率 $t=20\%$ をどのように変化させたらよいのか．

(a) 比例税の税率が 10% 上昇すると，

$$\Delta t=0.10(0.20)=0.02$$

となる．またこれに伴う所得の変化は，

$$\partial\overline{Y}=\frac{\partial\overline{Y}}{\partial t}=\Delta t$$

であり，ここに演習問題 6.4(c) の結果を代入すれば，

$$\Delta\overline{Y}\cong\frac{-b\overline{Y}}{1-b+bt}(0.02)$$

となる．独立変数の場合とは異なり，パラメータの 1 つが変化する場合には乗数の値が変化するので，この場合乗数はそのパラメータの変化がもたらす効果にほぼ近似する．

$$\Delta\overline{Y}\cong\frac{-0.75(850)}{0.4}(0.02)=-31.88$$

(b) 完全雇用所得水準を達成するためには $\overline{Y}$ を 150 増加させなくてはならないから，この $\Delta\overline{Y}=150$ を上式に代入すれば，

$$150\cong\frac{-0.75(850)}{0.4}\Delta t$$

$$\Delta t \cong 0.09$$

すなわち，税率をおよそ 0.09 低下させればよい．したがって新しい税率は約 11%（0.20 − 0.09 = 0.11）である．

**6.13**　つぎのモデルにおいて，(a) 均衡所得水準を求めよ，(b) 自律的輸出 ($X_0$) が 60 増加した場合に $\overline{Y}$ に与える効果を求めよ．さらに，(c) 自律的輸入（$Z_0$）が 30 増加した場合に $\overline{Y}$ に及ぼす効果を求めよ．

$$Y = C + I_0 + G_0 + X_0 - Z \qquad T = T_0 + Y$$
$$C = C_0 + bY_d \qquad Z = Z_0 + zY_d$$

$$b = 0.9 \qquad t = 0.2 \qquad C_0 = 125$$
$$X_0 = 150 \qquad Z_0 = 55 \qquad I_0 = 92.5$$
$$z = 0.15 \qquad T_0 = 150 \qquad G_0 = 600$$

(a) 演習問題 6.7 から

$$\begin{aligned}\overline{Y} &= \frac{1}{1-b+bt+z-zt}(C_0 - bT_0 + I_0 + G_0 + X_0 - Z_0 + zT_0)\\ &= \frac{1}{1-0.9+0.9(0.2)+0.15-0.15(0.2)}\\ &\quad \times [125 - 0.9(150) + 92.5 + 600 + 150 - 55 + 22.5]\\ &= 2.5(800) = 2000\end{aligned}$$

(b) $$\Delta\overline{Y} = \frac{\partial\overline{Y}}{\partial X_0}\Delta X_0 = \frac{1}{1-b+bt+z-zt}(60) = 2.5(60) = 150$$

(c) $$\Delta\overline{Y} = \frac{\partial\overline{Y}}{\partial Z_0}\Delta Z_0 = \frac{-1}{1-b+bt+z-zt}(30) = -2.5(30) = -75$$

**6.14**　演習問題 6.13 における完全雇用所得水準が 2075 であるならば，(a) これを達成するためには政府は支出をどれだけ増加させたらよいであろうか．また，(b) 自律的租税をどれだけ減少させたらよいであろうか．

(a) 政府支出が国民所得に与える効果は，

$$\Delta\overline{Y} = \frac{\partial\overline{Y}}{\partial G_0}\Delta G_0$$

であるから，$\Delta\overline{Y} = 75$ をこれに代入すれば，

$$75 = \frac{1}{1 - b + bt + z - zt}\Delta G_0 = 2.5\Delta G_0 \qquad \Delta G_0 = 30$$

(b)

$$\Delta\overline{Y} = \frac{\partial\overline{Y}}{\partial T_0}\Delta T_0$$

$$75 = \frac{z - b}{1 - b + bt + z - zt}\Delta T_0 = -1.875\Delta T_0 \qquad \Delta T_0 = -40$$

すなわち，政府は自律的租税の水準を 40 減少させればよい．

**6.15**　演習問題 6.14 において，政府が完全雇用の達成を (a) 政府支出の増加，あるいは，(b) 減税によって行なうとき，それぞれが財政赤字に及ぼす効果を計算せよ．

(a) 政府が支出を 30 増加させるときには，まず財政赤字が 30 増加することになる．しかし所得が 75 増加するのであるから（$\Delta\overline{Y} = 75$）$\Delta T = 0.2(75) = 15$，すなわち税収が 15 増加する．したがってこの政策を行なった場合のネットの費用，すなわち財政赤字に及ぼす効果は 15 ドル（30 − 15 = 15）である．

(b) 政席が 40 の減税を行なえば，まず税収が 40 減少することになる．しかし所得が 75 増加することから，税収は 15 増加する．したがってこの場合のネットの費用は 25（40 − 15 = 25）である．すなわち財政赤字は 25 悪化する．

**6.16**　演習問題 6.14 における (a) 政府支出の増加，および，(b) 減税が国際収支（B/P）に及ぼす効果を計算せよ．

(a) $\mathrm{B/P} = X - Z$ であるから，これに演習問題 6.13 のモデルを代入すれば，

$$\mathrm{B/P} = X_0 - (Z_0 + zY_d) = X_0 - Z_0 - zY + zT_0 + ztY \tag{6.20}$$

政府支出が 30 増加すると $\Delta\overline{Y} = 75$ である．ところで $Y$ は (6.20) の右辺における唯一の変数であるから，$Y$ の変化が B/P にもたらす効果は，

$$\Delta(\mathrm{B/P}) = -z(75) + zt(75)$$

と表わされる．したがって，上式に $z = 0.15$，$zt = 0.03$ を代入すれば，

$$\Delta(\mathrm{B/P}) = -9$$

(b) 政府が 40 の減税を行なう場合にも，$\Delta\overline{Y} = 75$ である．(6.20) を用いれば，

$$\Delta(\mathrm{B/P}) = -z(75) + z(-40) + zt(75) = -15$$

となる．すなわち減税は政府支出を増加させた場合よりもより大きく可処分所得を増加させ，その結果，より高い輸入水準をもたらすので，国際収支の赤字はより深刻になる．

6.17　演習問題 6.13 において，限界輸入性向（$z$）の 1% ポイントの低下が $\overline{Y}$ にもたらす効果を求めよ．

$$\partial\overline{Y} \cong \frac{\partial\overline{Y}}{\partial z}\Delta z$$

上式に演習問題 6.13 の結果を代入すると，

$$\Delta\overline{Y} = \frac{-\overline{Y}_d}{1 - b + bt + z - zt}\Delta z$$

また $\overline{Y}_d$ は，

$$\overline{Y}_d = \overline{Y} - T_0 - t\overline{Y} = 2000 - 150 - 0.2(2000) = 1450$$

したがって，

$$\Delta\overline{Y} = \frac{-1450}{0.4}(-0.01) = +36.25$$

## 比較静学

6.18　つぎのような供給関数と需要関数のもとで，(a) 均衡価格（$\overline{P}$）を求めよ，(b) 4 つのパラメータのいずれか 1 つが微小に変化した場合，それが均衡価格にどのような影響を及ぼすのかを示し，またその変化を縦軸に $P$，横軸に $Q$ を測ったグラフを用いて示せ．

| | | | |
|---|---|---|---|
| 供給関数 | $P = -g + hQ$ | $(g,\ h > 0)$ | (6.21) |
| 需要関数 | $P = u - vQ$ | $(u,\ v > 0)$ | (6.22) |

(a) $\overline{P}$ を求めるためには，まず供給と需要の均衡条件のもとでの均衡取引量（$\overline{Q}$）を求める．そのあと，この $\overline{Q}$ を (6.21) か (6.22) のいずれかに代入

することによって $\overline{P}$ を求める．まず $\overline{Q}$ を求める．

$$
\begin{aligned}
-g + hQ &= u - vQ \\
hQ + vQ &= g + u \\
\overline{Q} &= \frac{g+u}{h+v}
\end{aligned}
\tag{6.23}
$$

ついで，(6.23) を (6.21) に代入する．

$$
\begin{aligned}
\overline{P} &= -g + h\left(\frac{g+u}{h+v}\right) = -g + \frac{gh+hu}{h+v} \\
&= \frac{-gh-gv+\ gh+hu}{h+v} = \frac{hu-gv}{h+v}
\end{aligned}
$$

(b) さまざまなパラメータのうちのいずれか 1 つが微小に変化したときに，それが $\overline{P}$ にもたらす効果を求めるためには，ただ単に当該パラメータで偏微分をとればよい．したがって，以下のようになる．

(1) $\dfrac{\partial \overline{P}}{\partial g} = \dfrac{(h+v)(-v)-(hu-gv)(0)}{(h+v)^2} = \dfrac{-v}{h+v}$

パラメータはすべて正であるから，分子の負の符号により $\partial P/\partial g < 0$ である．ところで図は多少誇張して描かれてはいるが，図 6-1(a) に見られるように，(6.21) における $g$ の増加は縦軸切片を $-g$ 分だけより小さくしている．すなわち，このことは供給曲線を $S_1$ に平行のまま右へシフトさせ（$S_2$），その結果，均衡価格を $P_2$ にまで下落させる．

(2) $\dfrac{\partial \overline{P}}{\partial h} = \dfrac{(h+v)(u)-(hu-gv)(1)}{(h+v)^2} = \dfrac{v(g+u)}{(h+v)^2} > 0$

(6.21) における $h$ の増加は供給曲線の勾配をより急にする．その結果，均衡価格水準は上昇する．図 6-1(b) を見よ．

(3) $\dfrac{\partial \overline{P}}{\partial u} = \dfrac{(h+v)(h)-(hu-gv)(0)}{(h+v)^2} = \dfrac{h}{h+v} > 0$

(6.22) における $u$ の増加は需要関数の縦軸切片を上昇させ，その結果，需要曲線を $d_1$ に平行に右へシフトさせる．したがって $\overline{P}$ は上昇する．図 6-1(c) を見よ．

(4) $\dfrac{\partial \overline{P}}{\partial v} = \dfrac{(h+v)(-g)-(hu-gv)(1)}{(h+v)^2} = \dfrac{-h(g+u)}{(h+v)^2} < 0$

(6.22) における $v$ の増加は需要曲線の勾配の絶対値をより大きくする．すなわち，需要曲線の勾配はより急になる（左にシフトする）．したがって，均衡価格は $P_2$ にまで下落する．図 6-1(d) を見よ．

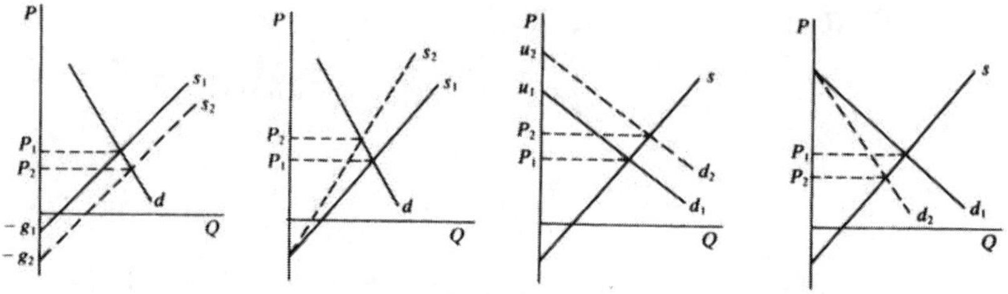


(a) (b) (c) (d)

図 6-1

6.19　いま人びとが硬貨および通貨（$\overline{C}$）と定期預金（$\overline{\mathrm{TD}}$）をある一定量保有しようとしているとする．このとき貨幣供給量は次式で表わすことができる．

$$M_s = \overline{C} = \frac{r_t \overline{\mathrm{TD}}}{r_d} + \frac{R}{r_d}$$

ここで $R$ = 総準備，$r_t$ = 定期預金に対する支払準備率，$r_d$ = 要求払い預金に対する支払準備率である．(a) 総準備が変化すると貨幣供給量はどのような影響を受けるであろうか．(b ) もし $r_d = 0.25$ であり，また総準備が 1500 万に増加したのなら，貨幣供給量はどれだけ変化するのか．

(a) $\dfrac{\partial M_s}{\partial R} = \dfrac{1}{r_d}$　　　(b) $\Delta M_s = \dfrac{\partial M_s}{\partial R}\Delta R = \dfrac{1}{0.25}(100) = 6000$

6.20　(a) Fed（連邦準備銀行）が要求払い預金に対する支払準備率を変化させた場合，貨幣供給量に及ぼす影響を求めよ．(b) もし $R$ =2000 万，$\overline{\mathrm{TD}}$ =200 万，そして $r_t = 0.15$ であるならば，このとき $r_d$ が 0.25 から 0.2 へと低下した場合に貨幣供給量はどれだけ変化するかを求めよ．(c) 設問 (b) の答えを確かめよ．

(a) $r_d$ は貨幣供給式の分母にあるから，簡単な方法として $1/r_d$ に関する偏

微分を求めればよい．したがって，

$$\frac{\partial M_s}{\partial(1/r_d)} = R - r_t\overline{\mathrm{TD}}$$

(b) $\Delta M_s = (R - r_t\overline{\mathrm{TD}})\Delta\dfrac{1}{r_d}$

ここで $\Delta(1/r_d) = 1/0.2 - 1/0.25$．したがって，

$$\Delta M_s = [20 - 0.15(2)](1) = 19.7$$

(c) $\overline{C}$ =500 万として，これを貨幣供給式（演習問題 6.19 を見よ）に代入すると，

$$M_{s1} = 5 - \frac{0.15(2)}{0.25} + \frac{20}{0.25} = 83.8$$

$$M_{s2} = 5 - \frac{0.15(2)}{0.2} + \frac{20}{0.2} = 103.5$$

$$M_{s2} - M_{s1} = 19.7$$　比較せよ．

6.21　演習問題 6.19〜6.20 に関連して，(a) $r_t$ の変化が $M_s$ に及ぼす効果を求めよ．(b) $r_d = 0.25$ のとき，$r_t$ が 0.15 から 0.2 に上昇すると，$M_s$ はどれだけ変化するか．(c) 答えを確かめよ．

(a) $\dfrac{\partial M_S}{\partial r_1} = -\dfrac{\overline{\mathrm{TD}}}{r_d}$

(b) $\Delta M_s = \dfrac{-\overline{\mathrm{TD}}}{r_d}\Delta r_t = \dfrac{-2}{0.25}(0.05) = -0.4$

(c) $M_{s1} = 5 - \dfrac{0.15(2)}{0.25} + \dfrac{20}{0.25} = 83.8$

$M_{s2} = 5 - \dfrac{0.2(2)}{0.25} + \dfrac{20}{0.25} = 83.4$

$M_{s2} - M_{s1} = -0.4$　比較せよ．

## 偏弾力性

6.22　$Q = 700 - 2P + 0.02Y$ において $P = 25$，$Y = 5000$ としよう．このとき，(a) 需要の価格弾力性，(b) 需要の所得弾力性をそれぞれ求めよ．

(a)
$$\varepsilon_d = \frac{\partial Q}{\partial P}\left(\frac{P}{Q}\right)$$

このとき $\partial Q/\partial P = -2$ であり，また $Q = 700 - 2(25) + 0.02(5000) = 750$ である．したがって，

$$\varepsilon_d = -2\left(\frac{25}{750}\right) = -0.067$$

(b)
$$\varepsilon_d = \frac{\partial Q}{\partial P}\left(\frac{Y}{Q}\right) = 0.02\left(\frac{5000}{750}\right) = 0.133$$

6.23　$Q = 400 - 8P + 0.05Y$ において $P = 15$，$Y - 12,000$ としよう．このとき (a) 需要の所得弾力性を求めよ．(b) もし所得が年に 5% ずつ増加するとしたならば，生産の潜在的成長率はどれだけか．(c) 生産の潜在的成長率について述べよ．

(a) $Q = 400 - 8(15) + 0.05(12,000) = 880$ であり，また $\partial Q/\partial Y = 0.05$ である．したがって，

$$\varepsilon_Y = \frac{\partial Q}{\partial P}\left(\frac{Y}{Q}\right) = 0.05\left(\frac{12,000}{880}\right) = 0.68$$

(b)
$$\varepsilon_Y = \frac{\partial Q}{Q} \div \frac{\partial Y}{Y}$$

項を整理して求められたパラメータを代入すると，

$$\frac{\partial Q}{Q} = \varepsilon_Y \frac{\partial Y}{Y} = 0.68(0.05) = 0.034$$

この財の需要は 3.4% 増加する．

(c) $0 < \varepsilon_Y < 1$ であるから，この財に対する需要は国民所得が増加するにつれて増加するが，その大きさは国民所得の増加の大きさほどではない．したがって，財の需要は絶対額では確かに増加しているが，この財に対する相対的なマーケット・シェアは経済が拡大するにつれてかえって低下する．もし $\varepsilon_Y > 1$ であるならば，この財の需要は経済の成長率よりもより大きく成長するし，この場合には相対的なマーケット・シェアは上昇する．また $\varepsilon_Y < 0$ であるならば，この財の需要は所得の増加に伴って減少する．

**6.24**　$Q_1 = 50 - 4P_1 - 3P_2 + 2P_3 + 0.001Y$ において，$P_1 = 5$，$P_2 = 7$，$P_3 = 3$，$Y = 11{,}000$ とすると，$Q_1 = 26$ となる．(a) 財 1 と他の 2 つの財との関係を需要の交差弾力性を用いて求めよ．(b) 他の 2 つの財の価格が別々に 10% 上昇すると $Q_1$ はどのように変化するか．

(a)
$$\varepsilon_{12} = -3\left(\frac{7}{26}\right) = -0.81 \qquad \varepsilon_{13} = 2\left(\frac{3}{26}\right) = 0.23$$

p

$\varepsilon_{12}$ は負であるから，財 1 と財 2 は互いに補完財である．すなわち，$P_2$ の上昇は $Q_1$ の減少をもたらす．他方，財 1 と財 3 は互いに代替財である．すなわち，$P_3$ の上昇は $Q_1$ の増加をもたらす．

(b)
$$\varepsilon_{12} = \frac{\partial Q_1}{\partial Q_1} \div \frac{\partial P_2}{P_2}$$

項を整理して，得られたパラメータを代入すると，

$$\frac{\partial Q_1}{\partial Q_1} = \varepsilon_{12}\frac{\partial P_2}{\partial P_2} = -81(0.10) = -0.081$$

したがって $P_2$ が 10% 上昇すると，$Q_1$ は 8.1% 減少する．また同様にして，

$$\varepsilon_{13} = \frac{\partial Q_1}{\partial Q_1} \div \frac{\partial P_3}{P_3}$$
$$\frac{\partial Q_1}{\partial Q_1} = \varepsilon_{13}\frac{\partial P_3}{\partial P_3} = 0.23(0.10) = 0.023$$

したがって $P_3$ が 10% 上昇すると，$Q_1$ は 2.3% 増加する．

## 経済学における関数の最適化

**6.25**　2 財 $x$ および $y$ を生産するある企業の総費用（$c$）関数を $c = 8x^2 + 6y^2 - 2xy - 40x - 42y + 180$ としよう．各問いに答えよ．(a) 費用を最小化せよ，(b) 2 階の条件を調べよ，(c) 臨界値における費用関数の値を求めよ

(a)
$$c_x = 16x - 2y - 40 = 0 \qquad c_y = 12y - 2x - 42 = 0$$

これらを連立して解くと，$\bar{x} = 3$，$\bar{y} = 4$．

(b) 2 階偏導関数を求めると，

$$c_{xx} = 16 \qquad c_{yy} = 12 \qquad c_{xy} = -2$$

$c_{xx}$，$c_{yy}$ はともに正であり，かつまた $c_{xx} \cdot c_{yy} > (c_{xy})^2$ は $(16)(12) > (-2)^2$ となり，満たされている．したがって総費用は $\overline{x} = 3$，$\overline{y} = 4$ において最小値となる．

(c) $$c = 8(3)^2 + 6(4)^2 - 2(3)(4) - 40(3) - 42(4) + 180 = 36$$

**6.26**　2 財 $x$ および $y$ を生産するある企業の利潤（$\pi$）関数が $\pi = 160x - 3x^2 - 2xy - 2y^2 + 120y - 18$ であるとしよう．各問いに答えよ．(a) 利潤を最大化せよ，(b) 2 階の条件を調べよ，(c) 臨界値における利潤の値を求めよ．

(a) $$\pi_x = 160 - 6x - 2y = 0 \qquad \pi_y = -2x - 4y + 120 = 0$$

これらを連立して解けば，$\overline{x} = 20$，$\overline{y} = 20$ となる．

(b) 2 階の偏導関数を求めると，

$$\pi_{xx} = -6 \qquad \pi_{yy} = -4 \qquad \pi_{xy} = -2$$

$\pi_{xx}$，$\pi_{yy}$ はともに負であり，さらに $\pi_{xx} \cdot \pi_{yy} > (\pi_{xy})^2$ であるから，$\pi$ は $\overline{x} = \overline{y} = 20$ において最大値となる．

(c) $$\pi = 2782$$

**6.27**　需要関数が (6.24)，(6.25) で表わされる財 $x$ および $y$ を販売する独占企業を考えよう．

$$x = 25 - 0.5P_x \tag{6.24}$$

$$y = 30 - P_y \tag{6.25}$$

このとき，この独占企業の費用関数が，

$$c = x^2 + 2xy + y^2 + 20 \tag{6.26}$$

であるとして，つぎの各問いに答えよ．(a) それぞれの財について利潤を最大にする生産量を求めよ，(b) それぞれの財について利潤を最大にする価格を求めよ，(c) 利潤の最大値を求めよ．

(a) $\pi = \mathrm{TR}_x + \mathrm{TR}_y - \mathrm{TC}$ であり，これは本問では，

$$\pi = P_x x + P_y y - c \tag{6.27}$$

である．(6.24)，(6.25) から，

$$P_x = 50 - 2x \tag{6.28}$$

$$P_y = 30 - y \tag{6.29}$$

と変形できる．これらを (6.27) に代入すると，

$$\begin{aligned}\pi &= (50 - 2x)x + (30 - y)y - (x^2 + 2xy + y^2 + 20) \\ &= 50x - 3x^2 + 30y - 2y^2 - 2xy - 20 \end{aligned} \tag{6.30}$$

(6.30) を最大化するための 1 階の条件は，

$$\pi_x = 50 - 6x - 2y = 0 \qquad \pi_y = 30 - 4y - 2x = 0$$

これらを連立して解くと，$\bar{x} = 7$，$\bar{y} = 4$．また 2 階の条件を調べるために 2 階偏導関数をとると，$\pi_{xx} = -6$，$\pi_{yy} = -4$，$\pi_{xy} = -2$．$\pi_{xx}$ および $\pi_{yy}$ はともに負であり，$\pi_{xx} \cdot \pi_{yy} > (\pi_{xy})^2$ が満たされているので，$\pi$ は最大値をとる．

(b) $\bar{x} = 7$，$\bar{y} = 4$ を (6.28) と (6.29) に代入すると，

$$P_x = 50 - 2(7) = 36 \qquad P_y = 30 - 4 = 26$$

(c) $\bar{x} = 7$，$\bar{y} = 4$ を (6.30) に代入すると，$\pi = 215$．

## 経済学における制約付き最適化

**6.28**　(a) 生産割当が $x+y = 34$ であるとき，費用関数 $c = 6x^2+10y^2-xy+30$ を最小化する財 $x$ と $y$ の組み合わせを求めよ．(b) もし生産割当が 1 単位減少したならば，それが費用に及ぼす影響を求めよ．

(a) 制約条件式をゼロに等しくおき，それに $\lambda$ を掛けたものをもとの目的関数に加えることによって，新しい関数を作る．したがって，

$$C = 6x^2+10y^2 - xy + 30 + \lambda(x + y - 34)$$
$$C_x = 12x - y + \lambda = 0$$
$$C_y = 20y - x + \lambda = 0$$
$$C_\lambda = x + y - 34 = 0$$

これらを連立して解くと，$\bar{x} = 21$，$\bar{y} = 13$，$\bar{\lambda} = -239$．それゆえ，$C = 4093$．またこの場合の 2 階条件については，9.5 節で扱われている．

(b) $\lambda$ が負であるから，制約条件式（生産割当）における定数項が 1 単位減少すると，費用はおよそ 239 低下することになる．

6.29　(a) 最大生産能力が $x + y = 12$ であり，また総利潤関数が $\pi = 80x - 2x^2 - xy - 3y^2 + 100y$ である企業の，利潤を最大化する生産量の組み合わせを求めよ．(b) もし生産能力が 1 単位拡大したときに，それが利潤にもたらす効果はどれだけか．

(a)
$$\Pi = 80x - 2x^2 - xy - 3y^2 + 100y + \lambda(x + y - 12)$$
$$\Pi_x = 80 - 4x - y + \lambda = 0$$
$$\Pi_y = -x - 6y + 100 + \lambda = 0$$
$$\Pi_\lambda = x + y - 12 = 0$$

これらを連立して解くと，$\bar{x} = 5$, $\bar{y} = 7$, $\bar{\lambda} = -53$．したがって，$\pi = 868$.

(b) $\bar{\lambda} = -53$ であるから，生産能力が 1 単位拡大すると，それは利潤をおよそ 53 増加させる．

6.30　ある牧場主の利潤関数が以下で表わされているとしよう．

$$\pi = 110x - 3x^2 - 2xy - 2y^2 + 140y$$

ここで $x =$ 牛のワキバラ肉，$y =$ 牛皮である．ふつう牛皮 1 枚にはワキバラ肉が両側についているから，$x$ と $y$ の間にはつぎの比例関係がある．

$$\frac{x}{2} = y \qquad x = 2y$$

このとき，牧場主が利潤を最大化する $x$ と $y$ の組み合わせを求めよ．

$$\Pi = 110x - 3x^2 - 2xy - 2y^2 + 140y + \lambda(x - 2y)$$
$$\Pi_x = 110 - 6x - 2y + \lambda = 0$$
$$\Pi_y = -2x - 4y + 140 - 2\lambda = 0$$
$$\Pi_\lambda = x - 2y = 0$$

これらを連立して解くと，$\bar{x} = 20$，$\bar{y} = 10$，$\bar{\lambda} = 30$ となり，したがって，$\pi = 1800$.

6.31　2 財 $x$ および $y$ を生産する独占的な企業が，各財に対してつぎの需要関数に直面しているとしよう．

$$x = 72 - 0.5P_x \qquad (6.31)$$

$$y = 120 - P_y \tag{6.32}$$

また，費用関数は $c = x^2 + xy + y^2 + 35$ であり，さらに $x$ と $y$ を合わせた最大生産量は 40，すなわち $x + y = 40$ であるとしよう．このとき，利潤を最大にする (a) 各生産量，(b) 価格，そして利潤を求めよ．

(a) (6.31) と (6.32) から，

$$P_x = 144 - 2x \tag{6.33}$$
$$P_y = 120 - y \tag{6.34}$$

したがって，

$$\begin{aligned}\pi &= (144 - 2x)x + (120 - y)y - (x^2 + xy + y^2 + 35)\\ &= 144x - 3x^2 - xy - 2y^2 + 120y - 35\end{aligned}$$

これに制約条件式を加えると，

$$\Pi = 144x - 3x^2 - xy - 2y^2 + 120y - 35 + \lambda(x + y - 40)$$

したがって，

$$\begin{aligned}\Pi_x &= 144 - 6x - y + \lambda = 0\\ \Pi_y &= -x - 4y + 120 + \lambda = 0\\ \Pi_\lambda &= x + y - 40 = 0\end{aligned}$$

これより，$\bar{x} = 18$，$\bar{y} = 22$，$\bar{\lambda} = -14$.

(b) $\bar{x} = 18$ を (6.33)，$\bar{y} = 22$ を (6.34) にそれぞれ代入すると，

$$P_x = 144 - 2(18) = 108 \qquad P_y = 120 - 22 = 98$$

(c)
$$\pi = 2861$$

**6.32**　演習問題 4.12 では，ある企業が 1 つの財を異なる 2 つの市場で販売し，かつ価格差別が行なわれる場合と行なわれない場合のそれぞれについて，利潤を最大化する生産量を求めた．そこではつぎの関数が与えられていた．

$$Q_1 = 21 - 0.1P_1 \tag{6.35}$$

$$Q_2 = 50 - 0.4P_2 \tag{6.36}$$
$$c = 2000 + 10Q \qquad \text{ここで，} Q = Q_1 + Q_2 \tag{6.37}$$

演習問題 4.12 で得られた答えを，変数が多数ある場合の計算法を用いて確かめよ．

(6.35)，(6.36) そして (6.37) から，

$$P_1 = 210 - 10Q_1 \tag{6.38}$$
$$P_2 = 125 - 2.5Q_2 \tag{6.39}$$
$$c = 2000 + 10Q_1 + 10Q_2$$

価格差別化が行なわれる場合には，それぞれの市場で異なる価格を設定することができるので，$P_1 \neq Q_2$ である．それゆえ，

$$\begin{aligned}\pi &= (210 - 10Q_1)Q_1 + (125 - 2.5Q_2)Q_2 - (2000 + 10Q_1 + 10Q_2)\\ &= 200Q_1 - 10Q_1^2 + 115Q_2 - 2.5Q_2^2 - 2000\end{aligned}$$

1 階の偏導関数をとると，

$$\pi_1 = 200 - 20Q_1 = 0 \qquad \pi_2 = 115 - 5Q_2 = 0$$

したがって，$\bar{Q}_1 = 10$ および $\bar{Q}_2 = 23$．(6.38) および (6.39) にこれらを代入すれば，$\bar{P}_1 = 110$，$\bar{P}_2 = 67.5$．比較せよ．

価格差別が行なわれない場合には，両市場で同じ価格が設定されなければならない．それゆえ，$P_1 = P_2$ である．(6.38) と (6.39) を用いると，

$$\begin{aligned}210 - 10Q_1 &= 125 - 2.5Q_2\\ 2.5Q_2 - 10Q_1 &= -85\end{aligned}$$

これを制約条件として新しく関数を作ると，

$$\Pi = 200Q_1 - 10Q_1^2 + 115Q_2 - 2.5Q_2^2 - 2000 + \lambda(2.5Q_2 - 10Q_1 + 85)$$

したがって，

$$\Pi_1 = 200 - 20Q_1 - 10\lambda = 0 \qquad \Pi_2 = 115 - 5Q_2 + 2.5\lambda = 0$$
$$\Pi_\lambda = 2.5Q_2 - 10Q_l + 85 = 0$$

これらを連立して解けば，$\bar{Q}_1 = 13.4$，$\bar{Q}_2 = 19.6$，$\bar{\lambda} = -6.8$ となる．(6.38) および (6.39) にこれらを代入すれば，

$$P_1 = 210 - 10(13.4) = 76$$
$$P_2 = 125 - 2.5(19.6) = 76$$
$$Q = 13.4 + 19.6 = 33 \qquad \text{比較せよ．}$$

6.33　(a) $P_1 = 1$，$P_2 = 4$，そして予算が $B = 120$ のとき，効用 $u = Q_1Q_2$ を最大化せよ．(b) 予算が 1 単位増加した場合に，それがもたらす影響はどれくらいか求めよ．

(a) 予算制約式は $Q_1 + 4Q_2 = 120$ である．この制約条件式を含む新しい関数を作ると，

$$U = Q_1Q_2 + \lambda(Q_1 + 4Q_2 - 120)$$

したがって，

$$U_1 = Q_2 + \lambda = 0 \qquad U_2 = Q_1 + 4\lambda = 0 \qquad U_\lambda = Q_1 + 4Q_2 - 120 = 0$$

それゆえ，$\bar{Q}_1 = 60$，$\bar{Q}_2 = 15$，$\bar{\lambda} = -15$.

(b) $\lambda$ は負であるから，予算が 1 ドル増加すると効用はおよそ 15 上昇する．したがって，$\bar{Q}_1 = 60$ および $\bar{Q}_2 = 15$ における貨幣（あるいは所得）の限界効用はおよそ 15 である．

6.34　$P_x = 8$，$P_y = 12$，$B = 212$ のもとで，効用 $u = xy + 3x + y$ を最大化せよ．

ラグランジュ関数は，$U = xy + 3x + y + \lambda(8x + 12y - 212)$．したがって，

$$U_x = y + 3 + 8\lambda = 0 \qquad U_y = x + 1 + 12\lambda = 0 \qquad U_\lambda = 8x + 12y - 212 = 0$$

それゆえ，$\bar{x} = 15$，$\bar{y} = 7\frac{2}{3}$，$\bar{\lambda} = -1\frac{1}{3}$.

## 不等式制約

6.35　生産割当 $x + y \geqslant 12$ という制約式のもとで，総費用関数 $c = 8x^2 + 6y^2 - 2xy - 40x - 42y + 180$ を最小化せよ．

まず $x+y=12$ として考えると，この制約式を含む新たな関数は，

$$C = 8x^2 + 6y^2 - 2xy - 40x - 42y + 180 + \lambda(x + y - 12)$$

となる．したがって，

$$C_x = 16x-2y-40+\lambda = 0 \quad C_y = 2x+12y-42+\lambda = 0 \quad C_\lambda = x+y-12 = 0$$

それゆえ，$\bar{x} = 5.19$，$\bar{y} = 6.81$，$\bar{\lambda} = -29.4$ となるから，$C = 109.44$.
6.7 節で示された法則 III に従えば，$g(x, y) \geqslant 0$ という制約付き最小化問題は，もし $\bar{\lambda} \leqslant 0$ であるならばこの制約は有効であり，制約付き最小値が求められる．他方もし制約がなければ，費用は $\bar{x} = 3$，$\bar{y} = 4$ において最小値 $c = 36$ となる（演習問題 16.25 を参照）.

6.36　演習問題 6.35 を，制約条件式を $x + y \geqslant 5$ として解け．

この場合のラグランジュ関数は，

$$C = 8x^2 + 6y^2 - 2xy - 40x - 42y + 180 + \lambda(x + y - 5)$$

したがって，

$$C_x = 16x-2y-40+\lambda = 0 \quad C_y = 12y-2x-42+\lambda = 0 \quad C_\lambda = x+y-5 = 0$$

それゆえ，$\bar{x} = 2.125$，$\bar{y} = 2.875$，$\bar{\lambda} = 11.75$ となり，$C = 47.76$.
$\lambda > 0$ であるから，この場合の制約条件は機能していない．よって等式制約を考慮することなく目的関数を最小化して，最小値を求めればよい．演習問題 6.25 から，$\bar{x} = 3$，$\bar{y} = 4$ において $c = 36$ であり，またこのとき $\bar{x}$ および $\bar{y}$ は $x + y \geqslant 5$ を確かに満たしている．

6.37　ある企業が 2 財 $x$，$y$ を合わせて 35 を超えては生産できない，すなわち $x + y \leqslant 35$ であるとき，この制約式のもとで，利潤 $\pi = 160x - 3x^2 - 2xy - 2y^2 + 120y - 18$ を最大化せよ．

ラグランジュ関数は，

$$\Pi = 160x - 3x^2 - 2xy - 2y^2 + 120y - 18 + \lambda(x + y - 35)$$

したがって，

$$\Pi_x = 160-6x-2y+\lambda = 0 \quad \Pi_y = -2x-4y+120+\lambda = 0 \quad \Pi_\lambda = x+y-35 = 0$$

それゆえ，$\bar{x} = 18.33$，$\bar{y} = 16.67$，$\bar{\lambda} = -16.67$ であるから，$\pi = 2740.34$．$g(x, y) \leqslant 0$ という制約式のもとでの最大化問題は，もし $\bar{\lambda} < 0$ であるのならば制約条件は有効であり，よって制約付き最大値が得られる．他方，演習問題 6.26 から，制約なしの利潤は $\bar{x} = 20$，$\bar{y} = 20$ における $\pi = 2782$ である．

6.38　演習問題 6.37 を $x + y \leqslant 50$ という制約式のもとで解け．

ラグランジュ関数 $\Pi = 160x - 3x^2 - 2xy - 2y^2 + 120y - 18 + \lambda(x + y - 50)$ から，

$$\Pi_x = 160-6x-2y+\lambda = 0 \quad \Pi_y = -2x-4y+120+\lambda = 0 \quad \Pi_\lambda = x+y-50 = 0$$

したがって，$\bar{x} = 23.33$，$\bar{y} = 26.67$，$\bar{\lambda} = 33.33$ であるから $\pi = 2615.33$．

$\lambda > 0$ であるから，制約は機能していない．等式制約を無視して，単に目的関数を最大化するだけでよい．

# 第 7 章　行列と線形代数の基礎

## 7.1　行列代数の役割

行列代数は，(1) 複雑な方程式を簡潔かつ簡単に表現でき，(2) 解が存在するかどうかを決定する簡単な方法を与え，(3) 方程式体系を解く方法を与えてくれる．しかしそれは線形方程式体系に関してのみである．多くの経済関係は線形方程式で近似でき，それ以外も線形の関係に変換しうるので，このような制約はそれほど重大な問題ではない．

**例題 1**　いくつかの生産物を売る販売店を複数もつ会社では，行列は在庫を記録するよい方法を与える．

| 販売店 | スキー | ボール | 締め具 | ウェア |
|---|---|---|---|---|
| 1 | 120 | 110 | 90 | 150 |
| 2 | 200 | 180 | 210 | 110 |
| 3 | 175 | 190 | 160 | 80 |
| 4 | 140 | 170 | 180 | 140 |

行列の行では，販売店のそれぞれの商品在庫水準がわかる．列についてみると，各生産物のそれぞれの店での在庫量がわかる．

**例題 2**　一般化されたコッブ・ダグラス関数のような非線形関数

$$Q = AK^{\alpha}L^{\beta}$$

はすぐに両側の対数をとり，線形関数に変換できる．たとえば，

$$\log Q = \log A + \alpha \log K + \beta \log L$$

同じく，指数関数や他のベキ乗関数は線形関数に変換され，行列代数で扱える．

## 7.2　定義と用語

**行列**とは数，パラメータ，変数を矩型に並べたもので，行列内の注意深く決められた場所にある．各数（パラメータ，ないし変数）は行列の**要素**という．水平線上に並ぶ数を**行**といい，垂直線上に並ぶ数を**列**という．行（$m$）と列（$n$）の数が行列の**次元**（$m \times n$）を定め，$m \times n$ 型とよばれる．行の数を先にいう．**正方行列**では行と列の数は等しい（つまり，$m = n$）．行列は 1 列しかもたないと，その次元は $m \times 1$ で，**列ベクトル**という．もし 1 行しかないと $1 \times n$ 次元で，**行ベクトル**という．行列 $A$ の行を列に変え，$A$ の列を行に変えたものが $A$ の**転置**で，$A'$（ないし $A^T$）と書く．

**例題3**　下に見る $A$ は 3 行 3 列の計 9 個の要素からなる一般の行列，つまり正方行列である．行列の要素は添字記号で区別される．またそれは 2 つの記号がついている．1 番目は行の番号，2 番目は列の番号を示す．場所は行列内に正しくおかれている．$a_{23}$ は第 2 行，3 列の要素で，$a_{32}$ は第 3 行，2 列の要素である．行列では行がいつも列より先であるので，行列の順で添字を考えるとよい．

$$A = \begin{bmatrix} a_{11} & a_{12} & a_{13} \\ a_{21} & a_{22} & a_{23} \\ a_{31} & a_{32} & a_{33} \end{bmatrix}_{(3\times3)} \qquad B = \begin{bmatrix} 3 & 9 & 8 \\ 4 & 2 & 7 \end{bmatrix}_{(2\times3)} \qquad C = \begin{bmatrix} 7 \\ 4 \\ 5 \end{bmatrix}_{(3\times1)}$$

$$D = \begin{bmatrix} 3 & 0 & 1 \end{bmatrix}_{(1\times3)}$$

とする．

$B$ は $2 \times 3$ 行列である．$b_{12}$ は 9 で $b_{21}$ は 4 である．$C$ は列ベクトルで，その次元は $(3 \times 1)$ である．$D$ は行ベクトルで次元は $(1 \times 3)$ である．

$A$ の転置は，

$$A' = \begin{bmatrix} a_{11} & a_{21} & a_{31} \\ a_{12} & a_{22} & a_{32} \\ a_{13} & a_{23} & a_{33} \end{bmatrix}$$

$C$ の転置は，

$$C' = \begin{bmatrix} 7 & 4 & 5 \end{bmatrix}$$

となる．

## 7.3　行列の加減

2 つの行列の加法（と減法）$A+B$（ないし $A-B$）のとき，次元は等しくなければならない．1 つの行列の要素は他の行列の同じ場所の要素と加えられる（ないし引かれる）．$A$ の $a_{11}$ は $B$ の $b_{11}$ と加えられる（ないし引かれる），$a_{12}$ は $b_{12}$ に加えられる，等々である．

**例題 4**　行列 $A$ と $B$ が与えられると，$A+B$ が計算される．

$$A=\begin{bmatrix}8 & 9 & 7\\ 3 & 6 & 2\\ 4 & 5 & 10\end{bmatrix}_{(3\times 3)} \qquad B=\begin{bmatrix}1 & 3 & 6\\ 5 & 2 & 4\\ 7 & 9 & 2\end{bmatrix}_{(3\times 3)}$$

$$A+B=\begin{bmatrix}8+1 & 9+3 & 7+6\\ 3+5 & 6+2 & 2+4\\ 4+7 & 5+9 & 10+2\end{bmatrix}_{(3\times 3)} = \begin{bmatrix}9 & 12 & 13\\ 8 & 8 & 6\\ 11 & 14 & 12\end{bmatrix}_{(3\times 3)}$$

$C$ と $D$ が与えられると，差 $C-D$ がつぎのように示される．

$$C=\begin{bmatrix}4 & 9\\ 2 & 6\end{bmatrix}_{(2\times 2)} \qquad D=\begin{bmatrix}1 & 7\\ 5 & 4\end{bmatrix}_{2\times 2}$$

$$C-D=\begin{bmatrix}4-1 & 9-7\\ 2-5 & 6-4\end{bmatrix}_{(2\times 2)} = \begin{bmatrix}3 & 2\\ -3 & 2\end{bmatrix}_{(2\times 2)}$$

**例題 5**　先の例題 1 の企業の各販売店に $D$ という納入がなされるとしよう．新しい在庫ストックはどうなるか．

$$D=\begin{bmatrix}40 & 20 & 50 & 10\\ 25 & 30 & 10 & 60\\ 15 & 0 & 40 & 70\\ 60 & 40 & 10 & 50\end{bmatrix}$$

新しい在庫水準を見るため，初めの行列を $S$ とし，$S+D$ を計算する．各行列の対応する要素を加えると，

$$S+D=\begin{bmatrix}120+40 & 110+20 & 90+50 & 150+10\\ 200+25 & 180+30 & 210+10 & 110+60\\ 175+15 & 190+0 & 160+40 & 80+70\\ 140+60 & 170+40 & 180+10 & 140+50\end{bmatrix} = \begin{bmatrix}160 & 130 & 140 & 160\\ 225 & 210 & 220 & 170\\ 190 & 190 & 200 & 150\\ 200 & 210 & 190 & 190\end{bmatrix}$$

## 7.4 スカラー積

行列代数では 12，−2，0.07 のような数は**スカラー**とよばれる．行列と数ないしスカラーとの積は行列の各要素をその数倍することである．それはこの数だけ行列を増加，減少させるので**スカラー積**とよばれる．

**例題 6**　$k=8$ のときのスカラー積 $kA$ は下に示す通り，

$$A=\begin{bmatrix}6 & 9\\ 2 & 7\\ 8 & 4\end{bmatrix}_{(3\times 2)}$$

$$kA=\begin{bmatrix}8(6) & 8(9)\\ 8(2) & 8(7)\\ 8(8) & 8(4)\end{bmatrix}_{(3\times 2)}=\begin{bmatrix}48 & 72\\ 16 & 56\\ 64 & 32\end{bmatrix}_{(3\times 2)}$$

である．

## 7.5 ベクトル積

行ベクトル $A$ と列ベクトル $B$ の積をとるためには両方とも要素の数が同じでなければならない．その積は両者の対応する要素をすべて掛け合わせてから，合計することで得られる．

$$AB=(a_{11}\times b_{11})+(a_{12}\times b_{21})+(a_{13}\times b_{31})\quad \text{等}$$

行と列の積は 1 つの数ないしスカラーとなる．この計算は大変重要で，すべての行列積の基礎となる．

**例題 7**　$A$，$B$ が以下の通りである行ベクトル $A$ と列ベクトル $B$ の積 $AB$ は以下のように計算される．

$$A=\begin{bmatrix}4 & 7 & 2 & 9\end{bmatrix}_{(1\times 4)}\qquad B=\begin{bmatrix}12\\ 1\\ 5\\ 6\end{bmatrix}_{(4\times 1)}$$

$$4(12)+7(1)+2(5)+9(6)=48+7+10+54=119$$

つぎのベクトルの積は,

$$C = \begin{bmatrix} 3 & 6 & 8 \end{bmatrix}_{(1\times3)} \qquad D = \begin{bmatrix} 2 \\ 4 \\ 5 \end{bmatrix}_{(3\times1)}$$

$CD = (3 \times 2) + (6 \times 4) + (8 \times 5) = 6 + 24 + 40 = 70$ となる.

各ベクトルは同じ要素の数をもつので積を求めることができる.

上のいずれかの計算の順序を逆にして列・行の積（$BA$ ないし $DC$）を計算するとまったく別の答えが出る.

## 7.6　行列の和

次元 $m_1 \times n_1$ と $m_2 \times n_2$ の 2 つの行列の積を求めるときは，その 2 つの行列が——つまり，**最初の行列**の列の数が**後の行列**の行の数と**一致**しなければならない．最初の行列の各行と後の行列の各列とが，先の 7.5 節の行と列の積の計算に従って計算される．行列の積を求めるためには行と列の積を使い，積の行列 $C$ の各要素 $c_{ij}$ は前の行列の第 $i$ 行と，後の行列第 $j$ 列の積となる．行と列の積は**内積**とよばれる.

### 例題 8

$$A = \begin{bmatrix} 3 & 6 & 7 \\ 12 & 9 & 11 \end{bmatrix}_{(2\times3)} \qquad B = \begin{bmatrix} 6 & 12 \\ 5 & 10 \\ 13 & 2 \end{bmatrix}_{(3\times2)} \qquad C = \begin{bmatrix} 1 & 7 & 8 \\ 2 & 4 & 3 \end{bmatrix}_{(2\times3)}$$

行列積を求めるために適用しうる積の計算の可能性の簡単なテストは，行列の積を求める順にそれらの次元を書き，最初の組み合わせの 2 番目の数と，後の組み合わせの 1 番目の数を 1 つの丸の中に入れる．それが等しいなら，その順序での行列の積が可能で，丸印の外側の数が積の行列の次元となる．したがって $AB$ について

$$(2 \times \boxed{3) = (3} \times 2)$$
$$\searrow \qquad \swarrow$$
$$(2 \times 2)$$

行列は積の計算ができ，積の行列 $AB$ の次元（$2 \times 2$）である．2 つの行列 $A$, $B$ の積がとれると，積 $AB$ は**定義可能**という.

$BC$ に対しても，

$$(3 \times \boxed{2) = (2} \times 3)$$

$$\searrow \qquad \swarrow$$

$$(3 \times 3)$$

これら行列は積がとれ，行列積の $BC$ の次元は（$3 \times 3$）となる．

他方 $AC$ に対しては，

$$(2 \times \boxed{3) \neq (2} \times 3)$$

となり，$A$ と $C$ は積がとれない．したがって，$AC$ は定義できない．

**例題 9**　例題 8 の $A$，$B$ の積がとれることが決められた後で，2 つの積が計算される．まず前の行列の第 1 行と後の行列の第 1 列とを掛けて積 $D$ の $d_{11}$ を求める．ついで先の行列の第 1 行と後のそれの第 2 列との積から $d_{12}$ が求められる．後の行列に残った列がなくなったら，先の行列の第 2 行に移る．

最初の第 2 行と後の第 1 列とを掛けて $d_{21}$ を求める．最後に，先の行列の第 2 行と後の行列の第 2 列とを掛けて $d_{22}$ を得る．

$$AB = D = \begin{bmatrix} 3(6) + 6(5) + \ \ 7(13) & 3(12) + 6(10) + \ \ 7(2) \\ 12(6) + 9(5) + 11(13) & 12(12) + 9(10) + 11(2) \end{bmatrix}_{(2\times 2)}$$

$$BC = \begin{bmatrix} 30 & 90 & 84 \\ 25 & 75 & 70 \\ 7 & 99 & 110 \end{bmatrix}_{(3\times 3)}$$

**例題 10**　先の例題 1 により，スキー板の価格は 200 ドル，ポールは 50 ドル，締め具は 100 ドルでウェアは 150 ドルとする．いろいろな販売店の在庫の価値 $V$ を計算するために，価格は列ベクトル（$P$）として $S \times P$ を求めると，

$$V = SP = \begin{bmatrix} 120 & 110 & 90 & 150 \\ 200 & 180 & 210 & 110 \\ 175 & 190 & 160 & 80 \\ 140 & 170 & 180 & 140 \end{bmatrix}_{(4\times 4)} \begin{bmatrix} 200 \\ 50 \\ 100 \\ 150 \end{bmatrix}_{(4\times 1)}$$

行列がとれて積の行列は $4 \times 1$ となる．なぜなら，

$$(4 \times \boxed{4) = (4} \times 1)$$

$$\searrow \qquad \swarrow$$

$$(4 \times 1)$$

かくて，

$$V = \begin{bmatrix} 120(200) + 110(50) + \ \ 90(100) + 150(150) \\ 200(200) + 180(50) + 210(100) + 110(150) \\ 175(200) + 190(50) + 160(100) + \ \ 80(150) \\ 140(200) + 170(50) + 180(100) + 140(150) \end{bmatrix}_{(4\times 1)} = \begin{bmatrix} 61,000 \\ 86,500 \\ 72,500 \\ 75,500 \end{bmatrix}_{(4\times 1)}$$

## 7.7　行列代数の可換律（可換法則），結合律（結合法則）と分配律（分配法則）

行列の加法は可換的である $(A + B = B + A)$ というのは，それは相対する要素を加えるから，加算がなされる順序には依存しない．同じ理由で，行列の加法は結合的である $(A + B) + C = A + (B + C)$．同じことは減法でもあてはまる．行列の引き算 $(A - B)$ は，$A + (-B)$ と変換され，引き算も結合的である．

行列の積は，例外を除くと可換的でない．スカラー積は可換的であり，$kA = Ak$ となる．3 つ以上の行列があり，$X_{(a\times b)}$，$Y_{(c\times d)}$，$Z_{(e\times f)}$ で $b = c$，$d = e$ なら，その順序で行列が掛けられるかぎり，結合律は成立する．したがって $(XY)Z = X(YZ)$ となる．またこれらの条件のもとでは行列は分配律が成立する．つまり，$A(B + C) = AB + AC$ となる．

**例題 11**

$$A = \begin{bmatrix} 4 & 11 \\ 17 & 6 \end{bmatrix} \qquad B = \begin{bmatrix} 3 & 7 \\ 6 & 2 \end{bmatrix}$$

とする．行列の加法，減法が可換的であることを示すため，(1) $A + B = B + A$ と (2) $A - B = -B + A$ を示せ．計算は下に示した．

(1)

$$A + B = \begin{bmatrix} 4+3 & 11+7 \\ 17+6 & 6+2 \end{bmatrix} = \begin{bmatrix} 7 & 18 \\ 23 & 8 \end{bmatrix}$$

$$= B + A = \begin{bmatrix} 3+4 & 7+11 \\ 6+17 & 2+6 \end{bmatrix} = \begin{bmatrix} 7 & 18 \\ 23 & 8 \end{bmatrix}$$

(2)
$$A-B=\begin{bmatrix}4-3 & 11-7\\ 17-6 & 6-2\end{bmatrix}=\begin{bmatrix}1 & 4\\ 11 & 4\end{bmatrix}$$

$$=-B+A=\begin{bmatrix}-3+\ \ 4 & -7+11\\ -6+17 & -2+\ \ 6\end{bmatrix}=\begin{bmatrix}1 & 4\\ 11 & 4\end{bmatrix}$$

**例題 12**

$$A=\begin{bmatrix}3 & 6 & 7\\ 1 & 9 & 11\end{bmatrix}_{(2\times3)}\qquad B=\begin{bmatrix}6 & 12\\ 5 & 10\\ 13 & 2\end{bmatrix}_{(3\times2)}$$

とする．$AB \neq BA$ を示して，行列積は可換的でないことを示すことができる．

$(2\times\boxed{3)=(3}\times2)$　　$AB$ は $2\times2$ となる．

$$AB=\begin{bmatrix}3(6)+6(5)+\ \ 7(13) & 3(12)+6(10)+\ \ 7(2)\\ 12(6)+9(5)+11(13) & 12(12)+9(10)+11(2)\end{bmatrix}_{(2\times2)}=\begin{bmatrix}139 & 110\\ 260 & 256\end{bmatrix}_{(2\times2)}$$

$(3\times\boxed{2)=(2}\times3)$　　$BA$ は $3\times3$ となる．

$$BA=\begin{bmatrix}6(3)+12(12) & 6(6)+12(9) & 6(7)+12(11)\\ 5(3)+10(12) & 5(6)+10(9) & 5(7)+10(11)\\ 13(3)+\ \ 2(12) & 13(6)+\ \ 2(9) & 13(7)+\ \ 2(11)\end{bmatrix}_{(3\times3)}$$
$$=\begin{bmatrix}162 & 144 & 174\\ 135 & 120 & 145\\ 63 & 96 & 113\end{bmatrix}_{(3\times3)}$$

したがって $AB \neq BA$ である．

ときどき，行列はどのように掛け算をしても積が求められないことがある．

**例題 13**

$$A=\begin{bmatrix}7 & 5\\ 1 & 3\\ 8 & 6\end{bmatrix}_{(3\times2)}\qquad B=\begin{bmatrix}4 & 9 & 10\\ 2 & 6 & 5\end{bmatrix}_{(2\times3)}\qquad C=\begin{bmatrix}2\\ 6\\ 7\end{bmatrix}_{(3\times1)}$$

行列の積が結合的である（つまり，$(AB)C=A(BC)$）を証明するため，以下のような計算をする．

$$AB=\begin{bmatrix}7(4)+5(2) & 7(9)+5(6) & 7(10)+5(5)\\ 1(4)+3(2) & 1(9)+3(6) & 1(10)+3(5)\\ 8(4)+6(2) & 8(9)+6(6) & 8(10)+6(5)\end{bmatrix}_{(3\times3)}=\begin{bmatrix}38 & 93 & 95\\ 10 & 27 & 25\\ 44 & 108 & 110\end{bmatrix}_{(3\times3)}$$

$$(AB)C = \begin{bmatrix} 38 & 93 & 95 \\ 10 & 27 & 25 \\ 44 & 108 & 110 \end{bmatrix}_{(3\times 3)} \begin{bmatrix} 2 \\ 6 \\ 7 \end{bmatrix}_{(3\times 1)} = \begin{bmatrix} 38(2) + \ \ 93(6) + \ \ 95(7) \\ 10(2) + \ \ 27(6) + \ \ 25(7) \\ 44(2) + 108(6) + 110(7) \end{bmatrix}_{(3\times 1)}$$

$$= \begin{bmatrix} 1299 \\ 357 \\ 1506 \end{bmatrix}_{(3\times 1)}$$

$$BC = \begin{bmatrix} 4(2) + 9(6) + 10(7) \\ 2(2) + 6(6) + \ \ 5(7) \end{bmatrix}_{(2\times 1)} = \begin{bmatrix} 132 \\ 75 \end{bmatrix}_{(2\times 1)}$$

$$A(BC) = \begin{bmatrix} 7 & 5 \\ 1 & 3 \\ 8 & 6 \end{bmatrix}_{(3\times 2)} \begin{bmatrix} 132 \\ 75 \end{bmatrix}_{(2\times 1)} = \begin{bmatrix} 7(132) + 5(75) \\ 1(132) + 3(75) \\ 8(132) + 6(75) \end{bmatrix}_{(3\times 1)} = \begin{bmatrix} 1299 \\ 357 \\ 1506 \end{bmatrix}_{(3\times 1)}$$

証明終わり．

## 7.8　単位行列とゼロ行列

単位行列 $I$ は主対角線上に 1 の要素をもち，それ以外の要素はゼロの正方行列である．例題 14 を見よ．$I_n$ のような添字が使用されるとき，$n$ は行列 $(n \times n)$ 次元である．単位行列は代数の 1 と似ている．というのは，単位行列を掛けてももとの行列は不変で，$AI = IA = A$ であるからである．単位行列どうしの掛け算をしても単位行列は変わらない．つまり，$I \times I = I^2 = I$ である．$A = A'$ の行列を**対称行列**という．$A \times A = A$ の対称行列を**ベキ等行列**という．単位行列は対称かつベキ等である．

**ゼロ行列**は，すべてがゼロの要素からなり，いかなる次元をもとりうる．それは必ずしも正方行列とはかぎらない．ゼロ行列を加えても，それを引いても，もとの行列は不変で，ゼロ行列を掛けるとゼロ行列となる．

### 例題 14

$$A = \begin{bmatrix} 7 & 10 & 14 \\ 9 & 2 & 6 \\ 1 & 3 & 7 \end{bmatrix} \qquad B = \begin{bmatrix} 5 & 12 \\ 20 & 4 \end{bmatrix} \qquad N = \begin{bmatrix} 0 & 0 \\ 0 & 0 \end{bmatrix} \qquad I = \begin{bmatrix} 1 & 0 & 0 \\ 0 & 1 & 0 \\ 0 & 0 & 1 \end{bmatrix}$$

とする．

(1) 単位行列を掛けてももとの行列は不変で，$AI = A$，(2) ゼロ行列を掛けるとゼロ行列となり，$BN = N$，(3) ゼロ行列を加えてもそれを引いても，もとの行列は不変で，$B + N = B$ を証明できる．その計算は下に示した・

(1)

$$AI = \begin{bmatrix} 7 & 10 & 14 \\ 9 & 2 & 6 \\ 1 & 3 & 7 \end{bmatrix} \begin{bmatrix} 1 & 0 & 0 \\ 0 & 1 & 0 \\ 0 & 0 & 1 \end{bmatrix}$$

$$= \begin{bmatrix} 7(1) + 10(0) + 14(0) & 7(0) + 10(1) + 14(0) & 7(0) + 10(0) + 14(1) \\ 9(1) + \ \ 2(0) + \ \ 6(0) & 9(0) + \ \ 2(1) + \ \ 6(0) & 9(0) + \ \ 2(0) + \ \ 6(1) \\ 1(1) + \ \ 3(0) + \ \ 7(0) & 1(0) + \ \ 3(1) + \ \ 7(0) & 1(0) + \ \ 3(0) + \ \ 7(1) \end{bmatrix}$$

$$AI = \begin{bmatrix} 7 & 10 & 14 \\ 9 & 2 & 6 \\ 1 & 3 & 7 \end{bmatrix}$$ 証明終わり．

(2)

$$BN = \begin{bmatrix} 5(0) + 12(0) & 5(0) + 12(0) \\ 20(0) + \ \ 4(0) & 20(0) + \ \ 4(0) \end{bmatrix} = \begin{bmatrix} 0 & 0 \\ 0 & 0 \end{bmatrix}$$ 証明終わり．

(3)

$$B + N = \begin{bmatrix} 5 + 0 & 12 + 0 \\ 20 + 0 & 4 + 0 \end{bmatrix} = \begin{bmatrix} 5 & 12 \\ 20 & 4 \end{bmatrix}$$ 証明終わり．

## 7.9 線形方程式体系の行列表示

行列代数で線形方程式は簡単に表現できる．単純な例として，線形方程式体系

$$7x_1 + 3x_2 = 45$$
$$4x_1 + 5x_2 = 29$$

が，行列では，

$$AX = B$$

と示される．ただし，

$$A = \begin{bmatrix} 7 & 3 \\ 4 & 5 \end{bmatrix} \qquad X = \begin{bmatrix} x_1 \\ x_2 \end{bmatrix} \text{ と } B = \begin{bmatrix} 45 \\ 29 \end{bmatrix}$$ である．

$A$ は係数行列，$X$ は解ベクトルで，$B$ は定数項ベクトルである．$X$ と $B$ はともに列ベクトルである．

**例題 15**　$AX = B$ が 7.9 節で与えられた方程式体系を正しく表わしていることを示すため，積 $AX$ を求めよう．$AX$ が積をとれ，結果は $(2 \times 1)$ 次元ベクトルとなる．

$$(2 \times \boxed{2) = (2} \times 1)$$

$$\searrow \qquad \swarrow$$

$$(2 \times 1)$$

かくて，

$$AX = \begin{bmatrix} 7 & 3 \\ 4 & 5 \end{bmatrix} \begin{bmatrix} x_1 \\ x_2 \end{bmatrix} = \begin{bmatrix} 7x_1 + 3x_2 \\ 4x_1 + 5x_2 \end{bmatrix}_{(2\times 1)}$$

$$AX = B: \begin{bmatrix} 7x_1 + 3x_2 \\ 4x_1 + 5x_2 \end{bmatrix} = \begin{bmatrix} 45 \\ 29 \end{bmatrix} \quad \text{証明終わり．}$$

ここで，表面上の形式にかかわらず，$AX$ は $(2 \times 1)$ の列ベクトルである．というのは，各行は 1 つの要素からなり，それ以上は単純な形にならない．

**例題 16**

$$8w + 12x - 7y + 2z = 139$$
$$3w - 13x + 4y + 9z = 242$$

行列形式でこの方程式体系を示すために，以下のように考えて，$A$，$W$，$B$ を後で定義しよう．

$$\begin{bmatrix} 8 & 12 & -7 & 2 \\ 3 & -13 & 4 & 9 \end{bmatrix}_{(2\times 4)} \begin{bmatrix} w \\ x \\ y \\ z \end{bmatrix}_{(4\times 1)} = \begin{bmatrix} 139 \\ 242 \end{bmatrix}_{(2\times 4)}$$

そして，$A$ を係数行列，$W$ を変数の列ベクトル，$B$ を定数項ベクトルとすると，方程式体系は行列で示される．

$$A_{(2\times 4)} W_{(4\times 1)} = B_{(2\times 1)}$$

## 7.10　行の操作

**行の操作**とは行列の行に単純な代数操作をほどこすことをいう．線形関係は変えずに以下 3 つの基本的操作がある．(1) 行列の 2 つの行は相互に交換しうる，(2) もし定数が 0 でないなら，1 つの行ないしいくつかの行に定数を掛ける，(3) ある行の何倍かを行に加えても，他の行からそれを引いてもよい．

例題 17　代数でよくとられる行操作は下に示される．

$$5x + 2y = 16$$
$$8x + 4y = 28 \quad \text{とする．}$$

1 次式の関係は変えずに，

1. 2 つの行を入れ換える．

$$8x + 4y = 28$$
$$5x + 2y = 16$$

2. 定数を任意の行に掛ける．ここでは $8x + 4y = 28$ に 1/4 を掛けて，

$$2x + \ \ y = \ \ 7$$
$$5x + 2y = 16$$

3. ある行の何倍かを他の行から引く．ここでは $2(2x + y = 7)$ を $5x + 2y = 16$ から引くと，

$$\begin{array}{r} 5x + 2y = 16 \\ -\,4x - 2y = -14 \\ \hline x \qquad = 2 \end{array}$$

## 7.11　拡大行列

列形式 $AX = B$ で方程式体系が与えられると，拡大行列 $A|B$ とは，行列 $A$ に $B$ を加えて両者を仕切ったもので，たとえば 7.9 節の方程式体系は，

$$A|B = \left[\begin{array}{cc|c} 7 & 3 & 45 \\ 4 & 5 & 29 \end{array}\right]$$

となる．拡大行列は線形方程式体系を解くために利用される．

例題 18　$$4x_1 + 5x_2 + 7x_3 = 42$$

$$2x_1 + 3x_2 + 8x_3 = 40$$
$$6x_1 + 4x_2 + \phantom{8}x_3 = 18$$

に対する拡大行列 $A|B$ は,

$$A|B = \left[\begin{array}{ccc|c} 4 & 5 & 7 & 42 \\ 2 & 3 & 8 & 40 \\ 6 & 4 & 1 & 18 \end{array}\right]$$

で与えられる.

## 7.12　線形方程式のガウスの解法

方程式体系を解くためガウスのはき出し法を使う．まず方程式体系を拡大行列とし，係数行列 $A$ が単位行列になるまで拡大行列に行の操作をする．方程式の解は列ベクトル $B$ の要素となっている（例題 19 を見よ)．係数行列を単位行列に変換するためには，主対角線に沿って操作をする．つまり，係数行列の $a_{11}$ を 1 に，第 1 列の全エレメントを 0 にするために行の操作をする．つぎに $a_{22}$ を 1 にし，第 2 列の他の要素を 0 にするため行の操作をする．これを主対角要素をすべて 1 にして単位行列が完成するまで続ける.

**例題 19**　下の方程式体系の $x_1$ と $X_2$ を解くため，ガウスのはき出し法を行なう.

$$2x_1 + 12x_2 = 40$$
$$8x_1 + \phantom{1}4x_2 = 28$$

拡大行列でまず方程式を示す.

$$A|B = \left[\begin{array}{cc|c} 2 & 12 & 40 \\ 8 & 4 & 28 \end{array}\right]$$

ついで,

1a.　$a_{11}$ を 1 にするため第 1 列に 1/2 を掛ける.

$$\left[\begin{array}{cc|c} 1 & 6 & 20 \\ 8 & 4 & 28 \end{array}\right]$$

1b.　第 1 列を単位ベクトルにするため，第 2 行から第 1 行の 8 倍を引く.

$$\left[\begin{array}{cc|c} 1 & 6 & 20 \\ 0 & -44 & -132 \end{array}\right]$$

2a. $a_{22}$ を 1 にするため第 2 行に (−1/44) を掛ける．

$$\left[\begin{array}{cc|c} 1 & 6 & 20 \\ 0 & 1 & 3 \end{array}\right]$$

2b. 第 2 列を単位ベクトル化するため第 1 行から第 2 行の 6 倍を引く．

$$\left[\begin{array}{cc|c} 1 & 0 & 2 \\ 0 & 1 & 3 \end{array}\right]$$

解は $x_1 = 2$，$x_2 = 3$ となる．なぜなら，

$$\begin{bmatrix} 1 & 0 \\ 0 & 1 \end{bmatrix} \begin{bmatrix} x_1 \\ x_2 \end{bmatrix} = \begin{bmatrix} 2 \\ 3 \end{bmatrix}$$

$$x_1 + 0 = 2$$

$$0 + x_2 = 3$$

# 演習問題

## 行列形式

7.1 (a) つぎのように各行列の次元を示せ．(b) $Y$ の転置行列と，新しい次元を示せ．

$$A = \begin{bmatrix} 6 & 7 & 9 \\ 2 & 8 & 4 \end{bmatrix} \quad B = \begin{bmatrix} 12 & 9 & 2 & 6 \\ 7 & 5 & 8 & 3 \\ 9 & 1 & 0 & 4 \end{bmatrix} \quad C = \begin{bmatrix} 12 \\ 19 \\ 25 \end{bmatrix}$$

$$D = \begin{bmatrix} 2 & 1 \\ 7 & 8 \\ 3 & 0 \\ 9 & 5 \end{bmatrix} \quad E = \begin{bmatrix} 10 & 2 & 9 & 6 & 8 & 1 \end{bmatrix} \quad F = \begin{bmatrix} 1 & 2 & 5 \\ 5 & 9 & 3 \\ 6 & 7 & 6 \\ 3 & 8 & 9 \end{bmatrix}$$

(a) 次元は単に行の数と列の数で示されるので，$A = (2 \times 3)$，$B = (3 \times 4)$，$C = (3 \times 1)$，$D = (4 \times 2)$，$E = (1 \times 6)$ で，$F = (4 \times 3)$ とする．$C$ は列ベクトル，$E$ は行ベクトルともよばれる．

(b) $A$ の転置は $A$ の行を列に，$A$ の列を行にすることである．

$$A' = \begin{bmatrix} 6 & 2 \\ 7 & 8 \\ 9 & 4 \end{bmatrix}_{(3\times2)} \qquad B' = \begin{bmatrix} 12 & 7 & 9 \\ 9 & 5 & 1 \\ 2 & 8 & 0 \\ 6 & 3 & 4 \end{bmatrix}_{(4\times3)} \qquad C' = \begin{bmatrix} 12 & 19 & 25 \end{bmatrix}_{(1\times3)}$$

$$D' = \begin{bmatrix} 2 & 7 & 3 & 9 \\ 1 & 8 & 0 & 5 \end{bmatrix}_{(2\times4)} \qquad E' = \begin{bmatrix} 10 \\ 2 \\ 9 \\ 6 \\ 8 \\ 1 \end{bmatrix}_{(6\times1)} \qquad F' = \begin{bmatrix} 1 & 5 & 6 & 3 \\ 2 & 9 & 7 & 8 \\ 5 & 3 & 6 & 9 \end{bmatrix}_{(3\times4)}$$

**7.2**　$a_{21} = 4$，$a_{32} = 5$，$a_{13} = 3$，$a_{23} = 6$，$a_{12} = 10$，$a_{31} = -5$ とする．そのとき，つぎの行列を完成するために添字の知識を用いよ．

$$A = \begin{bmatrix} 6 & - & - \\ - & 7 & - \\ - & - & 9 \end{bmatrix}$$

添字は行，列の順で与えられるので，$a_{21} = 4$ の，4 は第 2 行の 1 列目にある．$a_{32} = 5$ より，5 は第 3 行の 2 列目になる．かくて，

$$A = \begin{bmatrix} 6 & 10 & 3 \\ 4 & 7 & 6 \\ -5 & 5 & 9 \end{bmatrix}$$

**7.3**　5 つの小売店をもつ企業は 10（$t$）のテレビ，15（$s$）のステレオ，9（$d$）のテーブデッキと 12（$r$）のレコーダーを第 1 の店においてあり，$20t$，$14s$，$8d$ と $5r$ は第 2 の店，$16t$，$8s$，$15d$ と $6r$ が第 3 の店に，$25t$，$15s$，$7d$ と $16r$ は第 4 の，$5t$，$12s$，$20d$ と $18r$ は第 5 の店にある．現在の在庫を行列で示せ．

$$\begin{array}{c} \text{小売店} \\ 1 \\ 2 \\ 3 \\ 4 \\ 5 \end{array} \quad \begin{array}{c} \begin{array}{cccc} t & s & d & r \end{array} \\ \begin{bmatrix} 10 & 15 & 9 & 12 \\ 20 & 14 & 8 & 5 \\ 16 & 8 & 15 & 6 \\ 25 & 15 & 7 & 16 \\ 5 & 12 & 20 & 18 \end{bmatrix} \end{array}$$

## 行列の加法と減法

7.4　つぎの行列の和 $A+B$ を求めよ．

(a) $A=\begin{bmatrix} 8 & 9 \\ 12 & 7 \end{bmatrix}$,　$B=\begin{bmatrix} 13 & 4 \\ 2 & 6 \end{bmatrix}$

$$A+B=\begin{bmatrix} 8+13 & 9+4 \\ 12+\ 2 & 7+6 \end{bmatrix}=\begin{bmatrix} 21 & 13 \\ 14 & 13 \end{bmatrix}$$

(b) $A=\begin{bmatrix} 7 & -10 \\ -8 & 2 \end{bmatrix}$,　$B=\begin{bmatrix} -8 & 4 \\ 12 & -6 \end{bmatrix}$

$$A+B=\begin{bmatrix} 7+(-8) & -10+4 \\ -8+12 & 2+(-6) \end{bmatrix}=\begin{bmatrix} -1 & -6 \\ 4 & -4 \end{bmatrix}$$

(c) $A=\begin{bmatrix} 12 & 16 & 2 & 7 & 8 \end{bmatrix}$，$B=\begin{bmatrix} 0 & 1 & 9 & 5 & 6 \end{bmatrix}$

$$A+B=\begin{bmatrix} 12 & 17 & 11 & 12 & 14 \end{bmatrix}$$

7.5　演習問題 7.4 と同じ問題．

$$A=\begin{bmatrix} 0 & 1 & -6 & 2 \\ -3 & 5 & 8 & 7 \\ 2 & 9 & -1 & 6 \end{bmatrix},\quad B=\begin{bmatrix} 7 & 2 & 12 & 6 & 5 \\ 4 & 3 & 8 & 10 & 6 \\ 1 & 0 & 5 & 11 & 9 \end{bmatrix}$$

とする．

$A=(3\times 4)$，$B=(3\times 5)$ で同じ次元でないため，合計はできない．

7.6　演習問題 7.3 の示す会社が各店に下の $D$ のような材料を送った．

$$D=\begin{bmatrix} 4 & 3 & 5 & 2 \\ 0 & 9 & 6 & 1 \\ 5 & 7 & 2 & 6 \\ 12 & 2 & 4 & 8 \\ 9 & 6 & 3 & 5 \end{bmatrix}$$

新しいストックはどうなるか．

$$
I_2 = I_1 + D = \begin{bmatrix} 10 & 15 & 9 & 12 \\ 20 & 14 & 8 & 5 \\ 16 & 8 & 15 & 6 \\ 25 & 15 & 7 & 16 \\ 5 & 12 & 20 & 18 \end{bmatrix} + \begin{bmatrix} 4 & 3 & 5 & 2 \\ 0 & 9 & 6 & 1 \\ 5 & 7 & 2 & 6 \\ 12 & 2 & 4 & 8 \\ 9 & 6 & 3 & 5 \end{bmatrix} = \begin{bmatrix} 14 & 18 & 14 & 14 \\ 20 & 23 & 14 & 6 \\ 21 & 15 & 17 & 12 \\ 37 & 17 & 11 & 24 \\ 14 & 18 & 23 & 23 \end{bmatrix}
$$

7.7　つぎの行列の差 $A - B$ を求めよ．

(a) $A = \begin{bmatrix} 3 & 7 & 11 \\ 12 & 9 & 2 \end{bmatrix}, \quad B = \begin{bmatrix} 6 & 8 & 1 \\ 9 & 5 & 8 \end{bmatrix}$

$$
A - B = \begin{bmatrix} 3-6 & 7-8 & 11-1 \\ 12-9 & 9-5 & 2-8 \end{bmatrix} = \begin{bmatrix} -3 & -1 & 10 \\ 3 & 4 & -6 \end{bmatrix}
$$

(b) $A = \begin{bmatrix} 16 \\ 2 \\ 15 \\ 9 \end{bmatrix}, \quad B = \begin{bmatrix} 7 \\ 11 \\ 3 \\ 8 \end{bmatrix}$

$$
A - B = \begin{bmatrix} 16-7 \\ 2-11 \\ 15-3 \\ 9-8 \end{bmatrix} = \begin{bmatrix} 9 \\ -9 \\ 12 \\ 1 \end{bmatrix}
$$

7.8　演習問題 7.6 の会社の月間売上報告は，

$$
R = \begin{bmatrix} 8 & 12 & 6 & 9 \\ 10 & 11 & 8 & 3 \\ 15 & 6 & 9 & 7 \\ 21 & 14 & 5 & 18 \\ 6 & 11 & 13 & 9 \end{bmatrix}
$$

とする．その月の終わりの在庫はどうなるか．

$$
I_2 - R = \begin{bmatrix} 14 & 18 & 14 & 14 \\ 20 & 23 & 14 & 6 \\ 21 & 15 & 17 & 12 \\ 37 & 17 & 11 & 24 \\ 14 & 18 & 23 & 23 \end{bmatrix} - \begin{bmatrix} 8 & 12 & 6 & 9 \\ 10 & 11 & 8 & 3 \\ 15 & 6 & 9 & 7 \\ 21 & 14 & 5 & 18 \\ 6 & 11 & 13 & 9 \end{bmatrix} = \begin{bmatrix} 6 & 6 & 8 & 5 \\ 10 & 12 & 6 & 3 \\ 6 & 9 & 8 & 5 \\ 16 & 3 & 6 & 6 \\ 8 & 7 & 10 & 14 \end{bmatrix}
$$

## 行列の積について

7.9

$$A = \begin{bmatrix} 7 & 2 & 6 \\ 5 & 4 & 8 \\ 3 & 1 & 9 \end{bmatrix} \qquad B = \begin{bmatrix} 6 & 2 \\ 5 & 0 \end{bmatrix} \qquad C = \begin{bmatrix} 11 \\ 4 \\ 13 \end{bmatrix}$$

$$D = \begin{bmatrix} 14 \\ 4 \end{bmatrix} \qquad E = \begin{bmatrix} 8 & 1 & 10 \end{bmatrix} \qquad F = \begin{bmatrix} 13 & 3 \end{bmatrix}$$

とする．つぎの行列の積が定義されるかどうか決めよ．もしそうなら，行列の積の次元も求めよ．(a) $AC$，(b) $BD$，(c) $EC$，(d) $DF$，(e) $CA$，(f) $DE$，(g) $DB$，(h) $CF$，(i) $EF$．

(a) 積の順序について，$AC$ の次元は $(3\times\boxed{3)=(3}\times 1)$ である．$AC$ は定義される．つまり，楕円内の数より $A$ の列と $C$ の行の次元が等しいからである．楕円の外側の数は積の行列の次元を決める．

(b) $BD$ の次元は $(2\times\boxed{2)=(2}\times 1)$ となる．$BD$ は定義され，行列積の次元は $(2\times 1)$ となる．

(c) $EC$ の次元は $(1\times\boxed{3)=(3}\times 1)$ となる．$EC$ は定義され，行列積は $(1\times 1)$，つまりスカラーである．

(d) $DF$ の次元は $(2\times\boxed{1)=(1}\times 2)$ である．$DF$ は定義され，その積の次元は $(2\times 2)$ である．

(e) $CA$ の次元は $(3\times\boxed{1)\neq(3}\times 3)$ である．$CA$ は定義されない．この順では行列の積はとれない．（ただし，(a) の $AC$ は定義される．これより行列積は可換的でないこと，$AC\neq CA$ であることがわかる．）

(f) $DE$ の次元は $(2\times\boxed{1)=(1}\times 3)$ である．$DF$ は定義され，その次元は $(2\times 3)$ となる．

(g) $DB$ の次元は $(2\times\boxed{1)\neq(2}\times 2)$ である．この行列の積は定義されない．$DB$ は定義できない．

(h) $CF$ の次元は $(3\times\boxed{1)=(1}\times 2)$ である．行列の積がとれる．積の次元は $(3\times 2)$ となる．

(i) $EF$ の次元は $(1\times\boxed{3)\neq(1}\times 2)$ となる．行列の積がとれない．$EF$ は定義されない．

## スカラーとベクトル積

7.10

$$A = \begin{bmatrix} 3 & 2 \\ 9 & 5 \\ 6 & 7 \end{bmatrix} \qquad k = 4$$

としたときの $Ak$ を求めよ．

$k$ はスカラーで，どんな次元の行列でもスカラー積はできる．したがって，その積は定義される．

$$Ak = \begin{bmatrix} 3(4) & 2(4) \\ 9(4) & 5(4) \\ 6(4) & 7(4) \end{bmatrix} = \begin{bmatrix} 12 & 8 \\ 36 & 20 \\ 24 & 28 \end{bmatrix}$$

7.11　その年の終わりに店はスラックス，ジャケット，スーツをすべて 20% 割り引く．$V_1$ がその割引き前の 3 つの店の在庫の価値とすると，割引き後の価値 $V_2$ を求めよ．ただし，

$$V_1 = \begin{bmatrix} 5,000 & 4,500 & 6,000 \\ 10,000 & 12,000 & 7,500 \\ 8,000 & 9,000 & 11,000 \end{bmatrix}$$

20% の割引きだから，衣料は原価の 80% で売れる．したがって $V_2 = 0.8V_1$ で，

$$V_2 = 0.8\begin{bmatrix} 5,000 & 4,500 & 6,000 \\ 10,000 & 12,000 & 7,500 \\ 8,000 & 9,000 & 11,000 \end{bmatrix} = \begin{bmatrix} 4000 & 3600 & 4800 \\ 8000 & 9600 & 6000 \\ 6400 & 7200 & 8800 \end{bmatrix}$$

7.12

$$A = \begin{bmatrix} 9 & 11 & 3 \end{bmatrix} \qquad B = \begin{bmatrix} 2 \\ 6 \\ 7 \end{bmatrix}$$

とするときの $AB$ を求めよ．

AB の積では，$(1 \times \boxed{3)=(3} \times 1)$ となり，その積はスカラーとなる．つまり，行ベクトルの各要素と列ベクトルの各要素とを掛けて合計して得られる．

$$AB = 9(2) + 11(6) + 3(7) = 18 + 66 + 21 = 105$$

7.13　テレビの価格が 300 ドル，ステレオは 250 ドル，テープデッキは 175 ドル，レコーダーは 125 ドルとして，演習問題 7.3 の第 2 番目の店の在庫の価格を決めるためベクトルを使うこと．

ストックの価値は $V = Q \cdot P$ である．第 2 番目の店のストックの量はベクトルで $Q = [20 \quad 14 \quad 8 \quad 5]$ であり，価格のベクトルは，

$$P = \begin{bmatrix} 300 \\ 250 \\ 175 \\ 125 \end{bmatrix}$$

$QP$ が定義される：$(1 \times 4) = (4 \times 1)$　かくて，

$$\begin{aligned} V &= QP \\ &= 20(300) + 14(250) + 8(175) + 5(125) = 11,525 \end{aligned}$$

## 行列の積

7.14

$$A = \begin{bmatrix} 12 & 14 \\ 20 & 5 \end{bmatrix} \qquad B = \begin{bmatrix} 3 & 9 \\ 0 & 2 \end{bmatrix}$$

とする．$AB$ が定義されるかどうか決め，行列の積の次元を示し，行列 $AB$ を求めよ．

$AB$ は定義される．つまり $(2 \times 2) = (2 \times 2)$．積の次元は $(2 \times 2)$ である．行列積は行と列のベクトルの積であり、$a_{11}$ の要素は前の行列の第 1 行と後の行列の第 1 列の積，$a_{12}$ は前の行列の第 1 行と後の行列の第 2 列の積，$a_{ij}$ はその行列の第 $i$ 行と後の行列の第 $j$ 列の形となっている．かくて，

$$AB = \begin{bmatrix} 12(3) + 14(0) & 12(9) + 14(2) \\ 20(3) + \ \ 5(0) & 20(9) + \ \ 5(2) \end{bmatrix} = \begin{bmatrix} 36 & 136 \\ 60 & 190 \end{bmatrix}$$

7.15　演習問題 7.14 と同じ問題.

$$A = \begin{bmatrix} 3 & 1 \\ 8 & 2 \end{bmatrix} \qquad B = \begin{bmatrix} 2 & 9 \\ 4 & 6 \\ 7 & 5 \end{bmatrix}$$

とする.

$AB$ は定義できない．$(2\times\boxed{2)\neq(3}\times 2)$．この順序では 2 つの行列の積は定義されない．$A$ の中の列の数 2 は $B$ の中の行の数 3 と等しくない．

7.16　演習問題 7.15 と同じ問題で $BA$ を考えよ．

$BA$ は定義される．$(3\times\boxed{2)=(2}\times 2)$．

$$BA=\begin{bmatrix}2 & 9\\ 4 & 6\\ 7 & 5\end{bmatrix}\begin{bmatrix}3 & 1\\ 8 & 2\end{bmatrix}=\begin{bmatrix}2(3)+9(8) & 2(1)+9(2)\\ 4(3)+6(8) & 4(1)+6(2)\\ 7(3)+5(8) & 7(1)+5(2)\end{bmatrix}=\begin{bmatrix}78 & 20\\ 60 & 16\\ 61 & 17\end{bmatrix}$$

7.17　演習問題 7.15 と同じ問題で $AB'$ を考えよ．ただし，$B'$ は $B$ の転置行列である．

$$B'=\begin{bmatrix}2 & 4 & 7\\ 9 & 6 & 5\end{bmatrix}$$

$AB'$ は定義され，$(2\times\boxed{2)=(2}\times 3)$ となる．積は $(2\times 3)$ の行列となる．

$$AB'=\begin{bmatrix}3 & 1\\ 8 & 2\end{bmatrix}\begin{bmatrix}2 & 4 & 7\\ 9 & 6 & 5\end{bmatrix}=\begin{bmatrix}3(2)+1(9) & 3(4)+1(6) & 3(7)+1(5)\\ 8(2)+2(9) & 8(4)+2(6) & 8(7)+2(5)\end{bmatrix}$$

$$=\begin{bmatrix}15 & 18 & 26\\ 34 & 44 & 66\end{bmatrix}$$

（演習問題 7.15～7.17 より，$AB\neq BA\neq AB'$ となる．行列積の可換性は演習問題 7.20～7.21 で扱われる．）

7.18　演習問題 7.3 の会社の在庫の行列と演習問題 7.13 の価格ベクトルから，この会社の各小売店の在庫の価値を求めよ．

$V=QP$．$QP$ は定義され，$(5\times\boxed{4)=(4}\times 1)$ となる．$V$ は $(5\times 1)$ となろう．

$$V=\begin{bmatrix}10 & 15 & 9 & 12\\ 20 & 14 & 8 & 5\\ 16 & 8 & 15 & 6\\ 25 & 15 & 7 & 16\\ 5 & 12 & 20 & 18\end{bmatrix}\begin{bmatrix}300\\ 250\\ 175\\ 125\end{bmatrix}=\begin{bmatrix}10(300)+15(250)+9(175)+12(125)\\ 20(300)+14(250)+8(175)+5(125)\\ 16(300)+8(250)+15(175)+6(125)\\ 25(300)+15(250)+7(175)+16(125)\\ 5(300)+12(250)+20(175)+18(125)\end{bmatrix}$$

$$= \begin{bmatrix} 9,825 \\ 11,525 \\ 10,175 \\ 14,475 \\ 10,250 \end{bmatrix}$$

## 可換律と行列の演算

7.19　行列演算の可換性を示すため，（つまり，$A \pm B = B \pm A$ だが，一般に $AB \neq BA$ ）(a) $A+B$ と (b) $B+A$ を求めよ．ただし，

$$A = \begin{bmatrix} 7 & 3 & 2 \\ 1 & 4 & 6 \\ 2 & 5 & 4 \end{bmatrix} \qquad B = \begin{bmatrix} 2 & 0 & 5 \\ 3 & 4 & 1 \\ 7 & 9 & 6 \end{bmatrix}$$

$$\text{(a)}\quad A+B = \begin{bmatrix} 7+2 & 3+0 & 2+5 \\ 1+3 & 4+4 & 6+1 \\ 2+7 & 5+9 & 4+6 \end{bmatrix} = \begin{bmatrix} 9 & 3 & 7 \\ 4 & 8 & 7 \\ 9 & 14 & 10 \end{bmatrix}$$

$$\text{(b)}\quad B+A = \begin{bmatrix} 2+7 & 0+3 & 5+2 \\ 3+1 & 4+4 & 1+6 \\ 7+2 & 9+5 & 6+4 \end{bmatrix} = \begin{bmatrix} 9 & 3 & 7 \\ 4 & 8 & 7 \\ 9 & 14 & 10 \end{bmatrix}$$

$A+B=B+A$．この例から行列の加法（減法）では可換律があてはまることが知られる．演習問題 7.20〜7.22 より行列積の演算では可換律は成り立たないことがわかる．

7.20

$$A = \begin{bmatrix} 4 & 12 & 9 & 6 \end{bmatrix} \qquad B = \begin{bmatrix} 13 \\ 5 \\ -2 \\ 7 \end{bmatrix}$$

としたとき，(a) $AB$ と (b) $BA$ を求めよ．まず可換性を確かめ，行列積の次元を求めよ．

(a) $AB$ は定義され，$(1\times 4)=(4\times 1)$ となる．積は $(1\times 1)$ のスカラーである．

(b) $BA$ も定義され，$(4\times\boxed{1)=(1}\times 4)$ となる．積は $(4\times 4)$ の行列となる．

$$BA=\begin{bmatrix}13(4) & 13(12) & 13(9) & 13(6)\\ 5(4) & 5(12) & 5(9) & 5(6)\\ -2(4) & -2(12) & -2(9) & -2(6)\\ 7(4) & 7(12) & 7(9) & 7(6)\end{bmatrix}=\begin{bmatrix}52 & 156 & 117 & 78\\ 20 & 60 & 45 & 30\\ -8 & -24 & -18 & -12\\ 28 & 84 & 63 & 42\end{bmatrix}$$

$AB\neq BA$ より，行列積の非可換性がわかる．2 つの積の順序が変わると，積は一般に次元や行列の要素も異なる．

7.21

$$A=\begin{bmatrix}-2\\ 4\\ 7\end{bmatrix}\qquad B=\begin{bmatrix}3 & 6 & -2\end{bmatrix}$$

としたとき，(a) $AB$ と (b) $BA$ を求めよ．

(a) $AB$ は定義され，$(3\times\boxed{1)=(1}\times 3)$ となる．積は $(3\times 3)$ の行列となる．

$$AB=\begin{bmatrix}-2(3) & -2(6) & -2(-2)\\ 4(3) & 4(6) & 4(-2)\\ 7(3) & 7(6) & 7(-2)\end{bmatrix}=\begin{bmatrix}-6 & -12 & 4\\ 12 & 24 & -8\\ 21 & 42 & -14\end{bmatrix}$$

(b) $BA$ も定義され $(1\times\boxed{3)=(3}\times 1)$ となる．積は $(1\times 1)$ の行列ないし，スカラーである．

$$BA=[3(-2)+6(4)+(-2)(7)]=4$$

行列積は可換的でないから，積の順序を逆にすると異なる行列となる．$AB$ は $(3\times 3)$ の行列で，$BA$ はスカラーとなる．

7.22

$$A=\begin{bmatrix}23 & 6 & 14\\ 18 & 12 & 9\\ 24 & 2 & 6\end{bmatrix}\qquad B=\begin{bmatrix}1 & 0 & 0\\ 0 & 1 & 0\\ 0 & 0 & 1\end{bmatrix}$$

として，(a) $AB$ と (b) $BA$ を求めよ．

(a) $AB$ は定義され，$(3\times\boxed{3)=(3}\times 3)$ となる．積は $(3\times 3)$ の行列となる．

$$AB=\begin{bmatrix}23(1)+6(0)+14(0) & 23(0)+6(1)+14(0) & 23(0)+6(0)+14(1)\\ 18(1)+12(0)+9(0) & 18(0)+12(1)+9(0) & 18(0)+12(0)+9(1)\\ 24(1)+2(0)+24(0) & 24(0)+2(1)+6(0) & 24(0)+2(0)+6(1)\end{bmatrix}$$

$$=\begin{bmatrix}23 & 6 & 14\\ 18 & 12 & 9\\ 24 & 2 & 6\end{bmatrix}$$

(b) $BA$ も定義され，$(3\times \boxed{3)=(3}\times 3)$ となる．積の行列は $(3\times 3)$ となる．

$$B = \begin{bmatrix} 1(23)+0(18)+0(24) & 1(6)+0(12)+0(2) & 1(14)+0(9)+0(6) \\ 0(23)+1(18)+0(24) & 0(6)+1(12)+0(2) & 0(14)+1(9)+0(6) \\ 0(23)+0(18)+1(24) & 0(6)+0(12)+1(2) & 0(14)+0(9)+1(6) \end{bmatrix}$$

$$= \begin{bmatrix} 23 & 6 & 14 \\ 18 & 12 & 9 \\ 24 & 2 & 6 \end{bmatrix}$$

ここでは $AB = BA$ である．単位行列は前から掛けても，後から掛けてももとと同じ行列となる．したがって単位行列では行列積は可換的である．このようなことは行列とその逆行列についてもいえる．8.7 節を見よ．

## 結合律と分配法則

7.23　結合律と分配法則が成立するかどうか見るため（つまり 7.7 節の条件で），

$$A = \begin{bmatrix} 6 & 2 & 7 \\ 9 & 5 & 3 \end{bmatrix} \qquad B = \begin{bmatrix} 9 & 1 & 3 \\ 4 & 2 & 6 \end{bmatrix} \qquad C = \begin{bmatrix} 7 & 5 & 1 \\ 10 & 3 & 8 \end{bmatrix}$$

として，(a) $(A+B)+C$ と (b) $A+(B+C)$ を求めよ．

(a) $$A+B = \begin{bmatrix} 6+9 & 2+1 & 7+3 \\ 9+4 & 5+2 & 3*6 \end{bmatrix} = \begin{bmatrix} 15 & 3 & 10 \\ 13 & 7 & 9 \end{bmatrix}$$

$$(A+B)+C = \begin{bmatrix} 15+\ 7 & 3+5 & 10+1 \\ 13+10 & 7+3 & 9+8 \end{bmatrix} = \begin{bmatrix} 22 & 8 & 11 \\ 23 & 10 & 17 \end{bmatrix}$$

(b) $$B+C = \begin{bmatrix} 9+7 & 1+5 & 3+1 \\ 4+10 & 2+3 & 6+8 \end{bmatrix} = \begin{bmatrix} 16 & 6 & 4 \\ 14 & 5 & 14 \end{bmatrix}$$

$$A+(B+C) = \begin{bmatrix} 6+16 & 2+6 & 7+\ 4 \\ 9+14 & 5+5 & 3+14 \end{bmatrix} = \begin{bmatrix} 22 & 8 & 11 \\ 23 & 10 & 17 \end{bmatrix}$$

したがって，$(A+B)+C = A+(B+C)$ となる．この法則の別の側面は演習問題 7.24～7.27 に示される．

7.24

$$A = \begin{bmatrix} 7 \\ 6 \\ 12 \end{bmatrix} \qquad B = \begin{bmatrix} 3 \\ 8 \\ 5 \end{bmatrix} \qquad C = \begin{bmatrix} 13 \\ 2 \\ 6 \end{bmatrix}$$

として，(a) $(A - B) + C$ と (b) $A + (-B + C)$ を求めよ．

(a) $$A - B = \begin{bmatrix} 7 - 3 \\ 6 - 8 \\ 12 - 5 \end{bmatrix} = \begin{bmatrix} 4 \\ -2 \\ 7 \end{bmatrix}$$

$$(A - B) + C = \begin{bmatrix} 4 + 13 \\ -2 + 2 \\ 7 + 6 \end{bmatrix} = \begin{bmatrix} 17 \\ 0 \\ 13 \end{bmatrix}$$

(b) $$-B + C = \begin{bmatrix} -3 + 13 \\ -8 + 2 \\ -5 + 6 \end{bmatrix} = \begin{bmatrix} 10 \\ -6 \\ 1 \end{bmatrix}$$

$$A + (-B + C) = \begin{bmatrix} 7 + 10 \\ 6 + (-6) \\ 12 + 1 \end{bmatrix} = \begin{bmatrix} 17 \\ 0 \\ 13 \end{bmatrix}$$

行列の差も結合的である．

7.25

$$A = \begin{bmatrix} 7 & 1 & 5 \end{bmatrix} \qquad B = \begin{bmatrix} 6 & 5 \\ 2 & 4 \\ 3 & 8 \end{bmatrix} \qquad C = \begin{bmatrix} 9 & 4 \\ 3 & 10 \end{bmatrix}$$

として，(a) $(AB)C$ と (b) $A(BC)$ を求めよ．

(a) $AB$ は定義され，$(1 \times \boxed{3)=(3} \times 2)$ となり，$(1 \times 2)$ の行列となる．

$$AB = \begin{bmatrix} 7(6) + 1(2) + 5(3) & 7(5) + 1(4) + 5(9) \end{bmatrix} = \begin{bmatrix} 59 & 79 \end{bmatrix}$$

$AB)C$ は定義され，$(1 \times \boxed{2)=(2} \times 2)$ となり，$(1 \times 2)$ の行列となる．

$$(AB)C = \begin{bmatrix} 59(9) + 79(3) & 59(4) + 79(10) \end{bmatrix} = \begin{bmatrix} 768 & 1026 \end{bmatrix}$$

(b) $BC$ は定義され，$(3\times 2)=(2\times 2)$ となり，$(3\times 2)$ の行列となる．

$$BC=\begin{bmatrix}6(9)+5(3) & 6(4)+5(10)\\ 2(9)+4(3) & 2(4)+4(10)\\ 3(9)+8(3) & 3(4)+8(10)\end{bmatrix}=\begin{bmatrix}69 & 74\\ 30 & 48\\ 51 & 92\end{bmatrix}$$

$A(BC)$ が定義され，$(1\times 3)=(3\times 2)$ となり，$(1\times 2)$ の行列となる．

$$A(BC)=\begin{bmatrix}7(69)+1(30)+5(51) & 7(74)+1(48)+5(92)\end{bmatrix}=\begin{bmatrix}768 & 1026\end{bmatrix}$$

したがって，2 つの積の順序が同じであるから，行列積は結合的である．

7.26

$$A=\begin{bmatrix}4 & 7 & 2\end{bmatrix}\qquad B=\begin{bmatrix}6\\ 5\\ 1\end{bmatrix}\qquad C=\begin{bmatrix}9\\ 5\\ 8\end{bmatrix}$$

として，(a) $A(B+C)$ と (b) $AB+AC$ を求めよ．

(a) $$B+C=\begin{bmatrix}6+9\\ 5+5\\ 1+8\end{bmatrix}=\begin{bmatrix}15\\ 10\\ 9\end{bmatrix}$$

$A(B+C)$ は定義され，$(1\times 3)=(3\times 1)$ となる．行列の積は $(1\times 1)$ である．

$$A(B+C)=\begin{bmatrix}4(15)+7(10)+2(9)\end{bmatrix}=148$$

(b) $AB$ は定義され，$(1\times 3)=(3\times 1)$ となり，$(1\times 1)$ の行列となる．

$$AB=\begin{bmatrix}4(6)+7(5)+2(1)\end{bmatrix}=61$$

$AC$ は定義され，$(1\times 3)=(3\times 1)$ となり，$(1\times 1)$ の行列となる．

$$AC=\begin{bmatrix}4(9)+7(5)+2(8)\end{bmatrix}=87$$

したがって，$AB+AC=61+87=148$ となる．このことから行列積の分配法則が成立することがわかる．

7.27　あるハンバーガーチェーンが 1 週間に 1000 のハンバーガーと 600 のチーズバーガーと 1200 のミルクセーキを売る．それぞれの価格は 45 セント，60 セント，50 セントとする．ハンバーガーのコストは 38 セント，チーズバーガーは 42 セント，ミルクセーキは 32 セントである．そのとき，(a) 総費用概念と (b) 単位費用概念を用いて行列積が分配法則に従うことを示せ．

(a) 販売量 $Q$，売値 $P$，費用 $C$ は行列でつぎのように示される．

$$Q = \begin{bmatrix} 1000 \\ 600 \\ 1200 \end{bmatrix} \qquad P = \begin{bmatrix} 0.45 \\ 0.60 \\ 0.50 \end{bmatrix} \qquad C = \begin{bmatrix} 0.38 \\ 0.42 \\ 0.32 \end{bmatrix}$$

総収入 TR は

$$\mathrm{TR} = PQ = \begin{bmatrix} 0.45 \\ 0.60 \\ 0.50 \end{bmatrix} \begin{bmatrix} 1000 \\ 600 \\ 1200 \end{bmatrix}$$

となる．これは定義されない．$P$ か $Q$ の転置をすると，これらベクトルの積が得られる．積の順序が重要である．行ベクトル積（$P'Q$ ないし $Q'P$）は求めるスカラーとなる．列ベクトルの積（$PQ'$ か $QP'$）は $(3\times3)$ の行列となるが，経済的意味はない．したがって $P$ を転置して，それから掛けると，

$$\mathrm{TR} = P'Q = \begin{bmatrix} 0.45 & 0.60 & 0.50 \end{bmatrix} \begin{bmatrix} 1000 \\ 600 \\ 1200 \end{bmatrix}$$

を得る，ここで $P'Q$ は定義され，$(1 \times 3) = (3 \times 1)$ となり，$(1 \times 1)$ の行列ないしスカラーとなる．

$$\mathrm{TR} = \begin{bmatrix} 0.45(1000) + 0.60(600) + 0.50(1200) \end{bmatrix} = 1410$$

同じく，総費用 TC は $\mathrm{TC} = C'Q$.

$$\mathrm{TC} = \begin{bmatrix} 0.38 & 0.42 & 0.32 \end{bmatrix} \begin{bmatrix} 1000 \\ 600 \\ 1200 \end{bmatrix} = [0.38(1000) + 0.42(600) + 0.32(1200)]$$
$$= 1016$$

したがって，利潤は，

$$\Pi = \mathrm{TR} - \mathrm{TC} = 1410 - 1016 = 394$$

となる．

(b) 単位費用概念を使うと，単位当たり利潤 $U$ は，

$$U = P - C = \begin{bmatrix} 0.45 \\ 0.60 \\ 0.50 \end{bmatrix} - \begin{bmatrix} 0.38 \\ 0.42 \\ 0.32 \end{bmatrix} = \begin{bmatrix} 0.07 \\ 0.18 \\ 0.18 \end{bmatrix}$$

となる．総利潤 $\Pi$ は単位当たり利潤掛ける販売量である．

$$\Pi = UQ = \begin{bmatrix} 0.07 \\ 0.18 \\ 0.18 \end{bmatrix} \begin{bmatrix} 1000 \\ 600 \\ 1200 \end{bmatrix}$$

これはしかし定義できない．$U$ も転置して，

$$\Pi = U'P = \begin{bmatrix} 0.07 & 0.18 & 0.18 \end{bmatrix} \begin{bmatrix} 1000 \\ 600 \\ 1200 \end{bmatrix}$$

$$= [0.07(1000) + 0.18(600) + 0.18(1200) = 394 \quad \text{証明終わり．}$$

となる．

## 行列の一意性

7.28
$$A = \begin{bmatrix} 6 & -12 \\ -3 & 6 \end{bmatrix} \qquad B = \begin{bmatrix} 12 & 6 \\ 6 & 3 \end{bmatrix}$$

とする．(a) $AB$ を求めよ．(b) なぜその積は一意的なのか．

(a) $AB = \begin{bmatrix} 6(12) - 12(6) & 6(6) - 12(3) \\ -3(12) + \ 6(6) & -3(6) + \ 6(3) \end{bmatrix} = \begin{bmatrix} 0 & 0 \\ 0 & 0 \end{bmatrix}$

(b) 2 つのゼロでない数の積は決して 0 にならないが，2 つのゼロ行列ではない行列の積はゼロ行列になりうるので，積 $AB$ は特異である．その理由はもとの 2 つの行列が特異であったからである．**特異行列**はある行ないし列が他の行ないし列の何倍かになっている行列である．この問題では，$A$ の第 1 行は第 2 行の (−2) 倍で，第 2 列は第 1 列の (−2) 倍となっている．$B$ では第 1 行は第 2 行の 2 倍で，第 1 列は第 2 列の 2 倍である．したがって，行列代数では，特異行列との積はゼロ行列になることがある．演習問題 7.29 を見よ．

7.29
$$A = \begin{bmatrix} 6 & 12 \\ 3 & 6 \end{bmatrix} \qquad B = \begin{bmatrix} 12 & 6 \\ 6 & 3 \end{bmatrix}$$

としたときの (a) $AB$ と (b) その解について論評せよ．

(a) $AB = \begin{bmatrix} 6(12) + 12(6) & 6(6) + 12(3) \\ 3(12) + \ \ 6(6) & 3(6) + \ \ 6(3) \end{bmatrix} = \begin{bmatrix} 144 & 72 \\ 72 & 36 \end{bmatrix}$

(b) $A$ と $B$ が特異であるとしても，その積はゼロ行列とはならない．しかし積 $AB$ は特異である．

7.30
$$A = \begin{bmatrix} 4 & 8 \\ 1 & 2 \end{bmatrix} \qquad B = \begin{bmatrix} 2 & 1 \\ 2 & 2 \end{bmatrix} \qquad = \begin{bmatrix} -2 & 1 \\ 4 & 2 \end{bmatrix}$$

とする．(a) $AB$ と $AC$ を求めよ．(b) その解の注目すべきことを示せ．

(a) $AB = \begin{bmatrix} 4(2) + 8(2) & 4(1) + 8(2) \\ 1(2) + 2(2) & 1(1) + 2(2) \end{bmatrix} = \begin{bmatrix} 24 & 20 \\ 6 & 5 \end{bmatrix}$

$AC = \begin{bmatrix} 4(-2) + 8(4) & 4(1) + 8(2) \\ 1(-2) + 2(4) & 1(1) + 2(2) \end{bmatrix} = \begin{bmatrix} 24 & 20 \\ 6 & 5 \end{bmatrix}$

(b) たとえ $B \neq C$ でも，$AB = AC$ である．ある数と他の異なる数の積は同じ値にならない代数と異なり，ある行列と他の異なる行列の行列積は同じ行列となるかもしれない．このときに，$A$ は特異行列である．

## 行列の方程式を解くガウス法

7.31　つぎの線形方程式体系を解くため，ガウスのはき出し法を試みよ．

$$3x_1 + 6x_2 = 60$$
$$5x_1 + 4x_2 = 52$$

まず，拡大行列で方程式体系を示す．

$$\left[\begin{array}{cc|c} 3 & 6 & 60 \\ 5 & 4 & 52 \end{array}\right]$$

左側の係数行列を単位行列に直すための行操作を適用する．そのための最もやさしい方法は，主対角線の第 1 要素を 1 にして他を 0 にし，つぎに主対角線の第 2 要素のみ 1 にして，他を 0 にするとよい．つまり，

1a. 第 1 行に $\frac{1}{3}$ を掛ける.

$$\left[\begin{array}{cc|c} 1 & 2 & 20 \\ 5 & 4 & 52 \end{array}\right]$$

1b. 第 2 行から第 1 行の 5 倍を引く.

$$\left[\begin{array}{cc|c} 1 & 2 & 20 \\ 0 & -6 & -48 \end{array}\right]$$

2a. 第 2 行に $\left(-\frac{1}{6}\right)$ 倍をする.

$$\left[\begin{array}{cc|c} 1 & 2 & 20 \\ 0 & 1 & 8 \end{array}\right]$$

2b. 最後に，第 1 行から第 2 行の 2 倍を引く.

$$\left[\begin{array}{cc|c} 1 & 0 & 4 \\ 0 & 1 & 8 \end{array}\right]$$

すると，$x_1 = 4$ で $x_2 = 8$ となる．なぜなら，

$$\begin{bmatrix} 1 & 0 \\ 0 & 1 \end{bmatrix}\begin{bmatrix} x_1 \\ x_2 \end{bmatrix} = \begin{bmatrix} 4 \\ 8 \end{bmatrix}$$

7.32　ガウスのはき出し法によりつぎの線形方程式体系を解け.

$$\begin{aligned} 3x_1 + 2x_2 + 6x_3 &= 24 \\ 2x_1 + 4x_2 + 3x_3 &= 23 \\ 5x_1 + 3x_2 + 4x_3 &= 33 \end{aligned}$$

行列は,

$$\left[\begin{array}{ccc|c} 3 & 2 & 6 & 24 \\ 2 & 4 & 3 & 23 \\ 5 & 3 & 4 & 33 \end{array}\right]$$

となる.

1a. 第 1 行に $\frac{1}{3}$ を掛ける.

$$\left[\begin{array}{ccc|c} 1 & \frac{2}{3} & 2 & 8 \\ 2 & 4 & 3 & 23 \\ 5 & 3 & 4 & 33 \end{array}\right]$$

1b. 第 2 行から第 1 行の 2 倍を，第 3 行から第 1 行の 5 倍を引く．

$$\left[\begin{array}{ccc|c} 1 & \frac{2}{3} & 2 & 8 \\ 0 & \frac{8}{3} & -1 & 7 \\ 0 & -\frac{1}{3} & -6 & -7 \end{array}\right]$$

2a. 第 2 行に $\frac{3}{8}$ を掛ける．

$$\left[\begin{array}{ccc|c} 1 & \frac{2}{3} & 2 & 8 \\ 0 & 1 & -\frac{3}{8} & \frac{21}{8} \\ 0 & -\frac{1}{3} & -6 & -7 \end{array}\right]$$

2b. 第 1 行から第 2 行の $\frac{2}{3}$ 倍を，第 3 行に第 2 行の $\frac{1}{3}$ 倍を加えよ．

$$\left[\begin{array}{ccc|c} 1 & 0 & \frac{9}{4} & \frac{25}{4} \\ 0 & 1 & -\frac{3}{8} & \frac{21}{8} \\ 0 & 0 & -\frac{49}{8} & \frac{49}{8} \end{array}\right]$$

3a. 第 3 行に $-\frac{8}{49}$ 倍する．

$$\left[\begin{array}{ccc|c} 1 & 0 & \frac{9}{4} & \frac{25}{4} \\ 0 & 1 & -\frac{3}{8} & \frac{21}{8} \\ 0 & 0 & 1 & 1 \end{array}\right]$$

3b. 第 1 行から第 3 行の $\frac{9}{4}$ 倍を，第 2 行に第 3 行の $\frac{3}{8}$ 倍を加えよ．

$$\left[\begin{array}{ccc|c} 1 & 0 & 0 & 4 \\ 0 & 1 & 0 & 3 \\ 0 & 0 & 1 & 1 \end{array}\right]$$

かくて，$x_1 = 4$ と，$x_2 = 3$ と $x_3 = 1$ を得る．

# 第 8 章　逆行列

## 8.1　行列式と非特異性

$(2 \times 2)$ 行列 $A$ の行列式 $|A|$ は 2 次の行列式とよばれ，主対角線上の 2 つの要素の積と，それ以外の 2 つの要素の積の差から得られる．このように，$(2 \times 2)$ の以下の行列から，

$$A = \begin{bmatrix} a_{11} & a_{12} \\ a_{21} & a_{22} \end{bmatrix}$$

行列式 $|A| = a_{11}a_{22} - a_{21}a_{12}$.

行列式はスカラーで，正方行列に対してのみ定義される．もし行列式が 0 でないなら，行列は**非特異**（つまり 1 次独立）という．$|A| = 0$ の行列は**特異行列**とされ，少なくとも 1 つの行ないし列は他のそれらから得られる．

**例題 1**

$$A = \begin{bmatrix} 6 & 4 \\ 7 & 9 \end{bmatrix} \qquad B = \begin{bmatrix} 4 & 6 \\ 6 & 9 \end{bmatrix}$$

としたとき，行列式はつぎのように計算される．

上のルールから

$$|A| = 6(9) - 7(4) = 26$$

$|A| \neq 0$ だから，行列は非特異，つまりそれは 1 次独立である．これに反して，

$$|B| = 4(9) - 6(6) = 0$$

$|B| = 0$ だから，$B$ は特異ないし 1 次従属である．よく見ると，第 2 列は第 1 列の 1.5 倍である．

## 8.2 高次の行列式

(3 × 3) 行列

$$A = \begin{bmatrix} a_{11} & a_{12} & a_{13} \\ a_{21} & a_{22} & a_{23} \\ a_{31} & a_{32} & a_{33} \end{bmatrix}$$

の行列式は 3 次の行列式とよばれ，3 つの積の和である．3 つの積を求めるため，

1. まず第 1 行第 1 列の要素 $a_{11}$ をとり，$a_{11}$ がある行と列をそれぞれ除外しておく（下の (a) を見よ）．ついで第 1 行と第 1 列を除いた残りの行列の行列式に $a_{11}$ を掛ける．
2. ついで第 1 行第 2 列の $a_{12}$ をとり，第 1 行第 2 列のすべての要素をとる（下の (b) を見よ）．そこで残りの行列の行列式の (−1) 倍と $a_{12}$ を掛ける．
3. 第 1 行第 3 列の $a_{13}$ をとり，その行と列を除く（下の (c) を見よ）．残りの行列の行列式に $a_{13}$ を掛ける．

$$\begin{bmatrix} a_{11} & a_{12} & a_{13} \\ a_{21} & a_{22} & a_{23} \\ a_{31} & a_{32} & a_{33} \end{bmatrix} \qquad \begin{bmatrix} a_{11} & a_{12} & a_{13} \\ a_{21} & a_{22} & a_{23} \\ a_{31} & a_{32} & a_{33} \end{bmatrix} \qquad \begin{bmatrix} a_{11} & a_{12} & a_{13} \\ a_{21} & a_{22} & a_{23} \\ a_{31} & a_{32} & a_{33} \end{bmatrix}$$

(a) (b) (c)

このように，行列式の計算は下の通りである．

$$\begin{aligned} |A| &= \begin{vmatrix} a_{22} & a_{23} \\ a_{32} & a_{33} \end{vmatrix} + a_{12}(-1) \begin{vmatrix} a_{21} & a_{23} \\ a_{31} & a_{33} \end{vmatrix} + a_{13} \begin{vmatrix} a_{21} & a_{22} \\ a_{31} & a_{32} \end{vmatrix} \\ &= a_{11}(a_{22}a_{33} - a_{32}a_{23}) - a_{12}(a_{21}a_{33} - a_{31}a_{23}) \\ &\quad + a_{13}(a_{21}a_{32} - a_{31}a_{22}) = \text{スカラー} \end{aligned} \tag{8.1}$$

**例題 2**

$$A = \begin{bmatrix} 8 & 3 & 2 \\ 6 & 4 & 7 \\ 5 & 1 & 3 \end{bmatrix}$$

とする．行列式 $|A|$ は以下のように計算される．

$$\begin{aligned} |A| &= 8 \begin{vmatrix} 4 & 7 \\ 1 & 3 \end{vmatrix} + 3(-1) \begin{vmatrix} 6 & 7 \\ 5 & 3 \end{vmatrix} + 2 \begin{vmatrix} 6 & 4 \\ 5 & 1 \end{vmatrix} \\ &= 8[4(3) - 1(7)] - 3[6(3) - 5(7)] + 2[6(1) - 5(4)] \end{aligned}$$

$$= 8(5) - 3(-17) + 2(-14) = 63$$

$|A| \neq 0$ より，$A$ は非特異である．

## 8.3　小行列式と余因子

8.2 節で示される行と列を除いた後に残る行列の要素は小行列式とよばれる行列の部分行列式を作る．したがって，**小行列式** $|M_{ij}|$ はもとの行列の第 $i$ 行と第 $j$ 列を除いた残りの行列の行列式である．8.2 節の行列形式から，

$$|M_{11}| = \begin{vmatrix} a_{22} & a_{23} \\ a_{32} & a_{33} \end{vmatrix} \qquad |M_{12}| = \begin{vmatrix} a_{21} & a_{23} \\ a_{31} & a_{33} \end{vmatrix} \qquad |M_{13}| = \begin{vmatrix} a_{21} & a_{22} \\ a_{31} & a_{32} \end{vmatrix}$$

$|M_{11}|$ は $a_{11}$ の，$|M_{12}|$ は $a_{12}$ の，$|M_{13}|$ は $a_{13}$ の小行列式である．したがって，(8.1) の行列式は，

$$|A| = a_{11}|M_{11}| + a_{12}(-1)|M_{12}| + a_{13}|M_{13}| \tag{8.2}$$

と書ける．

プラス・マイナスの記号のついた小行列式が**余因子** $|C_{ij}|$ とよばれる．余因子の記号から，

$$|C_{ij}| = (-1)^{i+j}|M_{ij}|$$

もし $i + j$ が奇数なら，$|C_{ij}| = |M_{ij}|$ となる．なぜなら (−1) はそのベキが偶数のときはプラスであり，もし $i + j$ が奇数なら $|C_{ij}| = -|M_{ij}|$ であるが，それは (−1) のベキが奇数であるからである．

**例題 3**　8.2 節の行列の小行列式 (1) $|C_{11}|$，(2) $|C_{12}|$ と (3) $|C_{13}|$ はつぎのようになる．

$$|C_{11}| = (-1)^{1+1}|M_{11}|$$

(1) したがって，

$$|C_{11}| = |M_{11}| = \begin{vmatrix} a_{22} & a_{23} \\ a_{32} & a_{33} \end{vmatrix}$$

(2) $|C_{12}| = (-1)^{1+2}|M_{12}|$

$(-1)^{1+2} = (-1)^3 = -1$　かくて，

$$|C_{12}| = -|M_{12}| = -\begin{vmatrix} a_{21} & a_{23} \\ a_{31} & a_{33} \end{vmatrix}$$

(3) $|C_{13}| = (-1)^{1+3}|M_{13}|$

$(-1)^{1+3} = (-1)^4 = 1$　かくて，

$$|C_{13}| = |M_{13}| = \begin{vmatrix} a_{21} & a_{22} \\ a_{31} & a_{32} \end{vmatrix}$$

## 8.4　ラプラス展開

ラプラス展開とは余因子によって行列式を求める手法である．それによって高次の行列式は低次の行列式で示されることになる．3 次の行列式のラプラス展開は

$$|A| = a_{11}|C_{11}| + a_{12}|C_{12}| + a_{13}|C_{13}| \tag{8.3}$$

となり，$|C_{ij}|$ は 2 次の行列式の余因子である．(8.1) と (8.2) とは異なり，(−1) が掛かってない．なぜなら，余因子のルールで，$|C_{12}|$ には必然的に (−1) が含まれているからである．

ラプラス展開により，行ないし列によって行列式を評価することもできる．0 の多い行ないし列を選ぶとき，行列式の計算もやさしくなる．

例題 4

$$A = \begin{bmatrix} 12 & 7 & 0 \\ 5 & 8 & 0 \\ 6 & 7 & 0 \end{bmatrix}$$

とする．行列式は第 3 列に沿って下記のようにラプラス展開をすると求められる．

$$|A| = a_{13}|C_{13}| + a_{23}|C_{23}| + a_{33}C_{33}|$$

$a_{13}$ と $a_{33} = 0$．したがって，

$$|A| = a_{23}|C_{23}| \tag{8.4}$$

$|C_{23}|$ を求めるため，第 2 行と第 3 列は除き，

$$|C_{23}| = (-1)^{2+3}\begin{vmatrix} 12 & 7 \\ 6 & 7 \end{vmatrix} = (-1)[12(7) - 6(7)] = -42$$

$a_{23} = 3$ を (8.4) に代入し，

$$|A| = 3(-42) = -126$$

この解答の正しさは，第 1 行に沿って展開し，$|A|$ を求めることによってすぐわかる．

**例題 5**　4 次の行列式のラプラス展開は，

$$|A| = a_{11}|C_{11}| + A_{12}|C_{12}| + a_{13}|C_{13}| + a_{14}|C_{14}|$$

となる．ただし，余因子は 3 次の行列式だが，それはさらに 2 次の行列式になる．5 次ないしそれ以上の行列式も同様に扱える．演習問題 8.20 (b)，(c) を見よ．

## 8.5　行列式の性質

つぎの 7 つの行列式の性質により，行列がその要素を単純にしたり，そのいくつかを 0 にしたりすることができる．

1. 他の行（ないし列）にある行（ないし列）の何倍かを加えたり，引いたりしても，行列式には影響しない．
2. 行列の 2 つの行ないし列の入れ換えは行列式の符号を変えるが，その絶対値は変わらない．
3. 行ないし列の要素を一定倍しても行列式はそれと同一倍だけ大きくなる．
4. 主対角線より上ないし下の要素が全部 0 の，**三角行列**の行列式は，主対角線上の要素の積に等しい．
5. ある行列の行列式は，その転置行列のそれと等しい．$|A| = |A'|$
6. ある行ないし列のすべての要素が 0 なら，行列式は 0 である．
7. 2 つの行ないし列が同じか，比例している，つまり 1 次従属なら，その行列式は 0 である．

行列計算でのこの性質の利用は演習問題 8.3～8.15 で扱われる．

## 8.6　余因子と余因子行列

行列の要素 $a_{ij}$ がその余因子 $|C_{ij}|$ でおき換わった行列 $|C|$ を余因子の行列という．また余因子行列 Adj $A$ は余因子の行列 $C$ を転置したものである．

$$C = \begin{bmatrix} |C_{11}| & |C_{12}| & |C_{13}| \\ |C_{21}| & |C_{22}| & |C_{23}| \\ |C_{31}| & |C_{32}| & |C_{33}| \end{bmatrix} \qquad \text{Adj}\, A = C' = \begin{bmatrix} |C_{11}| & |C_{21}| & |C_{31}| \\ |C_{12}| & |C_{22}| & |C_{32}| \\ |C_{13}| & |C_{23}| & |C_{33}| \end{bmatrix}$$

例題 6

$$A = \begin{bmatrix} 2 & 3 & 1 \\ 4 & 1 & 2 \\ 5 & 3 & 4 \end{bmatrix}$$

とすると，余因子の行列 $C$ とその余因子行列 Adj $A$ は下のようになる．

余因子の規則に従って $a_{ij}$ とその余因子をおき換えると，

$$C = \begin{bmatrix} \begin{vmatrix} 1 & 2 \\ 3 & 4 \end{vmatrix} & -\begin{vmatrix} 4 & 2 \\ 5 & 4 \end{vmatrix} & \begin{vmatrix} 4 & 1 \\ 5 & 3 \end{vmatrix} \\ -\begin{vmatrix} 3 & 1 \\ 3 & 4 \end{vmatrix} & \begin{vmatrix} 2 & 1 \\ 5 & 4 \end{vmatrix} & -\begin{vmatrix} 2 & 3 \\ 5 & 3 \end{vmatrix} \\ \begin{vmatrix} 3 & 1 \\ 1 & 2 \end{vmatrix} & -\begin{vmatrix} 2 & 1 \\ 4 & 2 \end{vmatrix} & \begin{vmatrix} 2 & 3 \\ 4 & 1 \end{vmatrix} \end{bmatrix} = \begin{bmatrix} -2 & -6 & 7 \\ -9 & 3 & 9 \\ 5 & 0 & -10 \end{bmatrix}$$

行列 Adj $A$ は $C$ の転置で，

$$\text{Adj } A = C' = \begin{bmatrix} -2 & -9 & 5 \\ -6 & 3 & 0 \\ 7 & 9 & -10 \end{bmatrix}$$

## 8.7　逆行列

正方かつ非特異行列にのみ定義される**逆行列** $A^{-1}$ は下の関係を満たす唯一の行列である．

$$AA^{-1} = I = A^{-1}A$$

行列にその逆行列を掛けると，それは単位行列となる．したがって，線形代数の逆行列は代数の逆数と同じことである．逆行列を導く公式は，

$$A^{-1} = \frac{1}{|A|}\text{Adj } A$$

となる．

例題 7

$$A = \begin{bmatrix} 4 & 1 & -5 \\ -2 & 3 & 1 \\ 3 & -1 & 4 \end{bmatrix}$$

とし，この逆行列を求めよ．

1. まずそれが正方行列である，つまり $(3 \times 3)$ 行列であることを確かめよ．というのは，正方行列のみ逆行列をもつからである．

2. 非特異のみ逆行列をもつので，その行列式 $|A| \neq 0$ であることを確かめる．

$$\begin{aligned}|A| &= 4[3(4)-(-1)(1)] - 1[(-2)(4)-3(1)] \\ &\quad + (-5)[(-2)(-1)-3(3)] \\ &= 52 + 11 + 35 = 98 \neq 0\end{aligned}$$

3. $A$ の余因子の行列を求める．

$$C = \begin{bmatrix} \begin{vmatrix} 3 & 1 \\ -1 & 4 \end{vmatrix} & -\begin{vmatrix} -2 & 1 \\ 3 & 4 \end{vmatrix} & \begin{vmatrix} -2 & 3 \\ 3 & -1 \end{vmatrix} \\ -\begin{vmatrix} 1 & -5 \\ -1 & 4 \end{vmatrix} & \begin{vmatrix} 4 & -5 \\ 3 & 4 \end{vmatrix} & -\begin{vmatrix} 4 & 1 \\ 3 & -1 \end{vmatrix} \\ \begin{vmatrix} 1 & -5 \\ 3 & 1 \end{vmatrix} & -\begin{vmatrix} 4 & -5 \\ -2 & 1 \end{vmatrix} & \begin{vmatrix} 4 & 1 \\ -2 & 3 \end{vmatrix} \end{bmatrix} = \begin{bmatrix} 13 & 11 & -7 \\ 1 & 31 & 7 \\ 16 & 6 & 14 \end{bmatrix}$$

そこで余因子の行列を転置して余因子行列を求める．

$$\text{Adj } A = C' = \begin{bmatrix} 13 & 1 & 18 \\ 11 & 31 & 6 \\ -7 & 7 & 14 \end{bmatrix}$$

4. $A^{-1}$ を得るため余因子行列に $1/|A| = \dfrac{1}{98}$ を掛ける．

$$A^{-1} = \frac{1}{98}\begin{bmatrix} 13 & 1 & 16 \\ 11 & 31 & 6 \\ -7 & 7 & 14 \end{bmatrix} = \begin{bmatrix} \frac{13}{98} & \frac{1}{98} & \frac{16}{98} \\ \frac{11}{98} & \frac{31}{98} & \frac{6}{98} \\ -\frac{1}{14} & \frac{1}{14} & \frac{1}{7} \end{bmatrix}$$

5. 正解かどうか確かめるため，$AA^{-1}$ ない $A^{-1}A$ を計算する．正しい解ならいずれもが $I$ になる．また演習問題 8.21(a) を見よ．

## 8.8　逆行列を使って連立方程式を解く

連立方程式を解くため逆行列が使われる．もし，

$$A_{(n\times n)}X_{(n\times 1)} = B_{(n\times 1)}$$

として，逆行列 $A^{-1}$ が存在すると，両辺に逆行列 $A^{-1}$ を掛けると，

$$A^{-1}_{(n\times n)}A_{(n\times n)}X_{(n\times 1)} = A^{-1}_{(n\times n)}B_{(n\times 1)}$$

となる．8.7 節より，$A^{-1}A = I$．したがって，

$$I_{n\times n}X_{(n\times 1)} = A^{-1}_{(n\times n)}B_{(n\times 1)}$$

となる．8.8 節より，$IX = X$．したがって，

$$X_{(n\times 1)} = (A^{-1}B)_{(n\times 1)}$$

となる．方程式の解は係数行列の逆行列 $A^{-1}$ と定数項のベクトルの積となる．

例題 8

$$\begin{aligned} 4x_1 + x_2 - 5x_3 &= 8 \\ -2x_1 + 3x_2 + x_3 &= 12 \\ 3x_1 - x_2 + 4x_3 &= 5 \end{aligned}$$

とするとき，$x_1$，$x_2$，$x_3$ を解くため連立方程式と逆行列が使われる．

まず，行列形式で方程式体系を表わす．

$$AX = B$$

$$\begin{bmatrix} 4 & 1 & -5 \\ -2 & 3 & 1 \\ 3 & -1 & 4 \end{bmatrix}\begin{bmatrix} x_1 \\ x_2 \\ x_3 \end{bmatrix} = \begin{bmatrix} 8 \\ 12 \\ 5 \end{bmatrix}$$

8.8 節より，$X = A^{-1}B$ である．よって，例題 7 で $A^{-1}$ がすでに求められているから，

$$X = \begin{bmatrix} \frac{13}{98} & \frac{1}{98} & \frac{16}{98} \\ \frac{11}{98} & \frac{31}{98} & \frac{6}{98} \\ -\frac{1}{14} & \frac{1}{14} & \frac{1}{7} \end{bmatrix}\begin{bmatrix} 8 \\ 12 \\ 5 \end{bmatrix} = \begin{bmatrix} \frac{104}{98} & \frac{12}{98} & \frac{80}{98} \\ \frac{88}{98} & \frac{372}{98} & \frac{30}{98} \\ -\frac{8}{14} & \frac{12}{14} & \frac{5}{7} \end{bmatrix} = \begin{bmatrix} \frac{196}{98} \\ \frac{490}{98} \\ \frac{14}{14} \end{bmatrix} = \begin{bmatrix} 2 \\ 5 \\ 1 \end{bmatrix}$$

したがって，$x_1 = 2$，$x_2 = 5$，$x_3 = 1$ となる．

## 8.9　行列の解に対するクラーメルの公式

行列式を使って線形方程式を解く簡単な方法が**クラーメルの公式**から得られる．クラーメルの公式によると，

$$x_i = \frac{|A_i|}{|A|}$$

となる．ここで $x_i$ は方程式体系の第 $i$ 未知数であり，$|A|$ は係数行列の行列式，$|A_i|$ は係数行列の行列式を定数項ベクトルにおき換えたときの行列 $A$ の行列式である．クラーメルの公式の証明は演習問題 8.30 で与えられる．

**例題 9**　下の方程式を解くため，クラーメルの公式が使われる．

$$6x_1 + 5X_2 = 49$$
$$3x_1 + 4X_2 = 32$$

1. 行列形式で方程式を表わす．

$$AX = B$$

$$\begin{bmatrix} 6 & 5 \\ 3 & 4 \end{bmatrix} \begin{bmatrix} x_1 \\ x_2 \end{bmatrix} = \begin{bmatrix} 49 \\ 32 \end{bmatrix}$$

2. $A$ の行列式を求める．

$$|A| = 6(4) - 3(5) = 9$$

3. $x_1$ を求めるため，定数項ベクトル $B$ を変数 $x_1$ の係数行列に代入し，新しい行列 $A_1$ を求める．

$$A_1 = \begin{bmatrix} 49 & 5 \\ 32 & 4 \end{bmatrix}$$

   $A_1$ の行列式を求める．

$$|A_1| = 49(4) - 32(5) = 36$$

   そこでクラーメルの公式を使う．

$$x_1 = \frac{|A_1|}{|A|} = \frac{36}{9} = 4$$

4. $x_2$ を求めるため，定数ベクトル $B$ をもとの行列 $A$ の第 2 列に代入し，新しい行列 $A_2$ を作る．

$$A_2 = \begin{bmatrix} 6 & 49 \\ 3 & 32 \end{bmatrix}$$

行列式を求め，

$$|A_2| = 6(32) - 3(49) = 45$$

公式を使うと，

$$x_2 = \frac{|A_2|}{|A|} = \frac{45}{9} = 5$$

3 変数の方程式体系については，演習問題 8.28 を見よ．

## 8.10　逆行列を求めるガウスの方法

ガウスのはき出し法は逆行列を得るのにも使える．単位行列をその右側につけた拡大行列をまず作る．そして左側の係数行列が単位行列になるまで操作をくり返す．すると右側の行列は逆行列となっている．

その理由は，いくつかの段階からわかろう．$A|I$ で始まり，両者に逆行列 $A^{-1}$ を掛けると，$AA^{-1}|IA^{-1}$ となる．8.7 節と 8.8 節から，この行列は $I|A^{-1}$ となり，単位行列は左側に，逆行列は右側にできる．

**例題 10**　以下の行列の逆行列を得るためはき出し法を使う．

$$A = \begin{bmatrix} 4 & 1 & -5 \\ -2 & 3 & 1 \\ 3 & -1 & 4 \end{bmatrix}$$

下のような単位行列を右につけた拡大行列を作る．

$$\left[\begin{array}{ccc|ccc} 4 & 1 & -5 & 1 & 0 & 0 \\ -2 & 3 & 1 & 0 & 1 & 0 \\ 3 & -1 & 4 & 0 & 0 & 1 \end{array}\right]$$

7.12 節のような行操作をくり返して左側を単位行列にする．

1a. 第 1 行に 1/4 を掛ける．

$$\left[\begin{array}{ccc|ccc} 1 & \frac{1}{4} & -\frac{5}{4} & \frac{1}{4} & 0 & 0 \\ -2 & 3 & 1 & 0 & 1 & 0 \\ 3 & -1 & 4 & 0 & 0 & 1 \end{array}\right]$$

1b. 第 2 行に第 1 行の 2 倍を加え，第 2 行から第 1 行の 3 倍を引く．

$$\left[\begin{array}{ccc|ccc} 1 & \frac{1}{4} & -\frac{5}{4} & \frac{1}{4} & 0 & 0 \\ 0 & \frac{7}{2} & -\frac{3}{2} & \frac{1}{2} & 1 & 0 \\ 0 & -\frac{7}{4} & \frac{31}{4} & -\frac{3}{4} & 0 & 1 \end{array}\right]$$

2a. 第 2 行を 2/7 倍する．

$$\left[\begin{array}{ccc|ccc} 1 & \frac{1}{4} & -\frac{5}{4} & \frac{1}{4} & 0 & 0 \\ 0 & 1 & -\frac{3}{7} & \frac{1}{7} & \frac{2}{7} & 0 \\ 0 & -\frac{7}{4} & \frac{31}{4} & -\frac{3}{4} & 0 & 1 \end{array}\right]$$

2b. 第 1 行から第 2 行の 1/4 倍を引き，第 3 行に第 2 行の 7/4 倍を加える．

$$\left[\begin{array}{ccc|ccc} 1 & 0 & -\frac{8}{7} & \frac{3}{14} & -\frac{1}{14} & 0 \\ 0 & 1 & -\frac{3}{7} & \frac{1}{7} & \frac{2}{7} & 0 \\ 0 & 0 & 7 & -\frac{1}{2} & \frac{1}{2} & 1 \end{array}\right]$$

3a. 第 3 行を 1/7 倍する．

$$\left[\begin{array}{ccc|ccc} 1 & 0 & -\frac{8}{7} & \frac{3}{14} & -\frac{1}{14} & 0 \\ 0 & 1 & -\frac{3}{7} & \frac{1}{7} & \frac{2}{7} & 0 \\ 0 & 0 & 1 & -\frac{1}{14} & \frac{1}{14} & \frac{1}{7} \end{array}\right]$$

3b. 第 1 行に第 3 行の 8/7 倍を加え，第 2 行に第 3 行の 3/7 倍を加える．

$$\left[\begin{array}{ccc|ccc} 1 & 0 & 0 & \frac{13}{98} & \frac{1}{98} & \frac{8}{49} \\ 0 & 1 & 0 & \frac{11}{98} & \frac{31}{98} & \frac{3}{49} \\ 0 & 0 & 1 & -\frac{1}{14} & \frac{1}{14} & \frac{1}{7} \end{array}\right]$$

かくて,

$$A^{-1}=\begin{bmatrix}\frac{13}{98} & \frac{1}{98} & \frac{8}{49}\\ \frac{11}{98} & \frac{31}{98} & \frac{3}{49}\\ -\frac{1}{14} & \frac{1}{14} & \frac{1}{7}\end{bmatrix}$$

となり,余因子行列を使った例題 7 と同じになる.

# 演習問題

## 行列式

8.1　以下の行列式を求めよ.

(a) $A=\begin{bmatrix}40 & -10\\ 25 & -5\end{bmatrix}$　　(b) $A=\begin{bmatrix}7 & 6\\ 9 & 5\\ 2 & 12\end{bmatrix}$

$|A| = 40(-5) - 25(-10) = 50$

$A$ は $(3\times 2)$ 行列であり,正方行列にのみ行列式があるから,上の (b) は行列式はない.

8.2　つぎの各々の行列式を求めよ.要素が 0 であると行列式の計算は単純になることがわかる.

(a) $A=\begin{bmatrix}3 & 6 & 5\\ 2 & 1 & 8\\ 7 & 9 & 1\end{bmatrix}$

$$\begin{aligned}|A| &= 3\begin{bmatrix}1 & 8\\ 9 & 1\end{bmatrix} - 6\begin{bmatrix}2 & 8\\ 7 & 1\end{bmatrix} + 5\begin{bmatrix}2 & 1\\ 7 & 9\end{bmatrix}\\ &= 3[1(1)-9(8)] - 6[2(1)-7(8)] + 5[2(9)-7(1)]\\ &= 3(-71) - 6(-54) + 5(11) = 166\end{aligned}$$

(b) $A = \begin{bmatrix} 0 & 6 & 0 \\ 3 & 5 & 2 \\ 7 & 6 & 9 \end{bmatrix}$

$$|A| = 0\begin{bmatrix} 5 & 2 \\ 6 & 9 \end{bmatrix} - 6\begin{bmatrix} 3 & 2 \\ 7 & 9 \end{bmatrix} + 0\begin{bmatrix} 3 & 5 \\ 7 & 6 \end{bmatrix}$$
$$= 0 - 6(27 - 14) + 0 = -78$$

## 行列式の性質

**8.3**

$$A = \begin{bmatrix} 2 & 5 & 1 \\ 3 & 2 & 4 \\ 1 & 4 & 2 \end{bmatrix}$$

とする.

(a) $A$ の行列式と (b) $A$ の転置行列の行列式を比較せよ.

(a) $|A| = 2(4 - 16) - 5(6 - 4) + 1(12 - 2) = -24$

(b) $A' = \begin{bmatrix} 2 & 3 & 1 \\ 5 & 2 & 4 \\ 1 & 4 & 2 \end{bmatrix}$

$|A'| = 2(4 - 16) - 3(10 - 4) + 1(20 - 2) = -24$

(c) この例は，行列の行列式はその転置の行列式とも等しいことを示している．8.5 節も見よ．

**8.4**　(a) $A$ の行列式と (b) $A'$ の行列式を比べよ.

$$A = \begin{bmatrix} a_{11} & a_{12} \\ a_{21} & a_{22} \end{bmatrix}$$

(a) $|A| = a_{11}a_{22} - a_{21}a_{12}$

(b) $A' \begin{bmatrix} a_{11} & a_{21} \\ a_{12} & a_{22} \end{bmatrix}$　　$|A'| = a_{11}a_{22} - a_{12}a_{21}$

**8.5**

$$A = \begin{bmatrix} 1 & 4 & 2 \\ 3 & 5 & 4 \\ 2 & 3 & 2 \end{bmatrix}$$

とする．

(a) $A$ の行列式を求めよ．(b) $A$ の第 1 行と第 2 行を交換して新しい行列 $B$ を作り，その行列式を求めよ．(c) その行列式を比べ，行列式の性質のどれを例示するか示せ．

(a) $|A| = 1(10-12) - 4(6-8) + 2(9-10) = 4$

(b) $$B = \begin{bmatrix} 3 & 5 & 4 \\ 1 & 4 & 2 \\ 2 & 3 & 2 \end{bmatrix}$$

$|B| = 3(8-6) - 5(2-4) + 4(3-8) = -4$

(c) 任意の 2 つの行ないし列を交換しても，行列式の記号が異なるのみで，行列式の絶対値は変わらない．

8.6　(a) 演習問題 8.5 の $A$ の第 1 列と第 3 列を交換し，新しい行列 $C$ を作り，(b) その行列式を求めよ．

(a) $$C = \begin{bmatrix} 2 & 4 & 1 \\ 4 & 5 & 3 \\ 2 & 3 & 2 \end{bmatrix}$$

(b) $|C| = 2(10-9) - 4(8-6) + 1(12-10) = -4$

8.7

$$A = \begin{bmatrix} 3 & 5 & 7 \\ 2 & 1 & 4 \\ 4 & 2 & 3 \end{bmatrix}$$

(a) $A$ の行列式を求めよ．(b) $A$ の第 1 行を 2 倍して，新しい $B$ という行列を作り，$B$ の行列式を求めよ．(c) 行列式を比べて，どの行列式の性質を明らかにしたか示せ．

(a) $|A| = 3(3-8) - 5(6-16) + 7(4-4) = 35$

(b) $$B = \begin{bmatrix} 6 & 10 & 14 \\ 2 & 1 & 4 \\ 4 & 2 & 3 \end{bmatrix} \qquad |B| = 6(3-8) - 10(6-16) + 14(4-4) = 70$$

(c) 1 つの行ないし列をスカラー倍すると，行列式はそのスカラー倍となる．つまり，第 1 行を 2 倍にすると行列式も 2 倍となる．

8.8

$$A = \begin{bmatrix} a_{11} & a_{12} \\ a_{21} & a_{22} \end{bmatrix} \qquad B = \begin{bmatrix} a_{11} & ka_{12} \\ a_{21} & ka_{22} \end{bmatrix}$$

とする．(a) $A$ の行列式と，(b) $B$ の行列式を比較せよ．

(a) $|A| = a_{11}a_{22} - a_{21}a_{12}$

(b) $|B| = a_{11}ka_{22} - a_{21}ka_{12} = k(a_{11}a_{22}) - k(a_{21}a_{12})$

$\quad = k(a_{11}a_{22} - a_{21}a_{12}) = k|A|$

8.9

$$A = \begin{bmatrix} 5 & 1 & 4 \\ 3 & 2 & 5 \\ 4 & 1 & 6 \end{bmatrix}$$

とする。(a) $|A|$ を求めよ．(b) 第 1 列から第 2 列の 5 倍を引き，新しい行列 $B$ を作り，$|B|$ を求めよ．(c) 2 つの行列式を計算し，それは行列式のどの性質を満たすか．

(a) $|A| = 5(12 - 5) - 1(18 - 20) + 4(3 - 8) = 17$

(b) $B = \begin{bmatrix} 0 & 1 & 4 \\ -7 & 2 & 5 \\ -1 & 1 & 6 \end{bmatrix} \qquad |B| = 0 - 1(-42 + 5) + 4(-7 + 2) = 17$

(c) $|B| = |A|$．どの行ないし列を何倍かして他の行ないし列に加えても，減じても，行列式の値を変えない．

8.10　上三角行列

$$A = \begin{bmatrix} -3 & 0 & 0 \\ 2 & -5 & 0 \\ 6 & 1 & 4 \end{bmatrix}$$

が与えられたとしよう．それは主対角要素より上はすべて 0 の要素である．(a) $|A|$ を求めよ．(b) 主対角線上の要素の積を求めよ．(c) これはどの性質を利用しているか．

(a) $|A| = -3(-20 - 0) - 0 + 0 = 60$

(b) 主対角線上の要素を掛けると，$(-3)(-5)(4) = 60$.

(c) 三角行列の行列式は主対角線上の要素の積に等しい．

8.11　下三角行列

$$A = \begin{bmatrix} 2 & -5 & -1 \\ 0 & 3 & 6 \\ 0 & 0 & -7 \end{bmatrix}$$

が与えられたとする．ここでは主対角線以下の要素はすべて 0 である．(a) $|A|$ を計算し，(b) 対角線上の要素の積を求めよ．

(a) $|A| = 2(-21-0) - (-5)(0-0) - 1(0-0) = -42$

(b) $2(3)(-7) = -42$

8.12

$$A = \begin{bmatrix} 12 & 16 & 13 \\ 0 & 0 & 0 \\ -15 & 20 & -9 \end{bmatrix}$$

とする．(a) $|A|$ を求めよ．(b) 行列式のどの性質をここは示しているか．

(a) $|A| = 12(0-0) - 16(0-0) + 13(0-0) = 0$

(b) 行か列かの要素がすべて 0 なら，行列式は 0 になる．$A$ の第 2 行の要素はすべて 0 で，行列は実際は $(2 \times 3)$ 形で，$(3 \times 3)$ 形ではない．正方行列のみが行列式をもつ．

## 行列式計算のための行列の単純化

8.13　演習問題 8.3～8.12 で見た行列式の性質を使って，つぎの行列を単純化せよ．まず因数分解をして，できるだけ簡単な形にしてから，計算をせよ．

$$A = \begin{bmatrix} 24 & 16 & 20 \\ 18 & 4 & 5 \\ 6 & 7 & 15 \end{bmatrix}$$

第 1 行を 4 でくくり，

$$|A| = 4\begin{vmatrix} 6 & 4 & 5 \\ 18 & 4 & 5 \\ 6 & 7 & 15 \end{vmatrix}$$

第 1 列は 6 でくくり，第 3 列は 5 でくくる．

$$|A| = 4(6)(5)\begin{vmatrix} 1 & 4 & 1 \\ 3 & 4 & 1 \\ 1 & 7 & 3 \end{vmatrix}$$

$$= 120[1(12-7) - 4(9-1) + 1(21-4)] = 120(-10) = -1200$$

8.14　行か列を何倍かして他の行か列に加えて，つぎの行列を単純化し，それから行列式を求めよ．

$$A = \begin{bmatrix} 28 & 34 & 2 \\ 23 & 45 & 3 \\ 19 & 41 & 1 \end{bmatrix}$$

第 1 列から第 3 列の 14 倍を引くと，$a_{11}$ は 0 になる．

$$A = \begin{bmatrix} 0 & 34 & 2 \\ -19 & 45 & 3 \\ 5 & 41 & 1 \end{bmatrix}$$

第 2 列から第 3 列の 17 倍を引くと，$a_{12}$ が 0 になる．

$$A = \begin{bmatrix} 0 & 0 & 2 \\ -19 & -6 & 3 \\ 5 & 24 & 1 \end{bmatrix}$$

したがって，

$$|A| = 2(-456 + 30) = -852$$

8.15

$$A = \begin{bmatrix} 4 & 36 & 28 \\ 5 & 35 & 55 \\ 3 & 23 & 18 \end{bmatrix}$$

(a) $A$ を上三角行列となるように変形して，$|A|$ を求めよ．(b) その解答を正しいかどうか確かめよ．

(a) 第 2 列から第 1 列の 9 倍を引き，第 3 列から第 1 列の 7 倍を引く．

$$A = \begin{bmatrix} 4 & 0 & 0 \\ 5 & -10 & 20 \\ 3 & -4 & -3 \end{bmatrix}$$

第 3 列に第 2 列の 2 倍を加える．

$$A = \begin{bmatrix} 4 & 0 & 0 \\ 5 & -10 & 0 \\ 3 & -4 & -11 \end{bmatrix}$$

すると，$|A| = 4(-10)(-11) = 440$.

(b) $|A| = 4(630 - 1265) - 36(90 - 165) + 28(115 - 105)$

$$= -2540 + 2700 + 280 = 440$$

## 非特異，特異の行列

8.16　つぎの方程式体系に解が一意的に存在するかどうかを決定するため，行列式を使え．

(a) $12x_1 + \ \ 7x_2 = 147$

$15x_1 + 19x_2 = 168$

一意的解が存在するかどうか決めるため，係数行列 $A$ を求め $|A|$ を求める．もし，$|A| \neq 0$ なら，行列は非特異で，解は一意的に存在する．しかし，もし $|A| = 0$ なら行列は特異で，一意解はない．

$$A = \begin{bmatrix} 12 & 7 \\ 15 & 19 \end{bmatrix}$$

$$|A| = 12(19) - 15(7) = 123$$

$|A| \neq 0$ だから，$A$ は非特異で一意解が存在する．

(b) $2x_1 + 3x_2 = 27$

$6x_1 + 9x_2 = 81$

$$A = \begin{bmatrix} 2 & 3 \\ 6 & 9 \end{bmatrix}$$

$$|A| = 2(9) - 6(3) = 0$$

よって一意解は存在しない．演習問題 1.15(b) で図解されたように方程式は 1 次従属である．

(c) $4x_1 + 3x_2 + 5x_3 = 27$

$x_1 + 6x_2 + 2x_3 = 19$

$3x_1 + \ \ x_2 + 3x_3 = 15$

$$A = \begin{bmatrix} 4 & 3 & 5 \\ 1 & 6 & 2 \\ 3 & 1 & 3 \end{bmatrix}$$

$$|A| = 4(18 - 2) - 3(3 - 6) + 5(1 - 18) = -12$$

一意解が存在する．

(d) $4x_1 + 2x_2 + \ \ 6x_3 = 28$

$3x_1 + \ \ x_2 + \ \ 2x_3 = 20$

$10x_1 + 5x_2 + 15x_3 = 70$

$$A = \begin{bmatrix} 4 & 2 & 6 \\ 3 & 1 & 2 \\ 10 & 5 & 15 \end{bmatrix}$$

$$|A| = 4(15 - 10) - 2(45 - 20) + 6(15 - 10) = 0$$

方程式が 1 次従属であるから，一意解は存在しない．よく見ると，第 3 番目の式は第 1 番目の 2.5 倍であることがわかる．

## 小行列式と余因子

**8.17**

$$A = \begin{bmatrix} a_{11} & a_{12} \\ a_{21} & a_{22} \end{bmatrix}$$

とするとき，第 1 行の各要素に対する (a) 小行列式 $|M_{ij}|$ を求め，(b) 余因子 $|C_{ij}|$ を求めよ．

(a) $a_{11}$ の小行列式を求めるため，$a_{11}$ のある行と列をとる．すると残りが小行列式であり，したがって $|M_{11}| = a_{22}$．同じく $|M_{12}| = a_{21}$ となる．

(b) 余因子の規則より，

$$|C_{11}| = (-1)^{1+1}|M_{11}| = +1(a_{22}) = a_{22}$$
$$|C_{12}| = (-1)^{1+2}|M_{12}| = -1(a_{21}) = -a_{21}$$

となる．

**8.18**

$$A = \begin{bmatrix} 5 & 2 & -4 \\ 6 & -3 & 7 \\ 1 & 2 & 4 \end{bmatrix}$$

とするとき，第 1 行の各要素の (a) 小行列式と (b) 余因子を求めよ．

(a) 第 1 行と第 1 列をとると，

$$|M_{11}| = \begin{bmatrix} -3 & 7 \\ 2 & 4 \end{bmatrix} = -26$$

となる．同じく，

$$|M_{12}| = \begin{bmatrix} 6 & 7 \\ 1 & 4 \end{bmatrix} = -17 \qquad |M_{13}| = \begin{bmatrix} 6 & -3 \\ 1 & 2 \end{bmatrix} = 15$$

となる.

(b)

$$|C_{11}| = (-1)^2|M_{11}| = -26$$
$$|C_{12}| = (-1)^3|M_{12}| = -17$$
$$|C_{13}| = (-1)^4|M_{13}| = 15$$

8.19　以下の行列の (1) 余因子の行列と (2) 余因子行列 Adj $A$ を求めよ.

(a) $A = \begin{bmatrix} 7 & 12 \\ 4 & 3 \end{bmatrix}$

(1)
$$C = \begin{bmatrix} |C_{11}| & |C_{12}| \\ |C_{21}| & |C_{22}| \end{bmatrix} = \begin{bmatrix} |M_{11}| & -|M_{12}| \\ -|M_{21}| & |M_{22}| \end{bmatrix} = \begin{bmatrix} 3 & -4 \\ -12 & 7 \end{bmatrix}$$

(2)
$$\text{Adj} = A = C' = \begin{bmatrix} 3 & -12 \\ -4 & 7 \end{bmatrix}$$

(b) $A = \begin{bmatrix} 6 & 2 & 7 \\ 5 & 4 & 9 \\ 3 & 3 & 1 \end{bmatrix}$

(1)
$$C = \begin{bmatrix} |C_{11}| & |C_{12}| & |C_{13}| \\ |C_{21}| & |C_{22}| & |C_{23}| \\ |C_{31}| & |C_{32}| & |C_{33}| \end{bmatrix} = \begin{bmatrix} \begin{vmatrix} 4 & 9 \\ 3 & 1 \end{vmatrix} & -\begin{vmatrix} 5 & 9 \\ 3 & 1 \end{vmatrix} & \begin{vmatrix} 5 & 4 \\ 3 & 3 \end{vmatrix} \\ -\begin{vmatrix} 2 & 7 \\ 3 & 1 \end{vmatrix} & \begin{vmatrix} 6 & 7 \\ 3 & 1 \end{vmatrix} & -\begin{vmatrix} 6 & 2 \\ 3 & 3 \end{vmatrix} \\ \begin{vmatrix} 2 & 7 \\ 4 & 9 \end{vmatrix} & -\begin{vmatrix} 6 & 7 \\ 5 & 9 \end{vmatrix} & \begin{vmatrix} 6 & 2 \\ 5 & 4 \end{vmatrix} \end{bmatrix}$$

$$= \begin{bmatrix} -23 & 22 & 3 \\ 19 & -15 & -12 \\ -10 & -19 & 14 \end{bmatrix}$$

(2)
$$\text{Adj}\,A = C' = \begin{bmatrix} -23 & 19 & -10 \\ 22 & -15 & -19 \\ 3 & -12 & 14 \end{bmatrix}$$

## ラプラス展開

8.20　つぎの行列の行列式を最も簡単に計算できるようにラプラス展開を使え.

(a)

$$A = \begin{bmatrix} 23 & 35 & 0 \\ 72 & 46 & 10 \\ 15 & 29 & 0 \end{bmatrix}$$

とする. 第 3 列に沿って展開すると,

$$|A| = a_{13}|C_{13}| + a_{23}|C_{23}| + a_{33}|C_{33}| = 0 + 10(-1)\begin{bmatrix} 23 & 35 \\ 15 & 29 \end{bmatrix} + 0$$
$$= -10(142) = -1420$$

となる.

(b)

$$A = \begin{bmatrix} 5 & 0 & 1 & 3 \\ 4 & 2 & 6 & 0 \\ 3 & 0 & 1 & 5 \\ 0 & 1 & 4 & 2 \end{bmatrix}$$

とする. 第 2 列に沿って展開すると,

$$|A| = a_{12}|C_{12}| + a_{22}|C_{22}| + a_{32}|C_{32}| + a_{42}|C_{42}|$$
$$= 0 + 2(-1)^{2+2}\begin{bmatrix} 5 & 1 & 3 \\ 3 & 1 & 5 \\ 0 & 4 & 2 \end{bmatrix} + 0 + 1(-1)^{4+2}\begin{bmatrix} 5 & 1 & 3 \\ 4 & 6 & 0 \\ 3 & 1 & 5 \end{bmatrix}$$

$(3 \times 3)$ の行列式の値を代入すると,

$$|A| = 2(-60) + 1(88) = -32$$

となる.

(c)

$$A = \begin{bmatrix} 7 & 3 & 5 & 1 \\ 2 & 4 & 3 & 6 \\ 1 & 0 & 9 & 5 \\ 2 & 5 & 4 & 3 \end{bmatrix}$$

とする．第 1 列から第 4 列の 7 倍を引き，第 2 列から第 4 列の 3 倍を引き，第 3 列から第 4 列の 5 倍を引くと，

$$A = \begin{bmatrix} 0 & 0 & 0 & 1 \\ -40 & -14 & -27 & 6 \\ -34 & -15 & -16 & 5 \\ -19 & -4 & -11 & 3 \end{bmatrix}$$

となる．第 1 行に沿って展開すると，

$$\begin{aligned} |A| &= a_{11}|C_{11}| + a_{12}|C_{12}| + a_{13}|C_{13}| + a_{14}|C_{14}| \\ &= 0 + 0 + 0 + 1(-1)^{1+4} \begin{bmatrix} -40 & -14 & -27 \\ -34 & -15 & -16 \\ -19 & -4 & -11 \end{bmatrix} \end{aligned}$$

となる．| | 内の $(3 \times 3)$ の行列式の値を代入すると，

$$|A| = -1(963) = -963$$

## 逆行列

8.21　つぎの行列の逆行列 $A^{-1}$ を求めよ．(a) については正しい解答かどうかを確かめよ．

(a) $A = \begin{bmatrix} 24 & 15 \\ 8 & 7 \end{bmatrix}$

$$A^{-1} = \frac{1}{|A|} \text{Adj}\, A$$

行列式を求めると，$|A| = 24(7) - 8(15) = 48$ となる．

余因子行列を得るため，余因子の行列を求めると，

$$C = \begin{bmatrix} 7 & -8 \\ -15 & 24 \end{bmatrix} \quad と \quad \text{Adj}\, A = C' = \begin{bmatrix} 7 & -15 \\ -8 & 24 \end{bmatrix}$$

となる．したがって，

$$A^{-1} = \frac{1}{48} \begin{bmatrix} 7 & -15 \\ -8 & 24 \end{bmatrix} = \begin{bmatrix} \frac{7}{48} & \frac{5}{16} \\ \frac{1}{6} & \frac{1}{2} \end{bmatrix} \qquad (8.5)$$

となる．$A^{-1}A = I$ かどうか確かめ，(8.5) の中の前の逆行列を使うと，

$$A^{-1}A = \frac{1}{48}\begin{bmatrix} 7 & -15 \\ -8 & 24 \end{bmatrix}\begin{bmatrix} 24 & 15 \\ 8 & 7 \end{bmatrix} = \frac{1}{48}\begin{bmatrix} 7(24) - 15(8) & 7(15) - 15(7) \\ -8(24) + 24(8) & -8(15) + 24(7) \end{bmatrix}$$

$$= \frac{1}{48}\begin{bmatrix} 48 & 0 \\ 0 & 48 \end{bmatrix} = \begin{bmatrix} 1 & 0 \\ 0 & 1 \end{bmatrix}$$

となる．

(b) $A = \begin{bmatrix} 7 & 9 \\ 6 & 12 \end{bmatrix}$ とすると，$|A| = 7(12) - 6(9) = 30$ となる．

余因子の行列は

$$C = \begin{bmatrix} 12 & -6 \\ -9 & 7 \end{bmatrix} \text{ となり，} \quad \text{Adj } A = C' = \begin{bmatrix} 12 & -9 \\ -6 & 7 \end{bmatrix}$$

となる．したがって，

$$A^{-1} = \frac{1}{30}\begin{bmatrix} 12 & -9 \\ -6 & 7 \end{bmatrix} = \begin{bmatrix} \frac{2}{5} & -\frac{3}{10} \\ -\frac{1}{5} & \frac{7}{30} \end{bmatrix}$$

となる．

(c) $A = \begin{bmatrix} 4 & 2 & 5 \\ 3 & 1 & 8 \\ 9 & 6 & 7 \end{bmatrix}$

とすると，$|A| = 4(7 - 48) - 2(21 - 72) + 5(18 - 9) = -17$ となる．

余因子の行列は，

$$C = \begin{bmatrix} \begin{vmatrix} 1 & 8 \\ 6 & 7 \end{vmatrix} & -\begin{vmatrix} 3 & 8 \\ 9 & 7 \end{vmatrix} & \begin{vmatrix} 3 & 1 \\ 9 & 6 \end{vmatrix} \\ -\begin{vmatrix} 2 & 5 \\ 6 & 7 \end{vmatrix} & \begin{vmatrix} 4 & 5 \\ 9 & 7 \end{vmatrix} & -\begin{vmatrix} 4 & 2 \\ 9 & 6 \end{vmatrix} \\ \begin{vmatrix} 2 & 5 \\ 1 & 8 \end{vmatrix} & -\begin{vmatrix} 4 & 5 \\ 3 & 8 \end{vmatrix} & \begin{vmatrix} 4 & 2 \\ 3 & 1 \end{vmatrix} \end{bmatrix} = \begin{bmatrix} -41 & 51 & 9 \\ 16 & -17 & -6 \\ 11 & -17 & -2 \end{bmatrix} \text{ となり，}$$

$$\text{Adj } A = C' = \begin{bmatrix} -41 & 16 & 11 \\ 51 & -17 & -17 \\ 9 & -6 & -2 \end{bmatrix}$$

となる．よって，

$$A^{-1} = -\frac{1}{17}\begin{bmatrix} -41 & 16 & 11 \\ 51 & -17 & -17 \\ 9 & -6 & -2 \end{bmatrix} = \begin{bmatrix} \frac{41}{17} & -\frac{16}{17} & -\frac{11}{17} \\ -3 & 1 & 1 \\ -\frac{9}{17} & \frac{6}{17} & \frac{2}{17} \end{bmatrix}$$

を得る．

## 方程式を解くときの逆行列

8.22　つぎの方程式体系を求めるため逆行列を使え．もとの方程式を代入して，解答が正しいかどうか確かめよ．

$$4x_1 + 3x_2 = 28$$
$$2x_1 + 5x_2 = 42$$

$$\begin{bmatrix} 4 & 3 \\ 2 & 5 \end{bmatrix}\begin{bmatrix} x_1 \\ x_2 \end{bmatrix} = \begin{bmatrix} 28 \\ 42 \end{bmatrix}$$

ここで 8.8 節から，$X = A^{-1}B$ となる．そこで $|A| = 4(5) - 2(3) = 14$ から，まず，$A$ の逆行列を求める．$A$ の余因子の行列は，

$$C = \begin{bmatrix} 5 & -2 \\ -3 & 4 \end{bmatrix}$$ となり，

$$\text{Adj } A = C' = \begin{bmatrix} 5 & -3 \\ -2 & 4 \end{bmatrix}$$

となる．したがって，

$$A^{-1} = \frac{1}{14}\begin{bmatrix} 5 & -3 \\ -2 & 4 \end{bmatrix} = \begin{bmatrix} \frac{5}{14} & -\frac{3}{14} \\ -\frac{1}{7} & \frac{2}{7} \end{bmatrix}$$

を得る．$X = A^{-1}B$ に代入すると，

$$X = \begin{bmatrix} \frac{5}{14} & -\frac{3}{14} \\ -\frac{1}{7} & \frac{2}{7} \end{bmatrix}_{(2\times2)} \begin{bmatrix} 28 \\ 42 \end{bmatrix}_{(2\times1)} = \begin{bmatrix} 10 - 9 \\ -4 + 12 \end{bmatrix}_{(2\times1)} = \begin{bmatrix} 1 \\ 8 \end{bmatrix}_{(2\times1)}$$

となる．これより，$\bar{x}_1 = 1$ と $\bar{x}_2 = 8$ となる．

8.23　（豚肉と牛肉のような）2 つの関連する市場の均衡条件は，

$$18P_b - Pp = 87$$
$$-2P_b + +36P_p = 98$$

で与えられる．各市場の均衡価格を求めよ．

$$\begin{bmatrix} 18 & -1 \\ -2 & 36 \end{bmatrix}\begin{bmatrix} P_b \\ P_p \end{bmatrix} = \begin{bmatrix} 87 \\ 98 \end{bmatrix}$$

となる．ただし，$|A| = 18(36) - (-2)(-1) = 646$ である．

$$C = \begin{bmatrix} 36 & 2 \\ 1 & 18 \end{bmatrix} \qquad \text{Adj}\, A = \begin{bmatrix} 36 & 1 \\ 2 & 18 \end{bmatrix}$$

となり，逆行列

$$A^{-1} = \frac{1}{646}\begin{bmatrix} 36 & 1 \\ 2 & 18 \end{bmatrix} = \begin{bmatrix} \frac{18}{323} & \frac{1}{646} \\ \frac{1}{323} & \frac{9}{323} \end{bmatrix}$$

となる．したがって，

$$X = \begin{bmatrix} \frac{18}{323} & \frac{1}{646} \\ \frac{1}{323} & \frac{9}{323} \end{bmatrix}\begin{bmatrix} 87 \\ 98 \end{bmatrix} = \begin{bmatrix} \frac{1615}{323} \\ \frac{969}{323} \end{bmatrix} = \begin{bmatrix} 5 \\ 3 \end{bmatrix}$$

となり，$\overline{P}_b = 5$ と $\overline{P}_p = 3$ となる．これは演習問題 2.15 の同時方程式と同じ解である．

8.24　*IS* 方程式は，$0.3Y + 100i - 252 = 0$ であり，*LM* 方程式は，$0.25Y - 200i - 176 = 0$ とする．そのとき所得と利子率の均衡水準を求めよ．

*IS*-*LM* 方程式は，

$$0.3Y + 100i = 252$$
$$0.25Y - 200i = 176$$

となる．ここで行列で示すと，

$$A = \begin{bmatrix} 0.3 & 100 \\ 0.25 & -200 \end{bmatrix} \qquad X = \begin{bmatrix} Y \\ i \end{bmatrix} \qquad B = \begin{bmatrix} 252 \\ 176 \end{bmatrix}$$

となる．したがって，

$$|A| = 0.3(-200) - 100(0.25) = -85$$

$$C = \begin{bmatrix} -200 & -0.25 \\ -100 & 0.3 \end{bmatrix}$$

$$\text{Adj}\, A = \begin{bmatrix} -200 & -100 \\ -0.25 & 0.3 \end{bmatrix}$$

を得ることになる．逆行列は，

$$A^{-1} = -\frac{1}{85}\begin{bmatrix} -200 & -100 \\ -0.25 & 0.3 \end{bmatrix} = \begin{bmatrix} \dfrac{40}{17} & \dfrac{20}{17} \\ \dfrac{0.05}{17} & -\dfrac{0.06}{17} \end{bmatrix}$$

となる．したがって，

$$X = \begin{bmatrix} \dfrac{40}{17} & \dfrac{20}{17} \\ \dfrac{0.05}{17} & \dfrac{0.06}{17} \end{bmatrix}\begin{bmatrix} 252 \\ 176 \end{bmatrix} = \begin{bmatrix} \dfrac{10,080 + 3520}{17} \\ \dfrac{12.6 - 10.56}{17} \end{bmatrix} = \begin{bmatrix} 800 \\ 0.12 \end{bmatrix}$$

である．2.26 の問題のように，均衡では $\overline{Y} = 800$，$\overline{i} = 0.12$ となる．自ら演習問題 2.26～2.27 を試みよ．

8.25　3 つの関連する市場の均衡条件を，

$$\begin{aligned} 11P_1 - P_2 - P_3 &= 31 \\ -P_1 + 6P_2 - 2P_3 &= 26 \\ -P_1 - 2P_2 + P_3 &= 24 \end{aligned}$$

とする．そのとき各市場の均衡価格を求めよ．

$$\begin{bmatrix} 11 & -1 & -1 \\ -1 & 6 & -2 \\ -1 & -2 & 7 \end{bmatrix}\begin{bmatrix} P_1 \\ P_2 \\ P_3 \end{bmatrix} = \begin{bmatrix} 31 \\ 26 \\ 24 \end{bmatrix}$$

ただし，$|A| = 11(38) + 1(-9) - 1(8) = 401$ である．

$$C = \begin{bmatrix} \begin{vmatrix} 6 & -2 \\ -2 & 7 \end{vmatrix} & -\begin{vmatrix} -1 & -2 \\ -1 & 7 \end{vmatrix} & \begin{vmatrix} -1 & 6 \\ -1 & -2 \end{vmatrix} \\ -\begin{vmatrix} -1 & -1 \\ -2 & 7 \end{vmatrix} & \begin{vmatrix} 11 & -1 \\ -1 & 7 \end{vmatrix} & -\begin{vmatrix} 11 & -1 \\ -1 & -2 \end{vmatrix} \\ \begin{vmatrix} -1 & -1 \\ 6 & -2 \end{vmatrix} & -\begin{vmatrix} 11 & -1 \\ -1 & -2 \end{vmatrix} & \begin{vmatrix} 11 & -1 \\ -1 & 6 \end{vmatrix} \end{bmatrix} = \begin{bmatrix} 38 & 9 & 8 \\ 9 & 76 & 23 \\ 8 & 23 & 65 \end{bmatrix}$$

$$\mathrm{Adj}\,A = \begin{bmatrix} 38 & 9 & 8 \\ 9 & 76 & 23 \\ 8 & 23 & 65 \end{bmatrix}$$ より，

$$A^{-1} = \frac{1}{401}\begin{bmatrix} 38 & 9 & 8 \\ 9 & 76 & 23 \\ 8 & 23 & 65 \end{bmatrix} = \begin{bmatrix} \frac{38}{401} & \frac{9}{401} & \frac{8}{401} \\ \frac{9}{401} & \frac{76}{401} & \frac{23}{401} \\ \frac{8}{401} & \frac{23}{401} & \frac{65}{401} \end{bmatrix}$$ と

$$X = \begin{bmatrix} \frac{38}{401} & \frac{9}{401} & \frac{8}{401} \\ \frac{9}{401} & \frac{76}{401} & \frac{23}{401} \\ \frac{8}{401} & \frac{23}{401} & \frac{65}{401} \end{bmatrix}\begin{bmatrix} 31 \\ 26 \\ 24 \end{bmatrix}\begin{bmatrix} \frac{1178+234+192}{401} \\ \frac{279+1976+552}{401} \\ \frac{248+598+1560}{401} \end{bmatrix} = \begin{bmatrix} 4 \\ 7 \\ 6 \end{bmatrix}$$

を得る．

8.26　$C = C_0 + bY$ として $Y = C + I_0$ とする．$Y$ と $C$ の均衡値を逆行列を使って求めよ．

まず，与えられた方程式を，内生変数 $C$ と $Y$ を左側に，外生変数 $C_0$ と $I_0$ を右側に整理する．

$$Y - C = I_0$$
$$-bY + C = C_0$$

したがって，

$$\begin{bmatrix} 1 & -1 \\ -b & 1 \end{bmatrix}\begin{bmatrix} Y \\ C \end{bmatrix} = \begin{bmatrix} I_0 \\ C_0 \end{bmatrix}$$

となる．係数行列の行列式は $|A| = 1(1) + 1(-b) = 1 - b$ となる．余因子の行列は，

$$C = \begin{bmatrix} 1 & b \\ 1 & 1 \end{bmatrix}$$

となり，

$$\mathrm{Adj}\,A = \begin{bmatrix} 1 & 1 \\ b & 1 \end{bmatrix} \quad と \quad A^{-1} = \frac{1}{1-b}\begin{bmatrix} 1 & 1 \\ b & 1 \end{bmatrix}$$

を得る．

$$X = \begin{bmatrix} Y \\ C \end{bmatrix}$$

とすると，

$$X = \frac{1}{1-b}\begin{bmatrix}1 & 1\\ b & 1\end{bmatrix}\begin{bmatrix}I_0\\ C_0\end{bmatrix} = \frac{1}{1-b}\begin{bmatrix}I_0 + C_0\\ bI_0 + C_0\end{bmatrix}$$

を得る．したがって，

$$\overline{Y} = \frac{1}{1-b}(I_0 + C_0) \qquad \overline{C} = \frac{1}{1-b}(C_0 + bI_0)$$

を得る．第 2 章の例題 3 は行列を用いずに所得の均衡水準を求めた．

## クラーメルの公式

8.27　クラーメルの公式でつぎの方程式の解を求めよ．

(a) $2x_1 + 6x_2 = 22$

$-x_1 + 5x_2 = 53$

クラーメルの公式により，

$$\overline{x}_i = \frac{|A_i|}{|A|}$$

ただし，$A_i$ は $x_i$ の係数行列の第 $i$ 列に定数項ベクトルを代入して得た行列である．上の式より，

$$\begin{bmatrix}2 & 6\\ -1 & 5\end{bmatrix}\begin{bmatrix}x_1\\ x_2\end{bmatrix} = \begin{bmatrix}22\\ 53\end{bmatrix}$$

となるが，ここで

$$|A| = 2(5) - (-1)(6) = 16$$

となる．係数行列の第 1 列に定数項ベクトルを代入して，

$$A_1 = \begin{bmatrix}22 & 6\\ 53 & 5\end{bmatrix}$$

を得る．ただし，

$$|A_1| = 22(5) - 53(6) = -208$$

となる．したがって，

$$\overline{x}_1 = \frac{|A_1|}{|A|} = -\frac{128}{16} = -13$$

となる．係数行列の第 2 列に定数項ベクトルを代入して，

$$A_2 = \begin{bmatrix} 2 & 22 \\ -1 & 53 \end{bmatrix}$$

を得る．ここで，

$$|A_2| = 2(53) - (-1)(22) = 128$$

となり，

$$\bar{x}_2 = \frac{|A_2|}{|A|} = \frac{128}{16} = 8$$

を得る．

(b) $18P_b - \quad P_p = 87$

$-2P_b + 36P_p = 98$

$$A = \begin{bmatrix} 18 & -1 \\ -2 & 36 \end{bmatrix}$$

となり，

$$|A| = 18(36) - (-1)(-2) = 646$$

を得る．そこで，

$$A_1 = \begin{bmatrix} 87 & -1 \\ 98 & 36 \end{bmatrix}$$

となり，

$$|A_1| = 87(36) + 1(98) = 3230$$

を得る．またさらに，

$$A_2 = \begin{bmatrix} 18 & 87 \\ -2 & 98 \end{bmatrix}$$

となり，

$$|A_2| = 18(98) - 87(-2) = 1938$$

である．したがって，

$$\bar{P}_b = \frac{|A_1|}{|A|} = \frac{3230}{646} = 5 \quad と \quad \bar{P}_p = \frac{|A_2|}{|A|} = \frac{1938}{646} = 3$$

が得られる．

同じ問題を同時方程式の解法と逆行列とで解いて，演習問題 2.15 と 8.23 との解法の相違を比較せよ．

8.28　つぎの方程式の解もクラーメルの公式で解け．

$$
\begin{aligned}
11p_1 - p_2 - p_3 &= 31 \\
-p_1 + 6p_2 - 2p_3 &= 26 \\
-p_1 - 2p_2 + 7p_3 &= 24
\end{aligned}
$$

$$|A| = \begin{vmatrix} 11 & -1 & -1 \\ -1 & 6 & -2 \\ -1 & -2 & 7 \end{vmatrix} = 11(38) + 1(-9) - 1(8) = 401$$

$$|A_1| = \begin{vmatrix} 31 & -1 & -1 \\ 26 & 6 & -2 \\ 24 & -2 & 7 \end{vmatrix} = 31(38) + 1(230) - 1(-196) = 1604$$

$$|A_2| = \begin{vmatrix} 11 & 31 & -1 \\ -1 & 26 & -2 \\ -1 & 24 & 7 \end{vmatrix} = 11(230) - 31(-9) - 1(2) = 2807$$

$$|A_3| = \begin{vmatrix} 11 & -1 & 31 \\ -1 & 6 & 26 \\ -1 & -2 & 24 \end{vmatrix} = 11(196) + 1(2) + 31(8) = 2406$$

が得られる．したがって，

$$\overline{p}_1 = \frac{|A_1|}{|A|} = \frac{1604}{401} = 4 \quad \overline{p}_2 = \frac{|A_2|}{|A|} = \frac{2807}{401} = 7 \quad \overline{p}_3 = \frac{|A_3|}{|A|} = \frac{2406}{401} = 6$$

を得る．この解法と演習問題 2.18 の解法を比較せよ．

8.29　第 6 章の例題 7 の制約条件付きの最大化の 1 階の条件は，

$$\frac{\partial \mathrm{TC}}{\partial x} = 16x - y + \lambda = 0$$

$$\frac{\partial \mathrm{TC}}{\partial y} = 24y - x + \lambda = 0$$

$$\frac{\partial \mathrm{TC}}{\partial \lambda} = x + y - 42 = 0$$

である．$x$，$y$ を解くため，クラーメルの公式を使うことにする．

方程式を整理すると，

$$16x \quad -y + \lambda = 0$$

$$\begin{aligned} -x+24y+\lambda &= 0 \\ x \quad +y \qquad &= 42 \end{aligned}$$

となる．それらを行列形式で示すと，

$$\begin{bmatrix} 16 & -1 & 1 \\ -1 & 24 & 1 \\ 1 & 1 & 0 \end{bmatrix} \begin{bmatrix} x \\ y \\ \lambda \end{bmatrix} = \begin{bmatrix} 0 \\ 0 \\ 42 \end{bmatrix}$$

となる．したがって，第 3 列に沿って展開すると，

$$|A| = 1(-1-24) - 1(16+1) = -42$$

となる．さらに，

$$A_1 = \begin{bmatrix} 0 & -1 & 1 \\ 0 & 24 & 1 \\ 42 & 1 & 0 \end{bmatrix}$$

となるので，第 1 列に沿って展開すると，

$$|A_1| = 42(-1-24) = -1050$$

となる．

$$A_2 = \begin{bmatrix} 16 & 0 & 1 \\ -1 & 0 & 1 \\ 1 & 42 & 0 \end{bmatrix}$$

である．第 2 列に沿って展開すると，

$$|A_2| = -42(16+1) = -714$$

となる．

$$A_3 = \begin{bmatrix} 16 & -1 & 0 \\ -1 & 24 & 0 \\ 1 & 1 & 42 \end{bmatrix}$$

であるから，第 3 列に沿って展開すると，

$$|A_3| == 42(384-1) = 16,086$$

である．そこで，クラーメルの公式より，

$$\bar{x} = \frac{|A_1|}{|A|} = \frac{-1050}{-42} = 25 \quad \bar{y} = \frac{|A_2|}{|A|} = \frac{-714}{-42} = 17 \quad \bar{\lambda} = \frac{|A_3|}{|A|} = \frac{16,086}{-42} = -383$$

を得る．

8.30

$$ax_1 + bx_2 = g \tag{8.6}$$

$$cx_1 + dx_2 = h \tag{8.7}$$

としよう．

$$\overline{x}_1 = \frac{\begin{vmatrix} g & b \\ h & d \end{vmatrix}}{\begin{vmatrix} a & b \\ c & d \end{vmatrix}} = \frac{|A_1|}{|A|} \qquad \overline{x}_2 = \frac{\begin{vmatrix} a & g \\ c & h \end{vmatrix}}{\begin{vmatrix} a & b \\ c & h \end{vmatrix}} = \frac{|A_2|}{|A|}$$

としてクラーメルの公式が正しい解を与えることを証明せよ．

(8.6) を $b$ で割ると，

$$\frac{a}{b}x_x + x_2 = \frac{g}{b} \tag{8.8}$$

となる．(8.8) に $d$ を掛け，(8.7) を引くと，

$$\begin{array}{rcl} \dfrac{ad}{b}x_1 + dx_2 & = & \dfrac{dg}{b} \\ -\,cx_1 - dx_2 & = & -h \\ \hline \left(\dfrac{ad - cb}{b}\right)x_1 \qquad & = & \dfrac{dg - hb}{b} \end{array}$$

となる．したがって，

$$\overline{x}_1 = \frac{dg - hb}{ad - cb} = \frac{\begin{vmatrix} g & b \\ h & d \end{vmatrix}}{\begin{vmatrix} a & b \\ c & d \end{vmatrix}} = \frac{|A_1|}{|A|}$$

を得る．同じく，(8.6) を $a$ で割り，

$$x_1 + \frac{b}{a}x_2 = \frac{g}{a} \tag{8.9}$$

を得る．(8.9) に $-c$ を掛け (8.7) に加えると，

$$\begin{array}{rcl} -cx_1 - \dfrac{bc}{a}x_2 & = & -\dfrac{cg}{a} \\ cx_1 \quad + dx_2 & = & h \\ \hline \left(\dfrac{ad - bc}{a}\right)x_2 & = & \dfrac{ah - cg}{a} \end{array}$$

となる．したがって，

$$\bar{x}_2 = \frac{ah - cg}{ad - bc} = \frac{\begin{vmatrix} a & g \\ c & h \end{vmatrix}}{\begin{vmatrix} a & b \\ c & d \end{vmatrix}} = \frac{|A_2|}{|A|}$$

となる．証明終わり．

8.31

$$A = \begin{bmatrix} 4 & 2 & 5 \\ 3 & 1 & 8 \\ 9 & 6 & 7 \end{bmatrix}$$

としたとき，ガウスのはき出し法で逆行列を求めよ．

まず，

$$A|B = \left[\begin{array}{ccc|ccc} 4 & 2 & 5 & 1 & 0 & 0 \\ 3 & 1 & 8 & 0 & 1 & 0 \\ 9 & 6 & 7 & 0 & 0 & 1 \end{array}\right] \text{ とする．}$$

1. 第 1 行に 1/4 を掛けると，

$$\left[\begin{array}{ccc|ccc} 1 & \frac{1}{2} & \frac{5}{4} & \frac{1}{4} & 0 & 0 \\ 3 & 1 & 8 & 0 & 1 & 0 \\ 9 & 6 & 7 & 0 & 0 & 1 \end{array}\right] \text{ となる．}$$

2. 第 2 行から第 1 行の 3 倍を引き，第 3 行から第 1 行の 9 倍を引くと，

$$\left[\begin{array}{ccc|ccc} 1 & \frac{1}{2} & \frac{5}{4} & \frac{1}{4} & 0 & 0 \\ 0 & -\frac{1}{2} & \frac{17}{4} & -\frac{3}{4} & 1 & 0 \\ 0 & \frac{3}{2} & -\frac{17}{4} & -\frac{9}{4} & 0 & 1 \end{array}\right] \text{ となる．}$$

3. 第 2 行に −2 を掛けて，

$$\left[\begin{array}{ccc|ccc} 1 & \frac{1}{2} & \frac{5}{4} & \frac{1}{4} & 0 & 0 \\ 0 & 1 & -\frac{17}{2} & \frac{3}{2} & -2 & 0 \\ 0 & \frac{3}{2} & -\frac{17}{4} & -\frac{9}{4} & 0 & 1 \end{array}\right] \text{ を得る．}$$

4. 第 1 行から第 2 行の 1/2 倍を引き，

$$\left[\begin{array}{ccc|ccc} 1 & 0 & \frac{11}{2} & -\frac{1}{2} & 1 & 0 \\ 0 & 1 & -\frac{17}{2} & \frac{3}{2} & -2 & 0 \\ 0 & 0 & \frac{17}{2} & -\frac{9}{2} & 3 & 1 \end{array}\right]$$ となる．

5. 第 3 行に 2/17 を掛けて，

$$\left[\begin{array}{ccc|ccc} 1 & 0 & \frac{11}{2} & -\frac{1}{2} & 1 & 0 \\ 0 & 1 & -\frac{17}{2} & \frac{3}{2} & -2 & 0 \\ 0 & 0 & 1 & -\frac{9}{17} & \frac{6}{17} & \frac{2}{17} \end{array}\right]$$ を得る．

6. 第 1 行から第 2 行の 11/2 倍を引き，第 2 行に第 3 行の 17/2 倍を加えると，

$$\left[\begin{array}{ccc|ccc} 1 & 0 & 0 & \frac{41}{17} & -\frac{16}{17} & -\frac{11}{17} \\ 0 & 1 & 0 & -3 & 1 & 1 \\ 0 & 0 & 1 & -\frac{9}{17} & \frac{6}{17} & \frac{2}{17} \end{array}\right]$$ となる．

したがって，

$$A^{-1} = \begin{bmatrix} \frac{41}{17} & -\frac{16}{17} & -\frac{11}{17} \\ -3 & 1 & 1 \\ -\frac{9}{17} & \frac{6}{17} & \frac{2}{17} \end{bmatrix}$$ を得る．

これは，演習問題 8.21(c) の余因行列式の方法で逆行列を求めたときの値に一致する．

## 訳者紹介

大住　栄治（おおすみ　えいじ）

1933 年　奈良県に生れる.
1960 年　青山学院大学大学院修了.
　　　　拓殖大学政経学部教授を経て,
　　　　現在，青山学院犬学経済学部教授.

川島　康男（かわしま　やすお）

1941 年　栃木県足利市に生れる.
1964 年　慶應義塾大学経済学部卒業.
1969 年　同大学大学院単位取得.
　　　　明治学院大学教授を経て,
　　　　現在，中央大学経済学部教授.

Sairyusha

＜新装版＞
例題《れいだい》で学《まな》ぶ入門経済数学《にゅうもんけいざいすうがく》（上）

2020 年 4 月 1 日　初版第 1 刷発行　　2022 年 4 月 10 日　初版第 3 刷発行

著　者　　E. T. ドウリング
訳　者　　大住 栄治/川島 康男
編集・制作　CAP 事業部
発行者　　河野 和憲
発行所　　株式会社　彩流社
〒101-0051　東京都千代田区神田神保町 3-10　大行ビル 6 階
TEL：03-3234-5931　FAX：03-3234-5932
E-Mail：sairyusha@sairyusha.co.jp
印　刷　　モリモト印刷（株）
製　本　　（株）難波製本
装　丁　　中山デザイン事務所


ISBN 978-4-7791-6002-8 C0033
http://www.sairyusha.co.jp